나를 찾아 걸은

까미노 산티아고

생 장 피에드포르에서 산티아고 데 콤포스텔라까지

이학근

생 장 피에드포르에서 산티아고 데 콤포스텔라까지

나를 찾아 걸은

까미노
산티아고

El Camino de Santiago

이학근

까미노에 가기 전에

내가 까미노Camino에 관심을 가지고 내 여행의 버킷 리스트에 올린 지는 벌써 오래되었다. 그러다가 실행하려고 떠날 준비를 하던 때 느닷없이 코로나가 전 세계를 강타하여 강제로 멈출 수밖에 없었다. 코로나가 잠잠해지고도 차일피일하다가 더 이상 미룰 수 없다는 생각에 2024년에는 꼭 실행하기로 결심하고 준비하였다.

내가 까미노에 큰 관심을 가지면서도 가끔은 회의가 들곤 하였다. 까미노는 과연 무엇이며, 왜 나는 이 길을 걸으려고 하는가? 무엇을 얻기 위해서 이 길을 걷는가? 등등의 의구심이 들었다. 누군가 말하기를 까미노 길은 '나를 찾아가는 길'이라 하였고, '용서의 길, 화해의 길, 은총의 길, 구원의 길, 치유의 길'이라고 말하는데, 이것은 이 길을 걷는 사람이 자신이 이루고 싶은 무엇인가를 마음속으로 생각한 것이다. 하지만 살아온 날보다 살아갈 날이 더 적은 나이에 무엇을 찾겠다고 이 길을 걷고 싶은 걸까? 하는 의문과 무엇을 얻겠다는 것 자체가 헛된 욕심이라는 생각도 들었다. 당시 친구들은 한국의 '코리아 둘레길'을 걷는 나에게도 '왜 길을 걷느냐?'는 의문을 끊임없이 제기했는데 까미노를 걷겠다고 이야기하자 대부분은 의아해하였다. 하지만 세상을 살다 보면 이유 없이 끌리는 일도 있지 않은가. 나는 이 길을 걷고 싶을 뿐이었다. 그리고 이 까미노를 끝내는 날에 무언가를 얻을 수가 있다면 그것 또한 나에게 주어지는 축복이고, 아무것도 얻지 못하면 즐겁게 여행한 것만으로 충분하다고 생각하였다. 나는 떠나기로 하였다.

떠나기로 하고 작년에 혼자서 까미노 길을 걸은 아들에게 이야기하였다. 아들이 나에게 당부하기를 아버지는 나이가 많아 숙소 잡기가 쉽지 않으니, 숙소를 잡아 주는 여행사의 상품을 택하여 가는 것이 좋다고 조언하였다. 여러 여행사에 문의하여 검토한 뒤 내가 생각하기에 가장 좋은 조건인 까미노만을 전문으로 취급하는 여행사에 예약하고 떠날 날을 기다리며 준비하였다. 아들은 간단한 스페인어와 숫자를 익히길 권했고, 나는 아들의 말을 참고하여 매일 스페인어를 익혔는데 결과적으로는 큰 도움이 되었다.

인간은 누구나 멀리 떠나고 싶어 한다. 가벼운 짐을 꾸린 뒤 세상사를 모두 잊고 훌쩍 떠나 조용히 그리고 천천히 길을 걸으며 자신을 돌이켜 보는 상상을 한 번쯤은 해 보았을 것이다. 그래서 최근에는 국내에도 걷는 길이 많이 개척되었고, 사람들은 국내의 길도 많이 걷는다. 하지만 걷기를 좋아하는 사람이라면 까미노를 걷는 꿈을 꾸고 있다. 까미노의 여러 길 중에서 우리가 가장 잘 아는 길인 '까미노'는 프랑스의 생 장 피에드포르Saint Jean Pied de Port에서 시작해 피레네산맥을 넘고 나바라Navarra와 라 리오하 지방, 부르고스, 팔렌시아, 메세타, 레온, 갈리시아, 칸타브리아산맥을 돌아 성 야고보의 무덤이 있는 산티아고Santiago로 이어지는 길이다. 이 길은 약 800km를 35일 정도 걸어야 하기에 '까미노'라는 세 글자만 들어도 벅차오르는 가슴을 주체하지 못하는 사람에게는 무엇보다 용기가 필요하다. 길을 걸을 용기만 있으면 이미 까미노는 시작된 것이다.

이 책은 나의 까미노 기록으로 까미노 프란세스Camino Francés 중에서도 가장 잘 알려진 프랑스의 국경 마을 생 장 피에드포르에서 출발하여 산티아고 데 콤포스텔라Santiago de Compostella까지 약 800km를 35일간 걸어가면서 보고 느낀 것을 기록한 것이다. 그 먼 길을 걸으면서 보는 자연과 유적들, 그리고 거기에서 사는 사람들, 같은 길을 걸으면서 만나는 사람들에게서 느끼는 많은 감정을 생각나는 대로 기록하였다. 사실 까미노 길을 가는 도중에 지나가는 수많은 마을에는 여러 이야기가 얽힌 역사적 유적이 많이 있으나, 우리에게는 이 이야기가 거의 알려지지 않았고, 자료도 충분하지 않다. 까미노의 기록은 대부분 감상문 정도였다. 그래서 나는 까미노를 걷는 사람들이 이 길에 얽힌 이야기와 길 중간에서 만나는 여러 유적에 대해 알고 걸을 수 있도록 내 나름대로 자료를 찾아서 설명을 하도록 노력했다. 나의 노력이 충분하지 않겠지만 까미노를 걷는 사람들에게 조금이라도 도움이 되길 바라는 마음이었다.

이 책에서 설명하는 역사적 사실이나 전설, 설화, 그리고 지리적 설명 등은 네이버 지식백과의 두산백과, 위키백과와 '산티아고 순례자 협회'의 자료를 참고하며 정리하였음을 미리 밝혀 둔다. 그리고 곳곳에 나오는 그림은 내가 길을 걸으면서 찍은 사진을 바탕으로 친구 박재영 님이 그린 걸 사용하였다.

덧붙여 말하면 까미노를 걸으면서 많은 사진을 찍었지만, 모든 사진을 책에 실을 수 없어서 안타깝다. 그러니 더 많은 사진을 보려는 사람들은 'Daum'에서 나의 블로그 '학의 오딧세이[1]'를 검색하여 한번 방문하면 이 책보다 엄청나게 많은 까미노의 여러 곳을 보여 주는 사진을 볼 수 있을 것이다.

---

1 학의 오딧세이(lhg5412.tistory.com)

까미노란 무엇인가?

그런데 까미노는 무엇이고 어떻게 가는 것일까? 대부분은 막연하게 알고, 자세히는 모른다. 그저 누군가 산티아고 까미노를 걷는다고 하니, '나도 까미노 길을 걸어 봐야지.' 하고 동경한다.

우리가 일반적으로 부르는 '산티아고'는 '산티아고 데 콤포스텔라Santiago de Compostella'를 지칭하는 것으로, 야고보를 칭하는 스페인식 이름이다. '산티아고 데 콤포스텔라'는 '별빛 들판의 성 야고보'라는 뜻으로 Compostella라는 단어는 라틴어 Campus Stellae의 변형으로 이 이름은 신의 계시를 받은 사람이 별빛이 비추는 들판을 따라 걷다가 야고보의 유해를 발견하면서 붙은 이름이다.

스페인에서는 야고보가 이베리아반도에 와서 선교하였고, 그의 시신이 스페인으로 다시 옮겨져 매장되었다고 전해지기 때문에 예수의 12제자 중에서 야고보가 가장 존경받고 있다. 그래서 지금도 그가 묻혔다는 '산티아고 데 콤포스텔라'는 종교적인 성지로 칭송받고 있다.

까미노는 원래 종교적인 의미로 순례자의 길이다. 야고보의 무덤이 있는 스페인 북서쪽 산티아고 데 콤포스텔라로 향하는 길에는 여러 코스가 있고 지금도 새로 만들어지고 있으며, 심지어 유럽 사람들은 집에서 떠나는 그 길을 하나의 코스로 인식한다고도 한다. 그 수많은 코스 가운데 순례자의 약 70%는 프랑스 루트 까미노 프란세스를 선택해서 걷는다. 그리고 까미노 프란세스 중에서도 가장 일반적인 프랑스의 국경 마을 생 장 피에드포르에서 산티아고 데 콤포스텔라까지 걷는 것을 까미노 프란세스를 완주했다고 말한다. 그리고 어떤 순례자들은 여기에서 더 나아가 산티아고 데 콤포스텔라에서 무시아Muxía와 피스테라Fisterra까지 연장해서 대서양의 노을을 바라보며 앞으로 인생의 까미노를 다시 계획하기도 한다. 또 일주일 정도의 시간뿐이라면 사리아에서 산티아고 데 콤포스텔라까지 약 115km 구간을 걷는 방법도 있으며, 그 과정을 걸어도 인증해 줘서 사리아부터는 순례자의 수가 크게 늘어나기도 한다.

이 길을 걷는 사람들이 목적지로 하는 산티아고 데 콤포스텔라에서 9세기경에 성 야고보의 유해가 발견되고, 성 야고보를 스페인의 수호성인으로 삼으면서 야고보의 길을 따라 걸으려는 순례자들이 생겨났다. 그러다가 1189년 교황 알렉산더 3세는 예루살렘, 로마와 함께 산티아고 데 콤포스텔라를 성스러운 도시로 선포했는데 교황의 칙령에 따라 성스러운 해산티아고의 축일인 7월 25일이 일요일이 되는 해에 산티아고 데 콤포스텔라에 도착하는 순례자는 그간 지은 죄를 모두 속죄받고, 다른 해에 도착한 순례자는 지은 죄의 절반을 속죄받는다고 한다.

이러한 영향으로 산티아고 순례길은 그리스도교 순례 세계의 중심지가 되었다. 그러나 세월이 흐르면서 까미노 프란세스는 국가와 교회의 지지가 줄어들면서 그 중요성을 상실하고 사람들에게 잊혀 갔다. 그러다가 19세기 말 산티아고 길을 재건하려는 움직임이 생기고 20세기 중반까지 이어졌다. 오늘에 이르러서는 세계의 모든 사람들이 걷기를 동경하면서 옛날의 까미노가 속속 복구되었다.

까미노를 떠나기 전에 알고 있어야 하는 사항들을 간단히 정리했다.

첫째는 노란 화살표와 가리비 껍데기 표시이다. 까미노 데 산티아고의 순례길을 걸으면서 수없이 마주하는 노란 화살표와 가리비 껍데기는 순례자에게 갈 길을 가르쳐 주는 고마운 존재로 이 표시만 따라가면 길을 잃을 염려는 조금도 없다. 길이 애매

한 곳은 순례자들이 직접 돌을 모아 화살표를 만들어 두기도 하여, 모두 한마음으로 같은 길을 걷고 있다는 심리적 버팀목이 된다. 또 수많은 표지석이 있으니 길을 잃을 염려는 하지 않아도 된다.

둘째는 순례자 여권인 크렌디시알이다. 크렌디시알은 프랑스 길의 시작점인 생장 피에드포르의 순례자 사무실에서 여권과 신청서를 제출하고 약간의 기부금을 내고 발급받는다. 이때 가리비 껍데기도 함께 받는다. 크렌디시알을 가지고 있으면 순례자 숙소알베르게에 머무를 수 있고, 자신이 지나치는 레스토랑, 성당 등의 장소에서 '세요'라고 일컫는 스탬프를 받고, 숙소에서도 스탬프를 받아 본인이 그 길을 걸은 순례자임을 증명하는데, 이렇게 스탬프를 받은 순례자는 산티아고 데 콤포스텔라에 도착해 순례 완주 증서를 받을 수 있다. 이 크렌디시알은 세요를 더 찍을 공간이 없을 때 중간에 있는 성당에서 구입할 수 있다.

또 자신이 순례자임을 알리는 표시로 배낭에 가리비 껍데기를 달고 여정을 시작한다.

셋째는 일정이다. 걷기에 알맞은 시기는 언제일까? 약 40일간의 여유가 있어야 하기에 각자의 사정에 맞춰야 하지만, 순례자가 끊이지 않는 까미노에서 걷기에 좋은 시기는 4~6월과 9~11월이라고 할 것이다. 겨울과 이른 봄은 춥고 눈이 많이 내려서 걷기 쉽지 않고, 6월이 넘어가면 스페인의 뜨거운 햇빛으로 걷기에 적당하지 않을 것이다. 하지만 대부분 이 시기를 택하여 걷기에 번잡함을 피하려면 다른 시기를 택해도 좋다.

넷째는 숙소다. 일반적인 순례자의 숙소는 알베르게Albergue다. 마을마다 '알베르게'라 불리는 순례자 전용 숙소에서 잠자리를 해결해 주고 또 많은 알베르게는 취사할 수도 있어 유럽의 비싼 물가를 극복할 수 있게 해 준다. 대부분의 알베르게가 유스호스텔 같은 개방된 구조로 남녀노소 구별 없이 함께 머문다. 공립 알베르게는 도착순으로 침상을 배정하기에 일찍 도착하여 배낭을 입구에 놓고 순서를 기다려야 한다. 사립 알베르게는 조금 비싸지만 그런 수고는 하지 않아도 된다. 침상이 비면 누구나 들어갈 수 있다. 그리고 숙소는 대체로 충분한 편이다.

다섯째는 짐은 되도록 간단하게 꾸리는 것이 좋다. 길에서 먹고 자는 것 외에도 그때그때 필요한 물품을 채울 수 있다. 구입하면 된다. 여벌은 세 벌이면 충분하다. 하루의 걷기가 끝나면 세탁하여 갈아입을 수 있다. 그리고 짐을 배송시키면 다음 숙소까지 배달해 주니 무거운 짐을 지고 걸을 필요가 없다.

길이 끝나는 산티아고 데 콤포스텔라에 도착하면 완주증명서가 선물로 주어진다. 모두 이 증서를 받으면 감격한다. '내가 그 먼 길을 정말 완주했는가?' 하고 가슴이 벅차오른다. 그러면서 고이고이 그 증서를 간직한다. 하지만 그 길의 완주가 끝났을 때 나에게 주어지는 가장 큰 선물은 바로 자기 자신이다. 800km를 걸어가 산티아고 대성당의 광장에서 만나는 사람들을 끌어안고 함께 기뻐하는 자신을 돌이켜 보아라. 광장의 1000년 된 돌기둥에 기대어 눈물을 흘리고 있는 사람들의 모습에서 자신을 찾을 수도 있다. 지나온 삶에 대해 기쁨과 감사에 가득 찬 그 순간을 느끼면 세상은 다르게 보일 것이다. 집으로 돌아오는 길에서 나를 지탱하는 힘이 당신 안에 있다는 것을 이미 깨닫고 있을 것이다. 물론 얼마나 오래 간직할는지는 모르겠지만….

까미노 데 산티아고가 우리에게 주는 최고의 선물은 그 길을 걷는 사람들과 함께하는 일이다. 길에서 만나는 사람들은 누구나 허물없이 친구 이상이 된다. 다리를 절고 있는 사람에게는 파스를 붙여 주고, 아픈 사람에게는 약을 나눠 주고, 목마른 사람에게는 물을 건네고, 배고픈 사람에게는 먹을 것을 준다. 냄새나는 발바닥의 물집을 따 주며 마음속으로는 이렇게 말한다. "당신을 도울 수 있어 얼마나 행복한지 몰라요." 길을 걸으면서 마음이 따뜻한 사람들을 여기저기에서 만난다. 생판 모르는 사람들도 지나가며 "부엔 까미노Buen Camino" 하고 인사하며 어디에서 왔는지를 묻고 답한다. 당신도 금방 친절이라는 바이러스에 감염되어 그 기쁨과 베푸는 행복을 체험한다. 길을 걸으며 만나는 사람들을 통해 닫혔던 마음의 문이 열리고, 현실의 아픈 기억들은 정화되며 추억이라 불리는 아름다운 기억들이 쌓인다.

이것이 까미노가 우리에게 주는 힘이다.

CONTENTS

Oviedo

Fisterra

Santiago
de Compostela

Portomarín

Triacastela

Olveira

Negreira

O Pedrouzo

Arzúa

Palas de Rei

Sarria

O Cebreiro

Ponferrada

León

Astorga

Villafranca del Bierzo

Rabanal del Camino

Hospital de Orbigo

Mansilla de las Mulas

Sahagún

Carrión de L

PORTUGAL

Porto

ATLANTIC OCEAN

Tagus

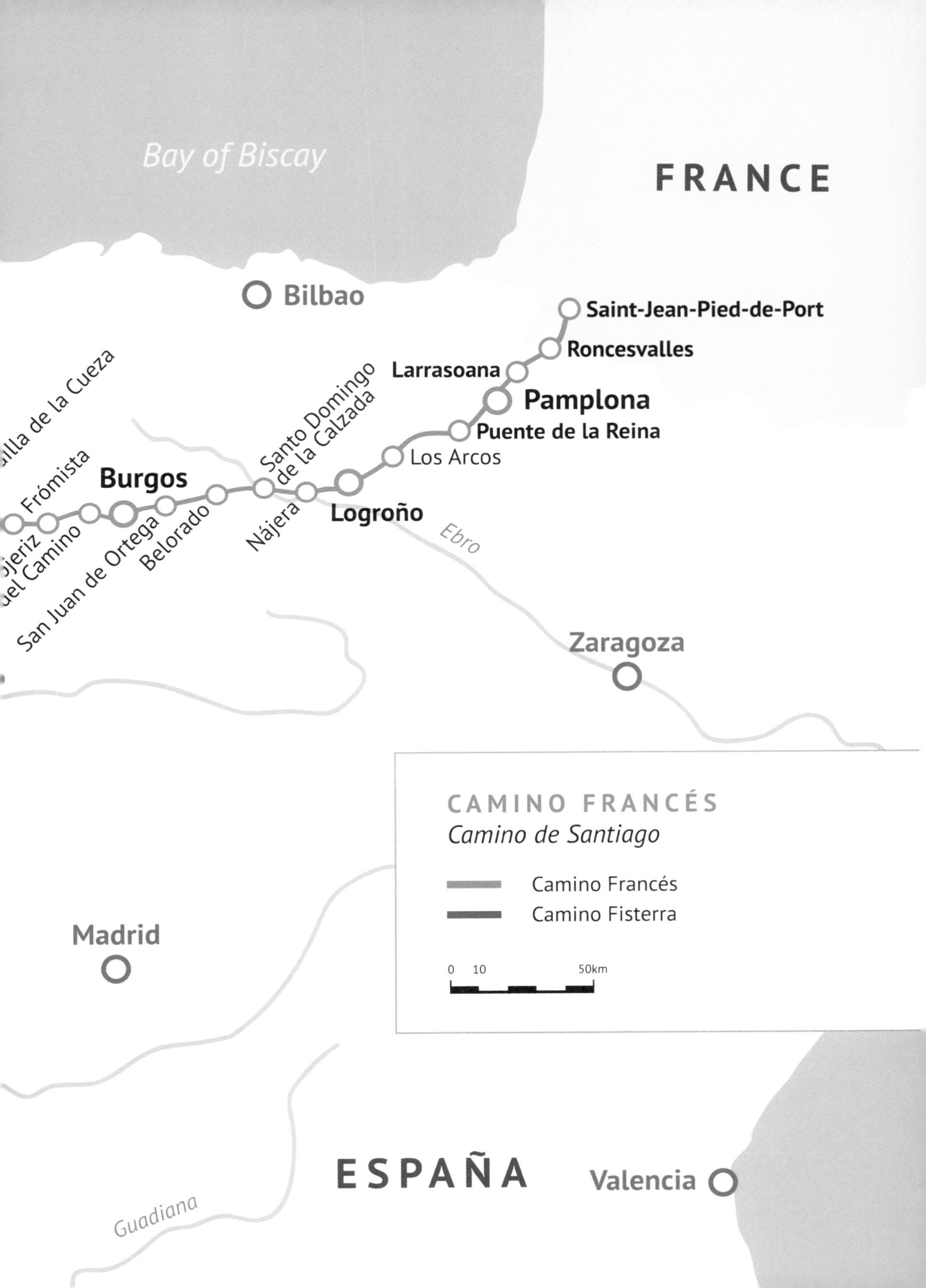

Bay of Biscay

FRANCE

○ Bilbao

○ Saint-Jean-Pied-de-Port
○ Roncesvalles

Larrasoana
○ Pamplona
○ Puente de la Reina

Santo Domingo de la Calzada

lla de la Cueza
Frómista
Burgos
Belorado
Los Arcos
Nájera
Logroño
San Juan de Ortega
jeriz
del Camino

Ebro

Zaragoza ○

CAMINO FRANCÉS
Camino de Santiago

━━ Camino Francés
━━ Camino Fisterra

0 10   50km

Madrid ○

ESPAÑA   Valencia ○

Guadiana

출발 – 생 장 피에드포르

부엔 까미노 Buen Camino!

　부엔 까미노Buen Camino의 원래 뜻은 '좋은 여행 되세요.'이지만 산티아고 순례길을 상징하는 인사로, 이 순례길을 걷는 사람들은 하루에도 수십 번 인사를 주고받는다.

　나의 까미노 여정은 인천국제공항에서 북경을 거쳐 프랑스 파리로 가는 비행기에 탑승하면서 시작되었다. 먼저 인천에서 북경으로 가서 환승하여 파리로 가는데 북경에서 환승하는 방법은 상당히 불편했다. 그동안 많지 않지만, 여러 곳에서 환승해 보았는데 중국은 환승객에게도 짐 검사를 다시 했다. 다른 공항에서 환승할 때는 환승 통로를 따라가서 대기하다가 비행기를 타면 되었는데 중국은 입국할 때와 같은 방식을 취해서, 나에게는 낯설었다.

　오랜 비행 끝에 파리 공항에 도착하여 생 장 피에드포르로 향하는 기차를 타려고 몽파르나스역으로 가는 도중에 길이 막혀 시간을 맞출 수 없었다. 생 장 피에드포르로 가는 기차는 이미 출발하고 없었다. 여행사의 인솔자가 미안해하며 백방으로 뛰어다녀 역에 호소한 결과 다음 차를 탈 수가 있었는데 입석밖에 없었다. 하지만 이것도 까미노가 우리에게 주는 첫 시련이라고 생각하였고, 인솔자가 백방으로 노력한 덕분에 해결된 것을 지금도 고맙게 생각한다.

　몽파르나스역에 도착하여 생 장 피에드포르로 가는 열차가 언제 있을지 몰라 역에서 대기하면서 주변을 둘러보았다. 많은 사람이 바쁘게 오가는 역을 이곳저곳 구경하고, 밖으로 나가서 파리의 한 부분을 보기도 했다. 여기서 한 가지 짚고 넘어가야 할 점은 화장실 사용료였다. 이 큰 역에서 화장실을 찾기 힘들었다. 그러다가 겨우 찾은 화장실은 사용료로 1유로를 내야 했다. 공공장소인 역의 화장실이 사용료를 받는다는 것은 우리나라에서 이해하기 어려운 일이어서 어이가 없었다. 예전에 중국을 여행하다가 프랑스 여자를 만나 중국의 여러 가지 불편함을 이야기하다가 한국에서 화장실 사용은 모두 무료라고 말하니 놀라던 기억이 났다.

몽파르나스역 내부

몽파르나스역 외부 풍경

우여곡절 끝에 열차를 타고 먼저 바욘Bayonne으로 가서 생 장 피에드포르로 가는 기차를 갈아타야 했다. 기차를 타고 가면서 여행을 시작하는 사람들의 설렘을 볼 수 있었다. 좌석이 아니고 입석이라 통로에 쭈그리고 앉거나, 서 있으면서도 불편함이 없었다. 떠들고 농담을 주고받으며 창밖으로 보이는 푸른 하늘에 감탄하고 즐거워했다.

기차에서 보는 풍경

늦은 시간에 생 장 피에드포르역에 도착하여 구경은 못 하고 숙소를 찾아서 걸었다. 가는 도중에 까미노를 걷는 순례자의 모습과는 조금 거리가 먼 젊은이와 함께 갔다. 호기심에 어디서 왔는지 물어보니 남미의 파라과이에서 왔다고 했다. 이름은 리하르트라고 하며 산티아고에 간다고 하였는데, 이후 산티아고까지 걸으면서 한 번도 그 젊은이를 보지 못했다. 생 장 피에드포르의 거리에는 공사 중이라는 표시가 여러 곳 보였고 사람들의 통행은 드물어 한적하게 보이는 동네 같지만, 이곳은 까미노가 시작하는 곳이다.

생 장 피에드포르의 숙소를 찾아가니 비교적 늦은 시간이었는데, 몽파르나스역에서 기차를 놓친 일로 인솔자는 매우 미안해했다. 여행사에서 사죄의 뜻으로 오늘 저녁 식사 경비를 모두 부담하겠다며, 미리 음식을 준비해 놓아서 배불리 먹을 수 있었다. 지금도 여행사의 세심한 처사에 감사한다.

저녁의 생장 모습

밥을 먹고 내일부터 시작되는 까미노 여정을 위해서 일찍 잠자리에 들었다.

생 장 피에드포르 - 론세스바예스

오늘의 길 : 생 장 피에드포르 - 온토5km **- 오리손**2.4km **- 십자사 - 레푀데르 언덕**13km **- 론세스바예스**5.2km

까미노 프란세스의 출발점인 생 장 피에드포르는 스페인 국경으로부터 약 8km 가량 떨어져 니브Nive 강이 만나는 지점에 자리 잡고 있다. 피레네산맥을 지나서 론세스바예스Roncesvalles로 가기 직전의 마을로 순례자들에게는 산티아고에 가는 길을 열어 주는 마을이다. 생 장 피에드포르를 통과해 피레네를 넘는 길은 과거 로마 시대부터 시작하여 나폴레옹의 군대 등등 모두에게 역사적인 의미를 가지고 있었다. 피에드포르Pied de Port는 피레네지방의 방언으로 '통로의 발치'라는 말이라고 한다.

생 장 피에드포르는 원래 사자왕 리처드에 의해 세워진 생 장 르 비유Saint Jean le Vieux에서 시작되었다. 이후 나바르의 왕에 의해서 현재의 위치에 새롭게 만들어졌고, 12세기 말 이후에 건설된 뒤 나바라 왕국 북 피레네의 중심 도시가 되었다. 피레네산맥을 가로지르는 핵심 포인트인 시세 언덕Col de Cize의 자락에 있는 생 장 피에드포르는 이 도시를 산티아고 데 콤포스텔라로 향하는 순례길의 핵심 경유지로 만들었다.

프랑크 왕조의 유물 가운데 론세스바예스와 생 장 피에드포르에는 778년 롤랑과 샤를마뉴의 군대가 남긴 흔적이 많이 남아 있다. 또 우루쿠루로 가는 길에는 샤토 피그뇽Château Pignon의 흔적을 찾아볼 수 있는데, 이것은 1512년 나바라의 정복자였던 스페인 사람들에 의해 지어진 방어 성곽으로 나폴레옹 전쟁 당시 파괴되었으나, 현재까지도 피레네산맥을 넘는 순례자들을 지켜보고 있다.

까미노의 본격적인 첫 시작은 생 장 피에드포르에서 아침에 잠을 깨면서 시작되었다. 일어나 밖으로 나가니 두 명의 한국인 여성이 같은 숙소에 머무르고 있었다면서 인사한다. 보기에 자매 같아서 이야기하니 모녀라고 대답했다. 나는 엄마가 젊어 보인다고 했다. 그들은 개인으로 와서 배낭을 이송하는 서비스 문제를 해결하지 못해 우리 일행에게 이야기했다. 여하튼 그 모녀와는 일정이 같아 산티아고까지 같은 여정으로 걸으면서 거의 매일 만났고 산티아고에도 같은 날에 도착했다.

생 장 피에드포르의 문장
(출처 : 산티아고 순례자 협회)

어제 늦게 도착하여 크렌디시알도 받지 못하였기에 크렌디시알을 발급하는 사무소가 문을 여는 시간까지 여유가 있어 생 장 피에드포르의 이곳저곳을 둘러보았다.

마을의 여러 곳에 보이는 생 장 피에드포르의 문장紋章은 마을의 역사를 대표하는 다양한 요소로 구성되어 있다.

수호성인 세례자 요한의 왼손에는 이름이 적힌 깃발이, 발아래에는 어린 양이 잠들어 있고, 세례자 요한의 오른손은 생 장 피에드포르 성을 가리키고 있고, 체인 뭉치가 중심의 에메랄드를 둘러싸고 있는 나바라 왕국의 문장이 성의 아래쪽에 있다.

숙소에서 나와서 스페인 거리Rue d'Espagne를 걸어가니 조그마한 강이 나오고 다리가 나온다. 니브 강이라고 알려져 있지만, 정확히는 니브 강의 조그마한 지류로 생 장 피에드포르에 있는 니브 드 베에로비Nive de Béhérobie 강이다. 니브 강은 프랑스에 있는 강으로 생 장 피에드포르에 있는 3개의 작은 니브 드 베에로비 강, 로리바 Laurhibar 강, 니브 다르네귀Nive d'Arnéguy 강이 합쳐지는 지점에 있다. 프랑스령 바스 크Basque를 가로질러 여러 마을을 지나 바욘 마을에서 아두르 강으로 흘러든다.

이 다리 입구에 있는 노트르담 문Notre-Dame Gate을 지나면 나오는 노트르담 뒤퐁 성당은 13 세기 초반 건물 원형이 남아 있는 성모승천 성당 으로, 1212년 라스 나바스 데 톨로사Las Navas de Tolosa 전투에서 무어인을 격퇴한 기념으로 나바 라의 왕 산초 엘 푸에르테에게 헌정된 것으로 바 스크 지역에서 바욘 대성당과 함께 대표적인 고 딕 양식 건축물이다. 장엄한 분홍빛의 사암 파사 드는 조각된 기둥과 기둥머리의 고딕 문을 더욱 특색 있게 보여 준다. 하지만 아쉽게도 이른 시간 이라 문을 열어 놓지 않아 내부를 구경하지 못하 고 외부만 조금 보고 지나쳤다.

노트르담 뒤퐁 성당

성당 앞에 위로 난 언덕길이 시타델르 거리Rue de la Citadelle다. 생 장 피에드포르 를 방문한 순례자들이라면 꼭 사진에 담는 곳이다. 오르막길을 따라 집이 모여 있고, 요새 도시라는 이름에 걸맞은 거리로 돌출형 바닥, 목재 건물, 조각된 기둥을 이용한 처마는 이 거리 가옥들의 건축적 특징이다. 상인방에는 암시적인 명문이 음각되어 있 으며 기하학적 디자인이나 종교적 상징들로 장식되어 있다.

이 길을 따라 순례자 사무실로 올라간다. 순례자 사무실로 올라가는 길 양쪽에 는 아르캉 졸라 저택과 라라뷔레 저택 등등의 오래된 집들이 보이지만 이른 시간이 라 그냥 지나쳤다.

산티아고 순례자 사무소는 다비드 드 푸레David de Fourré에 의해 18세기 초반 에 도시형 저택으로 지어졌으며, 1950년부터 생장시 청사로 이용하고 있다고 한다.

순례자 사무실도 아직 시간이 되지 않아 문을 열지 않고 있었다. 무료하게 기다리면서 그 길을 따라 올라가니 주교의 감옥이라는 건물이 나온다. 메종 라보르드(순례자 사무실)에서 정원으로 구분되어 떨어져 있는 주교의 감옥La prison des Evêques은 이 도시에서 가장 유명한 건물 중 하나로, 그 이름은 매우 흥미로운 두 가지 역사적 사실을 동시에 연상시킨다. 하나는 교황 분열기14세기 후반~15세기 초반에 주교좌 도시의 역할이었고, 또 다른 하나는 최소 18세기 말까지 감옥으로 사용된 것이다.

현재 건물의 조각돌로 조각된 입구는 초소를 향해 있으며 곧장 감방으로 이어진다. 옛날의 감방은 좁은 계단을 지나 지하의 거대한 갈비뼈 모양의 방으로 연결되는데, 지금은 이곳에서 산티아고 순례자에 관련된 자료가 전시되고 있다.

야고보의 문

길을 따라 조금 올라가면 야고보의 문Porte de Saint Jacque이 나온다. 1998년 유네스코 세계문화유산에 등재된 이 문은 순례자들이 산티아고 데 콤포스텔라로 향하는 전통적인 출입구이다. 전통적으로 프랑스인들은 이 문을 통과해 론세스바예스로 향했다고 한다.

야고보의 문에서 좀 더 올라가면 생 장 피에드포르 성이 나오는데 시간이 없어 그 성을 구경하지는 못하고, 순례자 사무소가 문을 열어 크렌디시알을 받고 가리비 껍데기를 받아 배낭에 묶고 길을 떠날 준비를 하였다. 사실은 전날에 이 과정을 모두 종료

해야 하는데, 생 장 피에드포르에 늦게 도착하여 일정이 조금 지체되었다. 하여튼 준비하고 까미노의 출발점으로 표시된 곳으로 갔다. 까미노 출발점에서 사람들은 시작을 기념하며 신발을 신은 발의 모습을 사진 찍는다. 나와 함께 길을 걷는 21명의 인원도 삼삼오오 모여서 발을 내밀고 사진을 찍었다.

까미노 출발점

우리의 오늘 여정은 프랑스의 생 장 피에드포르를 출발하여 시세 언덕을 지나서 시련과 축복의 땅인 피레네산맥의 품에서 국경을 넘어 스페인의 론세스바예스에 도착하는 약 26km의 제법 긴 길이다. 이 길에서 순례자는, 해발 146m의 생 장 피에드포르에서 해발 952m의 론세스바예스로 가기 위해서 해발 1,450m 정도의 피레네산맥을 넘어야 한다. 다소 힘든 구간이지만 이 구간은 피레네산맥의 완만한 경사면이 남북으로 경계를 이루며 길게 이어져 그렇게 힘들지는 않다. 오히려 피레네산맥의 아름다운 경치를 즐기면서 여유롭게 걸을 수 있기에 기나긴 까미노 길에서 가장 아름답고 감동적인 구간이라 할 수 있다.

까미노 출발점에서 다리를 건너 스페인 거리를 걸어 스페인 문을 지나면 본격적인 까미노를 시작한다. 스페인 거리의 집들은 상인방에 집주인의 직업이나 거래 품목이 새겨져 있었다고 한다. 현재도 9번지에는 밀 가격이 주요 이슈였던 1789년의 높은 밀 가격의 기록이 남겨져 있다고 한다.

스페인 문

생 장 피에드포르에서 나와서, 그 후 오른쪽으로 이어지는 산티아고 가는 길 Chemins de Saint-Jacques de Compostelle이라고 표시된 길을 따라 걸으면 된다.

론세스바예스로 가는 루트 안내도

첫 번째 목적지인 오리손으로 가기 위해서 순례자는 시세 언덕길Ruta de los Puertos de Cize로 코스를 잡아야 한다. 피레네산맥을 넘는 길은 보통 두 가지가 있다. 첫째 길은 도보 순례자들이 지나는 일반적인 길인 시세 언덕길로, 길을 따라 아름답게 펼쳐지는 웅장한 피레네산맥의 장관을 즐길 수 있다. 하지만 이 길을 지나기 위해서는 해발 1,410m의 레푀데르 언덕Col de Lepoeder을 넘어야 한다.

둘째 길은 자전거 순례자들이 주로 이용하는 발카르로스 길Via Valcarlos이다. 이 길은 시세 언덕길보다는 조금 긴 길로, 조금 편하지만 경치가 조금 부족하다고 말하기도 한다. 하지만 이 길도 피레네산맥의 아름다움을 즐기기에 충분하며, 아름다운 샤를마뉴의 계곡Valle de Carlomagno을 지난다. 해발 1,057m의 프에르토 데 이바녜타 Puerto de Ibañeta를 넘어야 한다.

생 장 피에드포르를 벗어나 서로가 기쁜 마음으로 즐겁게 무리를 지어 이야기하면서 걸으니, 오리손으로 가는 시세 언덕길은 처음 이로우에야Irouleya를 향해서 오르는 가파른 비탈길로 시작한다. 이후 한 폭의 그림과 같은 언덕이 펼쳐지며 에트체베스테아Etchebestea와 에레쿨루스Erreculus 사이에 있는 밤나무 숲에서부터 온토로 향하는 포장된 가파른 오르막길이 나오고 왼쪽으로 휴게소를 가진 온토 알베르게가 나타나지만 아직은 걷기 시작한 지 얼마 되지 않기에 모두 무심하게 지나간다. 이곳을 지나면서 이제 피레네산맥에 진입했다고 해도 과언이 아니다. 그렇게 산길을 걸어가면서 보는 풍경은 가슴을 확 트이게 한다. 우리나라의 하늘은 맑은 날이라고 해도 그렇게 깨끗하지 않은데 피레네의 하늘은 매우 푸르고, 벌판이 펼쳐진다. 이곳엔 소와 말이 뛰어놀고 있다. 우리나라에서는 전혀 상상하지 못한 풍경이다.

피레네의 여러 모습

온토를 지나 조금 가면 왼쪽으로 좁은 산길이 나온다. 그대로 직진하면 포장도로와 산길은 서로 만나게 되는데 왼쪽의 산길이 지름길이다. 길은 조금 경사가 있으나 피레네산맥 특유의 완만한 구릉이 주는 부드러움이 마음을 포근하게 해준다. 조금 걸으면 목초 사이로 부드럽게 아스팔트 길이 나타나고 순례자는 옛날에 론세스바예스의 부속 수도원이 있었다고 전해지는 해발 792m의 오리손에 도착한다.

오리손의 카페

오리손의 카페에 도착하니 길을 걸을 때는 보이지 않았던 다양한 나라의 사람으로 북적였다. 어디서 이 많은 사람이 나타난 것인지 의문이 들 정도였다. 모두 산길을 걸어 왔기에 잠시 휴식을 취하며 시원한 음료를 마시면서 주위에 펼쳐지는 피레네의 아름다움에 경탄하고 있었다. 나는 우리 일행 중 비교적 빠르게 도착해서, 함께 걷던 나보다 나이가 적어 보이는 일행에게 맥주를 한 잔씩 사서 주니 모두 고마워하며 즐거워했다. 그리고 처음 보는 사람들에게도 조그만 친절이라도 베푸는 일이 내가 이 길을 걸으면서 가져야 하는 태도라고 생각했다. 이 맥주 한 잔이 계기가 되어 까미노가 끝날 때까지 네 명이 함께 길을 걷고 저녁을 먹고 술도 한 잔씩 했다. 함께 즐기면서 여행하는 내내 큰 인연이 되었다. 이들과의 이야기는 앞으로도 계속 나올 것이다.

오리손 카페를 지나 언덕을 오르면서 지나온 길을 뒤돌아보면 멀리에 환상적으로 펼쳐지는 풍경에 자신도 모르게 탄성을 지르게 된다. 좌우를 돌아보면 너무나 아름다운 풍경이 눈에 들어와 황홀하게 느껴진다. 그 황홀한 풍경을 가슴에 담으면서 약 4km 정도 올라가면 목장이 있는 아름다운 언덕에 도달하여 왼쪽으로 눈을 돌리면 바위 위에 알록달록하게 꾸민 비아코레 성모자상이 보인다. 피레네산맥의 가장 깊은 품 안에서 아름다운 광경을 만끽하며 걷다가 뜻밖의 성모자상을 발견하는 수많은 순례자는 성모자상을 바라보며 자신과 함께 이 길을 걷고 있는 사람들의 여정이 안전하고 평안하기를 기원한다.

비아코레 성모자상

출발지에서 계속해서 나오는 고원에 펼쳐지는 이 길을 나폴레옹 길이라고 부르기도 하는데, 그 이유는 전략적 요구에 따라서 1807년 나폴레옹의 부대가 이베리아반도를 침공할 당시 이 루트를 이용했다고 하여 붙여진 이름이다.

다음에 아스팔트 길이 이어지나, 얼마 지나지 않아서 샛길이 오른쪽으로 나온다. 여기서 약 2km 정도 직진하면 아스팔트 길이 사라지고 프랑스와 스페인의 국경으로 이어지는 작지만, 위압적인 모습의 언덕이 나타난다. 여기서 계속 가면 마침내 까미노는 스페인으로 들어가게 된다. 길은 해발 1,344m의 벤타르테아 언덕Collado de Bentartea을 지나 프랑스 국경을 통과하기 이전에 까미노 최초의 표지석산티아고 765km이 나온다. 그런데 아쉽게도 내 사진 철을 아무리 찾아도 이 사진이 보이지 않는다. 내가 안 찍지는 않았을 것인데… 그리고 롤랑의 샘을 만난다. 오리손을 지난 후에는 롤랑의 샘 이외에는 마실 물을 구할 수 없고, 이 샘도 갈수기에는 말라 버릴 때도 있다. 이곳은 이제 낭만적인 샘이 아니라 단지 수도꼭지를 달아 놓은 멋없는 시설물이다. 그러나 해발 1,378m에 있는 샘의 수도다.

롤랑의 샘을 지나 조금 가면 프랑스와 스페인의 국경이 나온다. 국경이지만 별다른 표시 없이 그저 산 언덕길에 나무 문을 달아 놓고 철판을 깔아 놓았다. 그리고 조금 지나면 스페인 나바라주라는 표시가 나타날 뿐이다. 국경을 넘어가는 데 아무런 인증도 없고 국경을 지키는 사람도 없다.

롤랑의 샘

순례자의 앞으로 이어지는 숲길을 지나면 마침내 이날의 가장 높은 시세 언덕길의 정상 지점인 레푀데르 언덕Collado de Lepoeder에 도착하게 된다.

시세 언덕길의 정상을 지나면 왼쪽으로 난 급한 경사 길과 오른쪽으로 조금 완만한 길을 만난다. 왼쪽으로 이어지는 급한 경사로는 지름길이기는 하나, 경사가 심하고 너덜 지대가 많아서 부상의 위험이 많으므로 가급적 오른쪽 길을 권한다. 내가 걸은 날은 비가 와서 너덜 지대의 돌길이 매우 미끄러웠다. 하지만 스틱도 짚지 않고 그냥 내려가다가 그만 미끄러졌다. 같이 가던 일행이 깜짝 놀랐으나 다행히 큰 부상은 입지 않았고 약간의 타박상을 입었다. 숙소에 도착하니 나 이외에도 미끄러졌다는 사람들이 있었다. 너덜 지대고 비가 온 뒤라 아주 조심해야 하는데 그렇지 못했다. 하지만 이것을 계기로 경각심을 가지게 된 것도 큰 소득이었다.

급경사의 너덜 지대를 지나면 이바녜타 언덕Alto de Ibañeta에서 목적지인 론세스바예스까지는 편안한 내리막이 계속 이어진다. 어느새 론세스바예스의 안내판이 보이기 시작하고 냇물을 건너니 오늘의 숙소인 수도원이 보인다. 수도원의 깨끗한 건물에 들어가기에는 우리 신이 너무 흙탕물에 더럽혀 있었다. 그래서 냇물에 신을 깨끗이 씻고 수도원으로 들어갔다.

외부에서 보는 산타 마리아 왕립 성당의 모습

론세스바예스를 얘기할 때는 서사시 『롤랑의 노래La Chancon de Roland』를 뺄 수 없다. 이 작품은 기사의 영웅적인 행위를 예찬하기 위해 써진 서사시로, 작자는 분명하지 않으며 성립 연대는 1098년부터 1100년 사이인 것으로 추정되고, 12세기 후반의 옥스퍼드 고사본에 실제 노래로 불리던 이 시의 순수한 모습이 전해지고 있다.

롤랑은 프랑크 왕국의 황제 샤를마뉴의 조카이자 성 기사 중에서 가장 용맹하고 뛰어난 기사였다. 샤를마뉴는 자신이 아끼는 보검 두란다르트Durandart를 하사하였는데 이 검은 산을 쪼갤 수 있을 정도의 힘을 가졌다고 한다. 778년 8월 15일 스페인

원정에서 돌아오던 길에 롤랑이 지휘하던 샤를마뉴 대제의 후위 부대가 피레네 산속 롱스포에서 바스크인의 기습으로 전멸하였다. 롤랑은 도움을 청할 수 있는 전설의 뿔 나팔 올리판테Olifante를 불지 않았고, 롤랑은 죽는 순간 성 베드로의 치아가 포함된 자신의 칼 두란다르트를 파괴하기 위해서 커다란 바위에 내리쳤는데 바위만 갈라지고 칼은 멀쩡했다고 한다. 뒤늦게 알게 된 샤를마뉴는 죽은 병사들을 위한 그리스도교식 무덤을 마련하라고 명령했다. 그러나 아군과 적군을 구분할 수가 없었기 때문에 모두 함께 매장할 수밖에 없는 현실이었다. 하지만 적군과 아군을 함께 매장한다는 것은 있을 수 없는 일이기에 샤를마뉴는 그들을 구분할 수 있는 증표를 달라고 기도했다고 한다. 그러자 조금 뒤 병사들이 달려와서 입에서 장미가 피어나는 시체가 있다고 전했다. 이에 샤를마뉴는 이들을 분리해서 그리스도교 무덤에 매장했다. 이것이 로시스 바예Rosis Valle, 장미의 계곡 즉 론세스바예스라는 지명의 기원이라고 한다.

그 외에도 론세스바예스는 『롤랑의 노래』와 관련된 것이 넘쳐난다.

론세스바예스의 알베르게 지구 안에 있는 고딕 양식의 산타 마리아 왕립성당Real Colegiata de Santa María은 이베리아반도에서 고딕 양식으로 건축된 초기의 건물로 이곳에는 아름다운 고딕식 성모 마리아 조각이 보관돼 있다. 아름다운 성직자 회의실엔 산초 7세의 고딕 양식 무덤이 있고 라스 나바스 데 톨로사Las Navas de Tolosa의 전투에서 얻은 전리품 일부도 있고, 회랑은 17세기 양식이다. 현재의 성당 건물은 원래의 건물 자리에 13세기에 재건축된 것으로, 원래의 건물은 로마네스크 양식 성당이었다. 아름다운 고딕 회랑과 회의실, 다른 부속 건물 등이 있으나 세월의 무게 때문에 부분적으로 무너졌다. 1445년에 화재가 일어나 성당 건물이 훼손되었으며 1600년에는 지붕에 내려앉은 눈의 무게 때문에 남쪽 회랑과 성전의 지하층이 무너졌고, 1615년 건축가 돈 후안 데 아라네기에 의해 재건되었다. 하지만 우리의 도착 시간이 늦어서 내부를 구경할 수 없었던 것이 매우 안타까웠다.

안에서 보는 산타 마리아 왕립 성당의 모습

그 외에도 샤를마뉴의 헛간Silo de Carlomagno으로도 불리는 성령의 소성당Capilla del Sancti Spiritus, 론세스바예스 박물관으로도 불리는 성당 박물관Museo de la Colegiata, 산 아구스틴 소성당Capilla San Agustín, 산 살바도르 데 이바녜타 소성당Capilla San Salvador de Ibañeta 등등이 있었으나 첫날이라 정신없이 보내느라 제대로 구경도 못하고 지나쳤다.

이 모든 것을 제대로 구경하려면 많은 시간이 필요하지만, 나는 관광객이 아니라 길을 걷는 것을 주목적으로 하는 순례자이다. 다음을 기약할 뿐이다.

론세스바예스의 숙소는 과거에 수도원으로 사용되었던 국립알베르게로, 철저하게 도착한 순서에 맞추어 숙소를 배정하였다. 시설은 비교적 깨끗하고 좋으나, 운영은 아쉬웠다. 숙소에서 제법 땀을 흘렸고 비도 맞았으므로 샤워하고 저녁을 먹으려고 식당을 찾아갔으나 식당이 운영하지 않아 곤란했다. 근처에 슈퍼도 없어서 매점 비슷한 곳에서 먹거리를 장만할 수밖에 없었다.

여기서 같이 길을 걷는 사람들의 너그러움이 나타나기 시작했다. 비교적 먹거리를 많이 가져온 사람들이 스스럼없이 자기의 배낭을 열어 다른 사람이 먹을 수 있게 나누어 주었다. 모두 꺼내 놓은 음식을 다양하게 조리해서 함께 먹으며 이야기를 나누는 것이 까미노의 원래 정신에 부합한다는 것을 여실히 깨닫게 해 주는 저녁이었다. 숙소는 옛날에 큰 수도원을 리모델링한 것으로 바깥에 나가면 다양한 건물이 있어서 구경하기 좋았으나, 저녁을 해결하기에 바빠서 그럴 겨를이 없었다는 것이 까미노를 끝내고 돌아온 지금도 너무 아쉽다.

저녁을 먹고 하루를 정리하고 잠자리에 든다. 오늘의 노고는 잠시 접어 두고 내일을 대비해야 한다. 내일은 또 다른 풍경과 이야기가 내 앞에 나타날 것이다.

론세스바예스 - 수비리

오늘의 길 : 론세스바예스 - 부르게테2.8km - 에로고개16.2km - 수비리4km

　　오늘은 론세스바예스에서 수비리까지 약 23km의 길을 걸어야 한다. 아침 5시경에 잠이 깨어 일어나니 바깥에 비 오는 소리가 들렸다. 길을 걷는 도중에 비를 만나는 것은 반갑지 않지만, 자연 현상을 인간이 마음대로 바꿀 수 없으니 받아들이면서 길을 걷는다. 비가 온다고 멈출 수는 없는 일이다. 다행히 많은 비가 오는 것은 아니고 가랑비 정도라서 판초를 두른 사람도 있고 비옷을 입은 사람도 있으나 나는 가볍게 잠바를 걸치고 길을 떠났다.

　　아침에 길을 떠나는 순례자들은 이 길에서 피레네산맥의 정상에서 가까운 곳에 있는 부드러운 평원의 단조로움과 고독감을 느낀다. 길옆의 나무는 초록의 계절을 맞아 잎이 무성하게 자라서 마치 터널을 지나는 느낌을 주며, 이런 풍경은 수비리를 향해 내려가는 동안 계속 이어진다. 아르가 강을 향해 내려가는 이 길 중간에는 메스키리츠 고개와 에로고개를 넘어야 하지만 어제 피레네산맥을 넘어온 순례자들에게는 그렇게 부담스러운 길이 아니다.

　　알베르게 경내의 까미노 표시를 따라 조금 내려가면 오래된 성당이 보인다. 산타 마리아 왕립성당 남쪽, 산티아고 소성당 옆에 있는 샤를마뉴의 헛간으로도 불리는 성령의 소성당은 12세기 로마네스크 양식 건물로 론세스바예스에 남아 있는 건물 중 가장 오래된 것이라고 한다.

전설에 따르면 롤랑이 두란다르트로 내려친 바위 위에 지었다고 하며, 17세기 초반에 반원 아치의 현관문이 추가되었고 론세스바예스 전투를 묘사한 그림이 있었으나 현재는 소실되었다고 한다.

중간에 있는 건물이 성령의 소성당

알베르게를 떠나 1시간 정도를 걸으면 론세스바예스의 오래된 마을 부르게테가 나타난다. 부르게테에 도착한 순례자는 모두 아침도 먹지 않고 길을 떠났기에 첫 번째 마주치는 마을의 바에서 커피나 주스 그리고 빵으로 간단하게 아침을 먹는다. 여기서 무엇이라도 먹어야 길을 가기에 편하기 때문이다. 부르게테는 조용하게 휴식을 취하기에 좋은 마을로, 빅토르 위고Victor Hugo, 구스타보 아돌포 베케르Gustavo Adolfo Bécker, 어니스트 헤밍웨이Ernest Hemingway 등이 도시의 번잡함을 피해 머물렀던 곳으로 유명하다. 특히 헤밍웨이는 팜플로나의 번잡함을 피해 이곳에 와서 대표작 『태양은 다시 떠오른다The Sun Also Rises』를 집필하였다고 한다. 그래서 부르게테는 작은 마을이지만 휴가를 즐기러 오는 사람들에게 필요한 시설이 모두 갖춰져 있다. 또한 부르게테의 거리에서 보는 오래된 집들의 현관문과 대문을 보고 있으면 사람들은 중세로 시간 이동을 하는 것 같은 기분을 느낀다. 부르게테는 롤랑의 전설과 론세스바예스 전투가 있었던 장소이기도 하며, 이베리아반도와 현재의 프랑스가 연결되는 나바라의 역사가 일어났던 곳이기도 하다. 또 프랑스의 여러 영웅이 스페인 원정 중 부르게테를 거쳐 갔다. 또한 보르도Burdeos에서 아스토르가Astorga로 이르는 로마 가도, 나폴레옹의 길, 전설적인 묵시록의 길이 모두 부르게테를 지나간다.

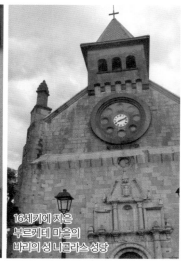

16세기에 지은
부르게테 마을의
바리의 성 니콜라스 성당

부르게테 마을 길

부르게테에서 간단히 요기한 순례자들은 다음 마을인 에스피날로 가기 위해서 까미노 표시를 따라가면 2개의 조그만 시내부터 넓은 농장을 지나게 된다. 피레네 산맥의 전형적인 마을인 에스피날을 옆에 두고 들르지 않고 옆으로 난 길을 계속 간다. 아침부터 오던 비는 계속 그쳤다가 오기를 반복해서 우의 대신 입은 잠바를 벗을 수 없어 계속 입고 간다. 비가 오는 것도 상관하지 않고 길을 걷는 사람들이 보였다. 피곤함보다는 설레는 모양이었다.

비를 맞으며 길을 걷는 순례자들

에스피날을 지나고 비 오는 길을 계속 걸어 비스카렛 마을을 멀리 지나고, 이름도 이상하게 들리는 에로계곡의 린소아인을 지나서 에로고개를 넘으면 수비리에 가깝게 다가선다. 소로가인Sorogain 자연공원에서 가까운 아름다운 경관을 자랑하는 비스카렛Biscarret은 과거에는 상당히 큰 마을이었으나 론세스바예스에 숙박 시설이 많이 생기고 나서는 순례길의 역할이 줄어들고 인구도 점차 감소했다는 아주 작은 마을이다. 비스카렛의 어원은 바스크어로 '등'이라는 뜻인 비스카르Bizcar에서 나온 것으로, 에스피날 언덕의 산등허리에 사람들이 살기 시작해서 이러한 이름이 생겼다고 한다.

린소아인은 에로계곡 중앙에 위치하는 작은 마을이다. 린소아인은 아직도 목동들이 그들의 풍습을 지켜 나가며 살고 있다고 하는데, 볼 수가 없어 아쉬웠다. 중세에는 에로계곡 위에 순례자를 위한 숙소가 있었다고 하며 에로골짜기에는 숟가락과 구두 틀을 만드는 마지막 장인들이 살았다고 한다. 린소아인은 론세스바예스 전투의 격전이 벌어졌던 곳 중 하나로 오늘날에도 에로골짜기에서 '롤랑의 발자국 Huella de Roldán'을 볼 수 있다고 한다. 100년은 넘어 보이는 소나무와 떡갈나무, 자작나무가 우거진 에로고개에서, 중세 시대 순례자를 위협하는 도둑들의 보금자리였을 숲을 지나 언덕에서 포장도로를 가로지르면 벤타 델 푸에르토Venta del Puerto로 향하는 길로 접어든다. 이후 포르티요 데 아고레타 계곡의 뒤로 내리막은 심해지고 숲의 끝에 수비리가 보이기 시작한다. 이 내리막은 비가 많이 오면 엄청난 진창길로 변하므로 피곤한 순례자는 주의가 필요하다.

드디어 수비리에 도착하니 마을의 입구에는 우리나라의 큰 하천보다 작은 아르가 강Río Arga이 흐르고 있다. 수비리 입구에 까미노와의 경계에 있는 라 라비아La Rabia라는 중세 시대의 다리를 건너 마을의 알베르게에 가니 여주인이 아주 명랑하게 맞이한다. 이름이 마리아라는 여인은 한국인을 많이 봤는지 한국인에게 아주 친절했다. 하루 종일 비를 맞으면서 걸었기에 수비리 숙소 부근의 냇가에 가서 신발을 씻고 차가운 물에 발을 담그고 발의 열기를 식혔다.

수비리는 에스테리바르 계곡Valle de Esteríbar의 주요 도시로 나바라를 지나는 까미노 길에서 인구가 많은 도시다. 수비리는 바스크어로 '다리의 마을'이라는 의미로 도시가 아르가 강Río Arga을 끼고 있어 예전부터 다리가 많아서 유래되었을 것이라고 추측되고 있다. 수비리 입구에는 까미노와의 경계에 라 라비아라는 중세 시대의 다리가 있고 산 에스테반San Esteban, 성 스테파노에게 봉헌된 교구 성당이 있다. 또 수비리는 스페인이 낳은 위대한 철학자 하비에르 수비리Xabier Zubiri가 태어난 곳이기도 하다.

수비리 마을 풍경

수비리 마을에서 저녁을 먹으려고 식당을 찾아가니 인솔자가 추천한 식당은 이미 문을 닫았다. 그래서 주변을 살펴보니 알베르게에서 조금 떨어진 곳에 식당이 있어 내가 짧은 스페인어로 물으니 저녁 8시까지 영업한다고 하였다. 나와 함께 움직이는 네 명은 수비리 마을을 한 바퀴 빙 돌면서 구경하고 그 식당에 가서 저녁을 먹기로 했다. 저녁을 먹고 맥주를 한잔하면서 이런저런 이야기하는 중에 폭우가 쏟아졌다. 숙소가 가까이 있지만, 비가 너무 심하게 와서 꼼짝할 수 없었다. 맥주잔을 앞에 놓고 여러 이야기하는 도중에 50살은 되어 보이는 여인과 우리 일행이 대화하게 되었는데 일본인이라고 하면서 이름은 니코라고 하였고 웃는 모습은 순수했다. 그 여인은 일행 중에 영어에 능통한 사람이 있어 주로 그와 이야기하고 우리는 듣고만 있었다. 그러다가 그 여인과 일행 한 사람만 남고 우리는 숙소로 돌아왔다. 앞으로 까미노에서 다양한 사람을 만날 수 있겠다는 기대가 생겼다.

수비리 - 팜플로나

오늘의 길 : 수비리 - 라라소나5.6km **- 수리아인**3.6km **- 트리니닷 데 아레**6.5km
- 팜플로나4.6km

오늘 팜플로나까지 가는 21km의 길은 비교적 평탄하게 이어진다. 아침 일찍 일어나 떠날 준비를 하고 7시경에 숙소를 나와 길을 떠난다.

순례자는 어제 건너온 마을 입구에 있는 라 라비아 다리를 건너 오른쪽으로 돌아서 강기슭을 따라 평탄하고 부드러운 길을 걷는다. 길 오른쪽에는 채석장을 비롯하여 여러 공장이 보이고, 비안개가 마을을 덮어 산을 오르는 아름다운 경치가 나타난다.

멀리 비안개가 자욱한 풍경

날이 흐려서 비옷을 입고 걷는 사람도 보이지만 비는 오지 않고 비안개만 자욱해서 시야를 조금 가린다. 돌을 깐 좁은 길을 따라서 일야라츠Ilarratz와 에스키로츠 Ezkirotz를 지나 작은 시내까지 숲으로 우거진 좁은 길을 따라가 목장 사이의 도로를 지나면 아름다운 중세 다리인 시글로 14세의 다리를 건너서 라라소나에 도착한다.

길을 가며 조금은 시장기가 들 무렵 조그마한 아르가 강을 건너는 다리를 지나니 바가 나타나 모두 엄청나게 반가워한다. 아침도 먹지 않고 출발했기에 바에서 커피와 빵으로 가볍게 요기하고 쉬고 있으니 여러 나라의 순례자도 보이고 우리 일행도 연이어 들어온다. 모두 여기에서 쉬고 또 자기가 갈 길을 가는 것이다.

라라소나는 까미노와 함께 발전하여 순례자들에게 필요한 병원과 숙소를 제공했다. 그래서 라라소나의 주민은 순례자에게 친절하며, 마을을 지나는 까미노의 양옆에는 상점들과 아름다운 목재 발코니의 집이 늘어서 있다. 라라소나에서 약간의 언덕을 지나면 예전 왕실의 영지였던 아케레타에 도착한다. 아케레타에서 도로를 가로질러 숲이 우거진 좁은 계곡 길을 따라 걸으면 인공적인 소음은 모두 사라지고 자연의 소리만이 순례자의 마음을 감싼다.

유채가 별판을 덮고 있는 풍경

이어서 나타나는 좁은 숲길은 아르가 강변의 산책로와 같이 편안하게 수리아인으로 이어진다. 수리아인 마을을 나와 소나무와 떡갈나무로 우거진 좁고 꼬불꼬불한 숲길을 따라 아르가 강과 나란히 걸으면 이로츠에 도착한다.

이로츠에 도착하면 팜플로나로 향하는 두 까미노 길 중에 트리니닷 데 아래를 지나 팜플로나까지 약 9km를 가는 공식적인 까미노 길을 택하여 노란 화살표를 따라가면 된다.

팜플로나 바로 근처에 있는 부를라다는 까미노 데 산티아고로 인해 발전했고, 이 때문에 순례자를 돕는 두 종교 단체 산 살바도르 협회La Cofradía de San Salvador와 세례자 요한 협회La Cofradía de San Juan Bautista가 이곳에서 설립되었다.

부를라다 다리Puente de Burlada는 6개의 아치의 다리인데, 언제 만들어졌는지 확실히 알 수 없다. 이 석조 다리는 모양이 다른 6개의 아치가 있는데 첨두아치와 반원 아치이다.

부를라다 다리

여기서 도심지에 길게 늘어선 돌벽을 따라 엄청나게 긴 길을 가면 시가지가 나오고 계속 길을 가면 멋진 고딕 양식의 중세 막달레나 다리가 나타난다. 다리를 지나면 팜플로나의 성문인 수말라카레기 문Portal de Zumalacárregui이 나오고, 가까이에 웅장하게 서 있는 거대한 성채와 멀리 팜플로나 대성당의 모습이 보인다.

팜플로나 성벽

아르가 강변의 고지대에 자리 잡은 팜플로나는 나바라주의 주도로 10세기부터 16세기 초반까지 나바라 왕국의 수도로 번영을 누렸다. 기원전 1세기경 이베리아 반도를 지배한 폼페이우스에 의해 건설되었다고 알려진 이 도시는, 오랜 시간이 지나면서 여러 민족의 침략 때문에 시가지는 성채로 둘러싸여 있다. 팜플로나는 산티아고 데 콤포스텔라의 순례길이 지나는 곳으로 성지 순례자들과 도보 여행자들이 많이 찾으며, 오랜 역사와 갖가지 전설로 전통을 느낄 수 있다. 동시에 현대의 편리성과 아름다움이 있는 산업도시이다. 팜플로나는 중세부터 이베리아반도의 전략적인 도시이면서, 이베리아반도와 갈리아를 잇는 역할을 하기도 했다.

팜플로나는 여러 작은 마을이 모여 구성된 도시여서 마을들이 서로 대립하는 경우가 많아서 성벽으로 분리되었다고 한다. 현재 곳곳에서 구획이 나뉘어 있는 길은 이런 역사를 보여 주며, 가장 오래된 구역인 라 나바레리아La Navarrería는 고대 로마의 구획을 아직 유지하고 있다고 한다. 팜플로나는 원래 나바라의 원주민이 살고 있던 곳으로 11세기부터 프랑스인과 유대인이 이주하면서 다양한 전통을 받아들이는 역사적인 도시가 되었고, 지금은 현대적인 도시로 일 년 내내 중요한 문화 행사가 많이 열린다.

그중에서 매년 7월 6일~14일에 소떼가 시가지를 달리는 소몰이행사 엔씨에로 Encierro인 '산 페르민 축제Fiesta de San Fermín'가 열려 전 세계의 관광객이 찾아온다. 13세기부터 시작되어 온 이 축제는 3세기 말 팜플로나의 주교였고 도시의 수호성인인 산 페르민을 기념하는 행사로, 헤밍웨이의 소설『태양은 다시 떠오른다』에 그 광경이 묘사되어 세계적으로 유명해졌다. 축제 기간 동안 투우에 쓰일 소들이 수많은 사람과 뒤엉켜 산토 도밍고Santo Domingo 사육장에서 투우장까지의 800m가량의 거리를 질주하는 모습이 이 축제의 하이라이트이다.

팜플로나는 어니스트 헤밍웨이가 오랫동안 머물며 글을 쓰기도 하여 그가 머문 여러 곳이 추억의 장소가 되었고, 미국의 소설가 시드니 셸던Sidney Sheldon의 장편 소설『시간의 모래밭The Sands of Time』의 무대로도 유명하다.

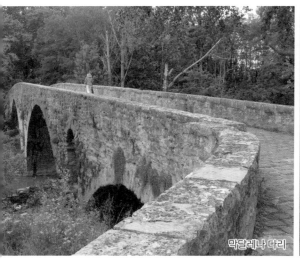
막달레나 다리

수말라카레기 문과 문 위의 문장

고딕 양식의 막달레나 다리Puente de la Magdalena를 지나 성벽을 따라 조금 가서 수말라카레기 문Portal de Zumalacárregui을 통해 팜플로나로 들어간다. 프랑스 문이라고도 부르는 수말라카레기 문의 아치는 1553년 카를로스 5세의 부왕이었던 알부르케르케 공이 건설했다. 이 문이 수말라카레기 문이라 불리는 이유는 돈 카를로스를 지지한 군인 토마스 수말라카레기Tomás Zumalacárregui가 카를리스타 전쟁 발발 이후 전쟁에 참가하기 위해 어두운 밤에 홀로 이 다리를 건너 팜플로나를 떠났기 때문이라고 한다.

아치 위엔 황제의 문장인 머리가 2개 달린 독수리가 있고 18세기에 개폐식 다리의 바깥쪽 문을 추가했으며 부벽과 평형추 등이 아직 남아 있다.

수말라카레기 문을 통과하여 조금 올라가면 번잡한 시가지가 나오며 수많은 관광객이 분주하게 오간다. 이곳에서 순례자들은 잠깐 방심하면 길의 표시를 잃어버릴 수 있으니 조심해야 한다. 여기서 여러 조형물과 아름다운 건물을 보면서 넋을 잃고 있으면 우리는 잠시 시간과 방향을 잃어버린 나그네가 될 수도 있다.

팜플로나의 대표적인 건축물인 대성당이 길을 가면서 왼쪽을 보니 보인다. 산타 마리아 대성당La catedral de Santa María으로도 불리며, 팜플로나 구시가지인 카스코 비에호Casco Viejo에 있다. 1397년에 시작되어 1530년에 완공된 고딕 양식의 건축물은 오래된 로마네스크식 성당 위에 지어졌는데, 정면은 신고전주의 양식이고 프랑스의 영향을 받은 회랑이 매우 아름답다고 한다.

성당의 평면은 라틴 십자가의 형태이고 내부에는 로마네스크식 성모상이 있으며, 카를로스 3세와 왕비 레오노르의 환상적인 고딕 양식 무덤이 있다고 한다. 그러나 대성당에서 가장 아름다운 부분은 누구나 회랑이라고 한다. 미술 전문가들에 따르면 팜플로나 대성당의 회랑은 유럽의 고딕 양식 건축물 중에서도 가장 상징적인 곳이라고 한다. 18세기 후반에 대성당 정문이 원래의 프랑스식 고딕 양식보다 수수한 신고전주의 양식으로 교체되었다.

팜플로나 대성당의 여러 모습

하지만 아쉽게도 이 웅장하고 아름다운 성당에 들어갈 수가 없어 내부의 모습을 볼 수가 없었고 외관만 보면서 만족해야 했다. 하루의 일정을 마치고 도착하니 성당은 닫혀 있었고, 다음 날 아침 일찍 길을 떠나야 하는 우리는 관광객이 아니고 순례길을 걷는 순례자라는 생각이 다시 들었다. 관광을 위해서는 여러 날을 이 도시에 할애해야 하는데 우리가 머무는 시간은 자는 시간까지 포함해서 약 12시간에 불과하다. 그것도 밤의 시간이다.

숙소가 대성당 바로 옆에 있었는데 처음에 숙소를 찾지 못하여 성당 밑에 있는 길을 걸었다. 아무리 생각해도 길을 잘못 든 것 같은 생각이 들어 구글 지도에서 숙소를 검색하여 찾아가는 도중에 일행을 만나 대성당 옆의 숙소로 갔다. 숙소에서 잠시 쉬다가 점심도 먹고 가볍게 팜플로나를 구경하려고 함께 걷는 일행과 나갔다. 숙소 조금 아래에 있는 제법 큰 식당에 들어가 스페인의 대표적인 음식인 파에야를 시켜서 배불리 먹고 거리로 가니 수많은 관광객이 거리를 오가고, 여러 상점에는 다양한 물품을 팔고 있었다. 심지어 한국의 라면을 파는 곳이 있었지만 아직은 라면에 그렇게 끌리지 않아서 구경만 하고 지나갔다.

숙소로 돌아오니 일행의 대부분이 도착했고 모두 피곤함보다는 즐거운 마음이었다. 팜플로나를 구경하기로 하여, 먼저 간 곳이 팜플로나의 도심 한복판에 있는 카스티요 광장이다.

카스티요 광장

카스티요 광장의 헤밍웨이가
자주 들렀다는 이루나(Iruna) 카페

카스티요 광장 정자

함께 간 일행이 헤밍웨이가 자주 갔다는 카페에 가서 커피를 한잔 마신다며 무리를 지어 갔으나, 나는 관심이 없었다. 헤밍웨이가 마신 그 커피도 아니고 그냥 갔다는 곳인데 스페인에는 헤밍웨이의 흔적이 너무 많이 있다. 그래서 나와 함께 다니는 네 명은 성벽을 한 바퀴 돌아보기로 하고 대성당 뒤로 가서 팜플로나 성을 조망하고 성벽을 따라 걸었다.

대성당의 뒤에서 바깥을 향하여 뻗어 있는 성벽을 보면 이 성이 얼마나 튼튼하게 지어졌는지 짐작할 수 있고, 팜플로나 성의 여러 모습이 한눈에 들어온다. 16세기부터 팜플로나를 지켜 주었던 현재의 팜플로나 성벽Murallas은 펠리페 2세가 건설했다. 5각형 형태의 튀어나온 수비 거점이 있는 이 성벽은 스페인에 남아 있는 방어용 성벽 중에서 역사적인 의미가 많은 유적으로 이 성벽이 함락된 것은 역사상 단한 차례였다고 한다. 1808년 2월 18일의 일이었는데, 함락되기까지 단 한 차례의 전투나 유혈 사태도 없었다고 한다. 겨울이 되어 눈이 쌓이자, 나폴레옹의 병사들은 꾀를 내어 눈싸움하는 척했고, 이 모습이 너무나 평화롭고 재미있어 보여서 성벽을 방어하던 스페인 군사들이 이 놀이에 끼기 위해 성문을 열었다. 프랑스 병사들은 이 틈을 놓치지 않고 눈 속에 숨겨 놓았던 무기를 꺼내 스페인군의 항복을 받아 무혈로 성벽을 함락했다 한다.

대성당 뒤에서 보는
팜플로나 성의 여러 모습

중세 시대 군사 요충지였던 팜플로나의 성벽 가운데 현재 3곳이 남아 있다. 16~18세기 대포 공격에 대응하기 위해 별 모양의 8각형으로 지은 성채는 현대에는 쓸모가 없어져서 성벽의 주변에 현재 라 부엘타 델 가스티요La Vuelta del Castillo 라고 하는 근사한 공원으로 바뀌었다. 성의 전체적인 모습을 대강이나마 구경하고 성벽을 따라 걸으니 가톨릭의 국가답게 곳곳에 성당이 나타난다. 그중에서 산 세르닌 성당Iglesia de San Cernin으로도 불리는 산 사투르니노 교구 성당Iglesia Parroquial de San Saturnino은 로마네스크와 고딕 양식이 결합한 성당으로 나바라의 수호성인인 까미노의 성모La Virgen del Camino를 모시고 있다. 원래 있던 로마네스크 양식 성당 위에 13세기에 현재의 성당이 건축되었는데 18세기에 까미노의 성모 소성당으로 바뀌었다.

산 사투르니노 교구 성당

성벽을 따라 걸으니, 성의 또 다른 여러 모습 가운데 'Baluarte de Labrit'라는 표지판이 보인다. 이곳은 이 문이 건설된 이후에 붙여진 이름으로, 팜플로나에 수도를 두고 있던 나바라왕국의 마지막 군주 후안 드 라브리트가 1512년 7월 침략군이 들어오기도 전에 이 문을 통해 도망쳤기 때문에 붙여진 이름이라고 한다.

성벽을 따라 한 바퀴를 돌고 시내 중심가의 여러 거리를 지나 다시 카스티요 광장을 거쳐 숙소로 돌아오니 숙소에서는 많은 사람이 음식을 해서 먹으며 서로에게 권한다. 한국의 라면을 끓여서 주는 고마운 사람도 있어 맛있게 얻어먹었다. 처음 시내에서 라면을 보고 무시했는데 외국에서 먹는 한국 라면은 완전히 별미였다. 라면과 여러 음식으로 저녁 식사를 했다. 이제는 내일을 위해서 잠자리에 들어야 하는 시간이 되었다.

'Baluarte de Labrit'라는 표지판

팜플로나 시내의 여러 모습

　　잠자리에 들어 오늘을 돌이켜 보았다. 이제 까미노를 시작한 지 3일인데 숱한 일을 겪고, 많은 사람을 만난 것 같다. 캐나다의 부자로 한 다리를 저는 아버지와 20살 정도 되어 보이던 아들이 아버지의 짐을 지고 가는 모습이 대견해 보였다. 그리고 무엇이 그렇게 즐거운지 웃고 이야기하면서 걷는 독일 젊은 여성들, 그리고 많은 한국의 젊은이가 있었다. 모두가 무엇을 위해서 이 길을 걷고 있는지 궁금해졌다.

　　여기서 한 가지 말하고 넘어가야 할 일은 일행 중에서 숙소를 찾지 못하여 5km 정도를 더 걷다가 돌아온 사람들이 있었다. 팜플로나 대성당 옆이 숙소인데 지도를 잘못 보고 수말라카레기 문으로 들어오지 않고 바깥길로 갔다는 것이었다. 아무리 가도 숙소가 나오지 않으니 연락했고, 팜플로나 대성당을 찾아오라고 전하여 무사히 돌아왔다. 숙소를 지도만 보여 줄 것이 아니라 좀 더 자세히 설명했으면 하는 아쉬움이 남는 일이었다.

팜플로나 – 푸엔테 라 레이나

오늘의 길 : 팜플로나 - 시수르 메노르5km **- 사리키에기**6km **- 페르돈 고개**2.4km **-**
우테르가3.4km **- 오바노스**4.5km **- 푸엔테 라 레이나**2.7km

오늘은 팜플로나에서 출발하여 까미노 길에서 유명한 '용서의 언덕'인 해발 750m의 페르돈 고개를 지나서 푸엔테 라 레이나까지 가는 약 22km의 길이다. 까미노의 가장 상징적인 용서의 언덕이 있는 페르돈 고개까지는 조금 산길을 올라가지만 거기서부터는 내리막길이라 걷기에 어렵지 않은 길이다.

아침 일찍 일어나서 걸을 준비를 하고 7시부터 길을 나서니, 팜플로나 구시가지를 관통하는 길에서는 어제 보지 못했던 여러 건물과 아름다운 풍경이 보였다. 길을 조금 가니 어제는 미처 보지 못했던 화려하고 아름다운 팜플로나 시청 건물이 나타난다.

팜플로나 시청은 1755년에 시작하여 1760년에 완성된 바로크식 파사드Fachada를 간직하고 있는 건물이

아름다운 팜플로나 시청

다. 이 건물이 세계에 잘 알려진 것은 매년 7월 6일 시청의 발코니에서 세계적으로 유명한 산 페르민 축제의 시작을 알리기 때문이다. 시청 내부에 있는 문틀 위의 상인방은 바로크 양식인데 '이 문은 모든 이를 위해 열려 있으며 마음은 더 많이 열려 있다.'라는 나바라의 카를로스 3세의 아름다운 문구가 새겨져 있다고 한다.

팜플로나 성의 서쪽 문

시청을 지나 거리를 걸어가니 아직은 이른 시간이라 아무도 거리에 나와 있지 않고, 길을 걷는 일행만이 발길을 재촉한다. 거리를 제법 지나 서쪽 문을 통과하니 뜻밖에 대학교가 나타난다.

나바로대학이다. 까미노 길은 이 대학 경내의 평탄한 길을 걸어간다. 대학을 나와 조그만 사다르 강에 걸쳐 있는 나무다리를 건너면 저 멀리에 내가 넘어야 하는 페르돈 고개가 보이고, 정상 주변의 여러 봉우리에는 풍력발전의 바람개비들이 줄지어 서 있다. 직선으로 시원하게 뻗어 있는 자동차 전용 도로의 보도를 따라 직진하면 시수르 메노르에 다다른다. 시수르 메노르 마을에는 이미 12세기부터 예루살렘의 성요한 기사단Los Caballeros de San Juan de Jerusalén이 운영하는 순례자 병원과 수도원이 있었다고 한다. 성 요한 기사단은 순례자들에게 숙소를 제공했고 까미노에서 가장 위험한 지역이었던 팜플로나부터 페르돈 고개Alto del Perdón까지 순례자들을 도적들에게서 보호했다고 한다.

시수르 메노르의 마을 출구에서 오른쪽으로 고속도로를 통과하면 경기장이 나타나고, 여기부터 페르돈 고개가 시작하는 출발점이다. 페르돈 고개의 풍력발전 바람개비가 손에 잡힐 듯이 가까이 보이지만 부지런히 걸어도 2시간 반이 걸리는 제법 먼 거리다. 다음 마을인 사리키에기로 오르는 좁은 도로 좌우로 넓게 펼쳐져 있는 밀밭은 순례자의 마음을 더욱 평화롭게 만든다. 우리나라에서는 볼 수 없는 넓게 펼쳐진 평원은 사람의 마음을 풍요롭게 하고 너그럽게 한다. 사위가 막힌 산에서 사는 사람과 사위가 탁 트인 넓은 평원에서 사는 사람의 생각은 다를 것이 틀림없다. 그리고 길가에는 관상용 양귀비가 아름다운 자태를 자랑하며 시선을 끈다.

길가의 양귀비와 들꽃

밀밭 사이를 걷는 순례자들

　　왼쪽으로 사리키에기를 향하는 마지막 오르막을 오르면 여러 사진과 글귀가 붙어 있고 조그마한 돌로 이루어진 소박한 순례자의 무덤인 것 같은 십자가가 나오고 두 번째 마을인 사리키에기에 도착한다.

　　사리키에기 마을의 입구에는 고딕 양식의 아름다운 성당이 보이며 순례자는 이 성당의 그늘에 앉아서 휴식을 취한다. 산 안드레아 성당La Parroquia de San Andrés 은 13세기의 고딕 양식으로 만들어진 건축물이나, 성당의 정문에는 로마네스크 양식이 남아 있다. 1개의 신랑과 단순한 형태의 고딕 양식 아치가 있는 석조 건물로 성당의 내부에는 12세기부터 13세기에 제작된 것으로 알려진 앉아 있는 성모상이 있다.

산 안드레아 성당 내부

페르돈 고개 기슭에 있는 작은 마을인 사리키에기 마을을 지나면 길이 험해지지만, 험한 길을 걸어 페르돈 고개에 오르는 길에서 넓게 펼쳐진 밀밭을 감상할 수 있다. 사리키에기 마을을 벗어나 페르돈 고개 정상까지는 약 1시간 정도가 걸린다.

'스페니쉬 블룸이 피어 있는 모습'

산길을 걸으면서 좌우를 보면 유채와 비슷한 노란 꽃이 많이 피어 있다. 짙은 향기가 나는 꽃인데, 우리에게 낯선 꽃이어서 누구도 이름을 알지 못했다. 이런 궁금증을 참을 수 없기에 인터넷 사이트에 접속해서 물어보니 '스페니쉬 블룸'이라는 답이 왔다.

드디어 힘들게 페르돈 고개 정상 '용서의 언덕'에 도착하면 철 조각품을 만난다. 원래 이 언덕에는 페르돈 성모를 기리는 성당이 있었는데, 그 성당이 노후화되어 1996년에 '나바라 까미노 친구의 협회'에 의해 순례자 모습을 철 조각으로 만들어 놓았다. '용서의 언덕'이라 불리는 것은 이 언덕에서 회개를 통해 자신이 지은 모든 죄를 용서받고, 또 다른 사람이 나에게 지은 모든 죄를 용서해 준다는 곳이다. 우리는 살아오면서 자신도 모르게 잘못을 저지르고, 다른 사람에게 죄를 짓기도 한다. 그런데 우리는 언제 누구를 진정으로 용서를 해 준 적이 있었던가. 또 진정으로 내가 용서받고 싶어서 빌던 때가 있었던가? 이곳에서만이라도 우리는 잠시 '용서'라는 단어를 가슴 깊은 곳에서 끌어내어 머릿속에 생각하고 마음으로 느껴야 할 것이다. 무리를 지은 순례자의 행렬을 나타낸 조각을 자세히 보면 맨 앞에는 길잡이가 있다. 그리고 그 뒤로 말을 탄 순례자가 따르고, 그 뒤로 짐을 지고 있는 말과 개 그리고 병사들의 모습을 볼 수 있다. 철 구조물에는 여러 글귀가 새겨져 있는데 그중에서 가운데 말을 자세히 보면 'donde se cruza el camino del viento con el las estrellas'라는 글귀를 볼 수 있다. 우리말로 번역하면 '바람의 길과 별의 길이 교차하는 곳'이라는 뜻이다. 하지만 내가 지나가는 시간은 한낮이라 바람의 길은 소리를 듣고 느낄 수 있으나 별의 길은 보지 못했다.

　이 조형물 앞에서 사진을 찍을 때는 순례자의 모형을 따라 걷는 모습을 취하는 것이 가장 좋다. 그리고 조용히 명상하며 스스로 마음의 위안을 얻는 것이 좋다. '용서의 언덕'을 지나왔기에 마음이 좀 더 너그러워지고 평화로워지기 때문이다.

용서의 언덕의 조형물

　용서의 언덕 조형물 왼쪽에 예전에는 없었다는 돌들이 둥글게 원을 그리며 놓여 있는 모습을 본다. '메모리 알라의 기념 무덤'이라는 곳으로, 스페인의 어두운 역사를 상징하는 프랑코 정권에 항거하다 희생된 사람들을 기리기 위해 세워진 기념물로 나바라의 역사적 기억 장소에 의한 법으로 보호하고 있다는 곳이다.

메모리 알라의 기념 무덤

엄청난 크기의 풍력발전 바람개비를 배경으로 휴식을 청한 순례자는 도로를 가로질러 내리막길로 우테르가로 향한다. 이 길은 상당히 경사가 급하며 너덜 지대가 많으므로 걸으면서 상당히 신경을 기울여야 한다. 가파른 비탈길을 힘들게 내려간 순례자에게 까미노는 황홀한 기쁨을 준다. 순례자를 위한 쉼터에 아름답게 자리한 순백의 성모상은 자비로운 미소로 그동안의 어려움을 잊게 한다.

성모상

성모상을 지나 조금 가면 우테르가에 도착한다. 마을의 입구에는 중세의 분위기가 풍기나 마을로 들어가면서 점차 현대적인 모습으로 변하는 우테르가를 빠져나온 순례자는 상당히 높은 야트막한 언덕 능선을 연이어 계속 넘어야 한다.

발디사르베 포도원이 있는 오바노스는, 역사적 종교적 유산이 많아 관광객들이 흥미를 느낄 만한 마을이다. 특히 오바노스는 고관대작과 왕으로부터 자신의 권력을 지키려는 나바라 토호들의 모임인 인판소네스 회의Junta de Infanzones가 열리는 장소가 되면서 나바라 역사의 주인공이 되었다. 오바노스의 대표적 건축물인 세례자 요한 성당Iglesia de San Juan Bautista은 1912년 11월 17일에 완성된 20세기의 신고딕 양식으로 지어진 건축물이다. 14세기 고딕 시대에 지어진 같은 이름의 성당을 대체하여 건축되었고 과거의 성당에서 문과 가구를 옮겨 와서 만들었다고 전해진다. 14세기의 고딕 양식 문은 건물 끝에 위치하며 현관이 문을 보호해 주는 모습을 하고 있다. 내부에는 13세기 후반 로마네스크 양식의 블랑카 성모상이 있다. 이 성당에는 오바노스 전설의 주인공인 기옌의 두개골이 보관되어 있다고 한다.

세례자 요한 성당

성당 앞 광장의 십자가

순례자 기념물

프랑스 길과 아라곤 길이 만나는 푸엔테 라 레이나로 들어가는 입구에 서 있는 순례자를 형상화한 기념물을 지나 푸엔테 라 레이나 마을의 숙소 알베르게에 들어가 몸을 씻고 나서 마을을 구경하러 갔다. '푸엔테 라 레이나 다리Puente de Puente la Reina, 여왕의 다리'라고 불리는 다리는 내일 까미노 길에서 지나가지만, 시간이 충분히 여유가 있을 때 구경하는 것도 좋을 것으로 생각하여 우리 네 명의 무리는 소요하듯이 마을을 구경하면서 다리로 갔다.

까미노 길에서 가장 많이 사진을 찍는 곳 중 하나라는 중세의 '푸엔테 라 레이나 다리'는 푸엔테 라 레이나 출구에 순례자의 길을 따라 아르가 강에 건축된 다리다. 11세기에 지어진 이 석조 다리는 순례자들이 아르가 강을 건너기 쉽도록 지어졌으며 까미노 중 가장 아름다운 로마네스크 양식 다리다. 7개의 아치로 되어 있으나 가장 동쪽의 아치는 땅속에 묻혀 6개의 아치로 된 다리로 보인다고 한다. 양 끝과 가운데에 방어용 탑이 있으며 가운데 탑에는 초리의 성모라고 하는 르네상스 양식의 성모상이 있었다고 하는데 지금은 산 베드로 성당으로 옮겨 보관하고 있다고 한다. 푸엔테 라 레이나에는 여러 전설이 전해지고 있는데 앞에서 말한 바와 같이 나는 여행객이 아니고 까미노 길을 걷는 순례자라 시간적 여유가 없어 전설의 고장을 찾아갈 수가 없었다.

푸엔테 라 레이나 다리

여왕의 다리를 구경하고 알베르게로 돌아와서 저녁을 먹고 조금 쉬다가 하는 일 없이 잠을 청하였다.

다리 위에서 보는 집의 풍경

오늘 본 넓은 구릉에 펼쳐지는 평원은 우리에게 낯선 풍경이었다. 우리나라는 대부분이 산이며 평야라고 해도 넓지 않은데, 이곳에서는 산은 보이지 않고 구릉만 보이며 넓게 펼쳐지는 평원의 끝에는 지평선이 보였다. 축복받은 땅 같았다.

푸엔테 라 레이나 - 에스테야

오늘의 길 : 푸엔테 라 레이나 - 마네루5.2km **- 시라우키**2.6km **- 로르카**5.5km
- 비야투에르타4.5km **- 에스테야**4.1km

　　오늘은 푸엔테 라 레이나에서 에스테야까지 약 22km의 길로 중간의 시라우키까지 가는 길에서 넓게 펼쳐지는 포도밭을 볼 것이다.

이른 아침의 푸엔테 라 레이나 거리 풍경

　　오늘 역시 일찍 일어나 간단하게 과일과 빵으로 아침을 먹고 길을 떠났다. 아직 해가 뜨지 않아 조금은 어두웠고 '여왕의 다리'를 건너 좁은 비포장도로를 통해서 계곡의 끝으로 깊숙이 들어간다. 계곡을 통해 마네루 입구 십자가상까지 오르는 가파른 비탈길은 오래된 수도원과 성당 건물 사이에서 시작된다. 마네루의 언덕 위에는 외롭게 서 있는 산타 바르바라 성당이 있고, 다음 마을인 시라우키까지는 약 40분이 소요된다. 마네루는 향기로운 로즈 와인의 생산지로 유명한데 시라우키까지 이어지는 거대한 포도밭을 지나면 이 고장이 스페인 북부의 포도주의 고장임을 다시 깨닫는다.

길을 걸으며 본 풍경

　이정표가 나오고 여기에서 길을 따라 걸으면 바스크어로 '살모사의 둥지'라고 불리는 시라우키가 멀리서 한 폭의 그림과 같은 모습으로 보이기 시작한다. 시라우키라는 이름은 로마 시대와 중세에 이 마을의 전략적인 위치 때문에 지나가기가 어려운 곳이었기 때문에 붙여졌다고 한다. 너무 그림과 같아 내가 이 마을의 사진을 찍어 한국에 있는 지인에게 보내니 모두 그림 같다고 탄복하였다.

저 멀리 보이는 그림 같은 시라우키 마을

친구가 그린 그림 : 시라우키 마을

평탄한 언덕길을 따라 올라서면 오래된 성벽으로 둘러싸인 중세의 마을 시라우키에 다다른다. 마차가 다니기 위해 폭이 최소 5m가 넘었던 길에 배수로가 있는 바닥은 커다란 돌을 토대로 기초공사한 흔적을 보여 주고 있다. 시라우키 마을의 바에 들러서 주스와 오믈렛 비슷한 약간의 음식을 먹고 다시 길을 걷는다.

중세의 길을 가진 시라우키를 지나면 현대에 만들어진 다리와 팜플로나와 로그로뇨를 이어 주는 고속도로를 만나게 된다. 불과 몇십 m 사이에서 중세와 현대의 도로를 동시에 걷게 되는 것으로 약 1시간 넘게 걸으면 로르카에 도착한다. 과거 로르카의 주민들은 돈벌이를 위해 소금기가 많은 강물을 독이 있는 강물이라고 순례자들을 속여 포도주를 팔았다고 하지만 현재는 맛 좋은 포도주를 생산하는 인심이 좋은 친절한 마을이다. 롬바르디아 양식의 로마네스크 성당인 로르카의 산 살바도르 교구 성당Iglesia Parroquial de San Salvador은 원통형으로 건축된 아주 독특한 형식을 보여 준다. 창문 위는 아치, 제단 위는 원형 궁륭으로 덮여 있으며 정문과 탑은 20세기에 지어진 현대 건축물이다.

로르카 산 살바도르 교구 성당 - 원통형 건물

마을을 지나가는 도중 본 카페에서 우리말로 '맛집' '아이스 커피'라고 쓴 입간판이 한국인 손님을 유혹하고 있었다. 까미노 길을 가면서 많지는 않으나 제법 보이는 우리말 표기이다. 이 간판을 보고 이 길을 걷는 사람 중에 한국인이 엄청 많다는 통계를 본 일이 있는데 거짓이 아니라는 생각이 들었다. 길을 걸으며 만나는 동양인의 90%는 한국인인 것 같았다.

우리말로 선전 문구를 만든 카페

약 1시간을 걸으면 중세 로마인들의 주거지이기도 하였고, 성직자들의 거주지이기도 했던 비야투에르타에 도착한다. 비야투에르타 마을에 들어가니 여기서 로스 아르코스까지를 안내하는 까미노 안내판이 나온다. 하지만 나의 오늘 여정은 에스테야까지다.

과거 산티아고 데 콤포스텔라를 향하는 까미노는 비야투에르타에서 지금은 폐허만 남아 있는 사라푸스 수도원으로, 그리고 다시 이라체 수도원으로 에스테야를 지나지 않고 곧장 이어졌다. 그러다가 1090년에 산초 라미레스가 넘쳐나는 도보 순례자들을 수용하기 위해 에스테야를 세우면서부터 까미노 길이 바뀌었지만, 아직도 비야투에르타는 예전의 까미노 길에 그대로 남아 있다.

길을 가다가 왼쪽을 보니 큰 성당이 보이는데 성 베레문도의 마을 성당이다. 성당 전면에 휘장이 걸려 있는데 휘장의 내용은 베레문도의 밀레니엄1020 - 2020 기념 휘장이다. 내일 지나갈 이라체 수도원의 수도원장이었던 성 베레문도의 고향은 확실하지 않다. 예전부터 비야투에르타와 인접한 아레야노Arellano 사람들은 성 베레문도의 고향이 자기 마을이라는 논쟁을 계속하고 있다. 그래서 성인의 유해는 5년마다 번갈아 가며 두 마을에서 보관하지만 매월 3월 8일에는 모두 성 베레문도의 날을 기원한다고 한다.

성 베레문도 마을 성당

비야투에르타 마을을 지나서 1시간 정도 아스팔트 길을 걸어가면 많은 성당이 보인다. 천년도 넘는 시간에 걸쳐 수많은 성당이 세워져 지금은 거의 폐허가 된 성당의 모습도 보이고, 현대적인 성당도 많이 세워지고 있다.

강을 건너 에스테야로 들어가 오늘의 종점인 알베르게를 찾아서 도시의 대로를 걸어갔다. 따가운 햇살 아래 제법 걸어가니 예스러운 성당이 보이고, 그 성당에 이어져서 알베르게가 있고 거기가 오늘의 숙소였다. 숙소에 도착하니 아직 짐도 도착하지 않았고 알베르게도 문을 열지 않았다. 그래서 주변을 돌아보며 사진을 찍고 기다리니 알베르게의 문이 열리고 들어가게 하였다. 들어가 알베르게의

숙소 옆의 Rocamador 성당의 모습

관리인에게 옆에 있는 고색이 찬연한 성당의 이름을 종이에 적어 달라고 하니 이름이 Iglesia de Nuestra Senora de Recamador였고, 이 알베르게의 이름은 성당의 이름과 같은 Capuchinos Recamador였다.

'좋은 빵과 훌륭한 포도주, 모든 종류의 행복함이 있는 도시'로 알려진 스페인어로 에스테야Estella, 바스크어로 리사라Lizarra라고 하는 이 마을은 스페인 나바라 중서부에 있는 산티아고 순례길에 있는 도시다. 팜플로나 및 아라곤 왕국의 산초 라미레스 왕이 1090년 고대 리사라 지역에 마을을 건설하고, 프란크스상인, 귀족이나 교회에 복속되지 않는 자유인가 이곳에 정착하도록 권장했다. 그 이유는 유럽 전역에서 산티아고 데 콤포스텔라를 향하는 순례자들이 늘어남에 따라 이들을 돌볼 사람들이 필요했기 때문이었다. 에스테야에는 바스크인, 유대인, 프랑스인 등 여러 인종이 모여 살았고, 왕이 주도한 개발로 인해 도시는 항상 부유했는데 당시 번성한 상업과 수공업 때문에 에스테야는 까미노 길에서 매우 중요한 도시 중 하나가 되었다. 북부의 톨레도로 불릴 만큼 기념비적인 유적이 다수 있고, 해발고도 421m로 산에 둘러싸여 있어서 바람이 적고 날씨가 비교적 온화하다.

에스테야는 바스크어로 별이라는 뜻이며 도시의 문장에도 별이 하나 그려져 있다. 이 별은 사도 야고보가 잠들어 있는 콤포스텔라로 우리를 인도한다. 지금은 도시의 크기가 줄었지만, 에스테야는 과거 나바라의 왕은 왕위를 받을 때 에스테야의 성당에서 선서했으며 에스테야의 로마네스크 양식 궁전에서 살았다고 한다.

너무 일찍 도착하여 비로소 점심을 먹을 시간이었다. 그래서 같이 길을 걷는 동료와 함께 점심을 먹기 위해서 식당을 찾아 나섰다. 숙소에서 조금 올라가니 식당이 보여서 들어가니 종업원이 무어라 하면서 막았다. 종업원들은 영어가 통하지 않고 우리는 스페인어를 알아들을 수 없어 조금 있으니, 자리를 안내해 주었다. 자리에 앉아 영어 메뉴판을 청했는데 메뉴판이 없어서 종업원이 영어로 글을 써서 가지고 와서 설명하는데 도무지 알아들을 수가 없었다. 겨우 이해를 한 것이 전채와 본 요리, 후식으로 나누어진다는 것을 알고 코스마다 하나씩 시켰다. 첫 코스는 샐러드와 닭 수프, 파스타였고 본 메뉴는 소고기 돼지고기 닭고기 중 하나, 후식은 아이스크림 푸딩 요구르트 등이 있었는데, 닭고기 수프와 돼지고기, 아이스크림을 시키니 음료는 무엇을 할 것인지를 물었다. 우리는 이해를 못 하고 콜라를 시켰는데 나중에 보니 와인이나 물을 고르는 것이었다. 어떻게 되는지도 모르고 주문하고 기다리니 수프를 한 접시 가득 가져다주고 빵도 주었다. 수프가 맛있으면서 엄청난 양이라 빵과 함께 먹으니 배가 부를 지경이었다. 그 뒤에 나오는 돼지고기와 후식도 배불리 먹고 가격을 물으니 콜라까지 포함하여 17유로로 가격에 비하여 너무 좋은 음식이었다.

이때는 몰랐으나 한 이틀 뒤에 이 음식을 알게 되었다. 스페인이 길을 걷는 사람들을 위해서 마을마다 오늘의 메뉴라고 해서 순례자들을 위한 음식을 팔고 있었다. 가격은 마을마다 약간 차이가 있었지만 약 15유로 안팎으로, 코스는 세 가지로 동일했고 음료는 와인과 물 중에서 택하는 것이었다. 우리가 말하는 가성비에 비교하면 너무 값이 싼 음식으로 양과 질에서 충분히 만족할 만했다. 마을마다 메뉴는 조금 다르지만 기본적으로 비슷한 음식 코스로 까미노를 걷는 사람들에게 권할 만한 음식이었다.

점심을 배불리 먹고 숙소로 돌아오니 일행이 거의 도착하여, 우리가 갔다 온 식당 앞에 아주 큰 슈퍼가 있다고 알려 주니 대부분이 그 슈퍼에 갔다. 우리 무리도 슈퍼에 가서 나중에 먹을 맥주와 간단한 안주를 사서 돌아왔다. 조금 쉬고 있다가 오늘 여행사에서 우리 일행을 위해서 저녁 회식을 베풀어 준다고 하여 식당에 가니 슈퍼에서 사 온 여러 가지 재료로 같이 간 여성 일행이 한국식으로 요리하여 풍부하게 마련해 놓았다. 시끌벅적하게 떠들면서 맛있게 저녁을 먹고 즐겁게 이야기하며 놀았다.

숙소 안의 그림

저녁을 먹고 잠시 있다가 우리 일행 네 명
은 알베르게 뒷마당의 탁자에 앉아 맥주를 마
시면서 여러 이야기를 하며 즐기고 있었는데
뜰에서 요가와 비슷한 자세를 취하며 운동하
는 사람이 보였다. 우리 일행 중에 다소 장난
기가 많은 쾌활한 사람이 그에게 말을 걸면
서 자세를 따라 하며 그 사람과도 인사하였
다. 잠시 맥주를 마시고 있는데 갑자기 비가
쏟아져 안으로 들어갔다. 식당에 가니 조금
전에 뜰에서 요가하던 사람이 일행 다섯 명
과 함께 식사하고 있었다. 뒤에 또 이야기하
겠지만 이 여섯 명과는 같은 길을 걷기 때문
에 자주 만나서 인사를 나누었다.

숙소 뜰의 조각

　오늘 하루를 즐겁게 걷고 또 배불리 먹고 하였으므로 아무런 생각도 없이 잠자
리에 들었다.

에스테야 – 로스 아르코스

오늘의 길 : 에스테야 - 이라체 와인샘2.4km **- 아스케타**5.3km **- 비야마요르 데 몬하르딘** 1.7km **- 로스 아르코스**11.8km

　　오늘은 에스테야에서 로스 아르코스까지 약 22km의 길을 가야 한다. 이제 조금은 익숙하게 오전 6시경에 일어나 떠날 준비를 하고 가볍게 아침을 먹고 길을 떠나는 시간은 7시경이다.

　　숙소를 나와 에스테야 시내를 제법 걸어가면서 시내의 여러 풍경을 즐긴다. 2km 정도 거리에 에스테야의 일부로 여겨지는 첫 번째 마을인 아예기는 포장된 도로의 오르막길을 조금 오르면 도착한다. 산초 가르세스 4세의 양도로 이라체 수도원에 소속된 중세 교회의 영지였던 아예기는 전원 마을이라는 정체성을 유지하려고 애쓰고 있다. 아예기에서 포도주 수도꼭지로 순례자에게 유명한 이라체 수도원이 눈에 잡힐 듯 가깝다. 아예기를 조금 지나면 길가에 고로를 놓고 쇠를 두드리는 대장간이 보여서 호기심에 들어가 보니 까미노의 기념품을 수공예로 만들어 파는

기념품을 수작업으로 만드는 대장간

곳이었다. 기계로 찍어 내는 기념품이 아니라 직접 불에 주물을 녹여서 두드려 가며 만드는 것이라 그 정성이 고마워서 조그마한 기념품을 하나 사고 조금 가니 유명한 이라체의 포도주가 나오는 수도꼭지가 나타난다.

이제 순례자는 책과 블로그 등을 통해 많이 보았던 장소인 까미노에서 가장 특이하면서 유명한 수도꼭지 보데가스 이라체에 도착한다. 까미노를 다녀온 순례자는 누구나 여기에서 기념사진을 찍으며 한 잔의 포도주를 마셨을 이곳에는 2개의 수도꼭지가 있는데 한 곳에서는 물이 나오고 다른 한 곳에서는 포도주가 나온다. 수도꼭지에서 나오는 한 잔의 포도주는 힘든 길을 걷는 순례자의 몸과 마음을 재충전할 수 있게 해 주며, 포도주의 땅으로 들어온 것을 실감하게 한다. 사실 이것은 까미노를 빙자한 포도주 마케팅이라고 생각할 수도 있지만, 중세 시대 이 길을 힘없이 걸어야 했던 굶주린 순례자에게 한 조각의 빵과 한 잔의 포도주는 어떤 의미였을지 생각해 보면 너무나 감격할 만한 일이다.

이곳을 지나가는 시간이 일러 아직 포도주 수도를 청소하고 있어서 잠시 기다리니 수도에서 포도주가 나와 지나가는 사람들은 모두 컵에 한 잔의 포도주를 받아 마시며 기뻐하였다. 저번에 만나 같은 길을 걷는 모녀가 있어 우리를 인솔하는 인솔자가 미리 준비한 종이컵을 주니 고마워하였다. 사실 이 수도는 Bodegas Irache

Fuente de Irache에서 와인을 받는 사람들

라는 와인회사가 홍보용으로 순례자에게 주는 와인으로, 한때는 사람들이 병에 가득 담아 가기도 하여서 문제가 되기도 하였다.

　　수도꼭지 옆에 붙어 있는 글귀는 '순례자여! 이 훌륭한 와인의 힘과 활력을 가지고 산티아고에 도착하고 싶다면, 한 잔 마시고 행복을 위해 건배하세요. ㅡ이라체 샘, 와인 샘'이라는 글이다. 동기야 어찌 되었든 한 잔의 와인이 순례자에게 힘을 준다면 그것도 좋은 일이다. 사족으로 말하면 이 와인은 우리나라에도 수입되고 있다.

　　나바라의 가장 유명한 수도원 중 하나인 이라체 수도원은 보데가스 이라체를 지나면 보인다. 이라체 수도원은 베네딕토 수도회의 오래된 수도원으로 기록은 958년부터 존재한다. 공식 명칭이 산타 마리아 데 이라체 수도원Monasterio de Santa Maria de Irache으로 전성기는 11세기에 수도원장 베레문도가 이곳을 순례자를 위한 나바라의 첫 번째 병원으로 바꾸었을 때였고, 12세기에 현재의 성당 건물을 짓기

이라체 수도원

로 계획하면서 전성기는 계속되었다. 성당은 로마네스크 양식으로 건축되었고 12세기 중반에 후진과 십자가상도 완성되었다. 17세기 초에 베네딕토 수도회의 학교가 생겼고 대학교로 바뀌었다.

까미노의 수호성인 성 베레문도San Veremundo는 11세기에 이라체에서 살았다고 전해지고 있다. 어린 시절부터 수도사가 되고 싶었으나 거절당한 후 수도원의 문지기 생활을 시작했다고 한다. 이때부터 그는 수도원에서 나오는 빵 조각을 조금씩 모아 가난한 사람을 도왔다고 한다. 어느 날 수도원장이 옷 속에 감춘 것이 무엇이냐고 묻자 어린 베레문도는 약간의 빵 조각이라고 대답했는데, 그가 빵 조각들을 가난한 사람들에게 나눠 줄 때마다 빵 조각이 커져서 나왔다고 한다. 성 베레문도의 이야기 중에는 그가 순례자들이 걷는 길을 개선하기 위해 수도원, 병원을 세우고 까미노가 지나는 지역에 사람들을 거주하게 했다는 내용도 있다. 성 베레문도는 산토 도밍고 데 라 칼사다Santo Domingo de la Calzada, 산 후안 데 오르테가San Juan de Ortega와 함께 순례자를 위해 헌신했던 동시대의 3대 까미노 성인 중 하나며, 그들 덕에 순례자가 지나는 까미노 데 산티아고가 많이 좋아졌다고 전해진다.

수도원을 지나 오른쪽 길을 따라가서 호텔의 뒤 왼쪽으로 나 있는 길을 따라 산미겔의 들판을 지나 자동차 전용 도로의 밑을 지나는 터널을 통과하면 까미노는 바위투성이 산 위에 펼쳐진 떡갈나무 숲으로 들어간다. 숲으로 난 구부러진 길을 따라가면 언덕 위의 작은 마을 아스케타에 도착한다. 이 길을 따라가면 두 갈래로 갈라지는 길의 안내도가 나온다. 어느 길을 가더라도 얼마 안 가서 만나는 길이지만 우리는 왼쪽 산길로 들어섰다. 평탄한 도로를 따라가는 길보다는 경치가 아름답다고 이 길을 안내하는 분이 우리에게 말했기 때문이다. 아름다운 경치를 즐기며 멀리 보니 산봉우리에 암벽 비슷한 것이 보였다. 처음에는 길을 가던 사람들이 암벽이니 건축물이니 의견이 분분하였는데 길을 더 가서 산봉우리가 잘 보이는 곳에서 보니 요새 같았다. 바로 몬하르딘 성Castillo de Monjardin으로 산 에스테반 데 데이오 성Castillo San Esteban de Deyo으로도 불리는 9세기에 지어진 성인데 10세기엔 데이오 팜플로나 왕조의 요새로 10세기에 산초 가르세스가 이슬람교도를 물리친 요새다. 이 성은 14세기에 보수되었고 현재도 복원이 한창이라고 한다.

멀리 산봉우리 위에 보이는 비야마요르 데 몬하르딘의 몬하르딘 성

아스케타에서 비야마요르 데 몬하르딘까지는 약 1km 정도다. 이 마을은 언덕 위에 솟아 있는 아름다운 풍경을 가진 조그만 까미노 마을로 성벽에 맞대어져 있는 바로크의 화사한 탑을 가지고 있는 아름다운 성 안드레아 성당이 인상적이다.

비야마요르 데 몬하르딘을 떠난 순례자들은 까미노 길을 따라 길게 늘어선 포도밭 사이로 내려가야 한다. 이 길은 까미노 표시가 잘되어 있는 직진으로 난 넓은 농지를 지나기 때문에 로스 아르코스까지 길을 잃을 염려는 없지만 12km의 길을 마을도 없이 약 3시간 정도를 탁 트인 공간을 침묵과 함께 걸으면 자신도

비야마요르 데 몬하르딘 마을의 성당

모르게 '무엇 때문에, 왜 이 길을 걷는가?'에 대해 회의도 들 수 있고, 자신이 살아온 지나온 세월의 희로애락이 생각나기도 할 것이다.

넓게 펼쳐진 포도밭

넓게 펼쳐진 평원을 걷는 순례자들

다행히도 이 길의 중간에 뜻밖에 푸
드 트럭이 순례자들을 반겨 주어 길을 걷
는 순례자들은 삼삼오오 둘러앉아 커피
를 마시거나 주스를 마시면서 서로의 이
야기를 주고받으며 피로를 풀었다.

푸드 트럭

길을 가다가 보니 '인간의 역사'라는 제목의 안내판이 보였다. 아마 무덤에 관
해 설명하고 있는 것 같았는데 정확한 사실은 잘 모르겠다.

덤불과 로즈메리, 침엽수의 언덕 발치에 있는 조그만 농업 도시 로스 아르코스
는 15~16세기를 거치면서 카스티야 왕국과 나바라 왕국의 경계에 있는 도시로 두
왕국 어느 곳에도 세금을 내지 않으며 두 왕국의 상업적 특성을 잘 이용해 부를 축
적했던 마을이었다. 도시가 건설되고 왕은 마을 사람들의 용기를 치하하여 활이 그
려진 그림을 하사하며 이 마을을 아르코스Arcos, 활 모양라고 불렀다고 전한다. 발코
니가 있는 아름다운 집들 사이의 조그만 골목길을 지나가면 조그만 광장 왼쪽으로
아름다운 산타 마리아 성당이 나타나고 성당을 지나 조금 가면 카스티야 문이 나
타난다.

줄지어 길을 가는 거위들

로스 아르코스 거리

　산타 마리아 성당Iglesia de Santa Maria은 12세기의 로마네스크 양식이 바로크 양식으로 바뀌는 변화가 느껴지면서 조화를 이루는 성당이다. 십자가 평면의 성당은 그리스와 로마식 신랑으로 이루어져 있으며 16세기에 보수되어 성당의 일부 요소는 로마네스크 양식의 요소를 간직하고 있다. 외부에는 거대한 쿠폴라와 16세기 중반에 세워진 팔각형의 아름다운 르네상스풍의 탑은 산티아고로 가는 길에 볼 수 있는 가장 높으면서 가장 아름다운 탑 중 하나이다. 산타 마리아 성당의 아름다운 복도 한가운데에는 그늘에서 보관 중인 성모상이 있는데, 이 성모상은 6월 15일에만 햇빛에 내놓는다고 한다.

산타 마리아 성당

산타 마리아 성당 앞 석탑

산타 마리아 성당 옆 강변에 위치하는 카스티야 문Puerta de Castilla은 17세기에 만들어졌고 1739년 펠리페 5세에 의해 보수되었다. 로스 아르코스를 나설 때는 이 문을 통과하여야 한다.

양쪽의 건물 사이로 멀리 보이는 카스티야 문

로스 아르코스에 도착하니 아직은 이른 시간이었다. 마을에 들어와서 숙소를 조금 벗어나 광장의 성당까지 갔다가 숙소로 가니 이제 오후 1시 30분이었다. 까미노에서 주변도 살피고 자신도 돌아보아야 하는데 까미노를 걷는 것에만 열중한 것 같았다. 혼자서 길을 걷는 사람들은 숙소를 구하기 위해서 빨리 걷는다고 하지만 우리는 숙소가 예약되어 있기에 천천히 걸어도 아무런 지장이 없는데 걷기에만 열중하여 숙소에 너무 일찍 도착했다.

숙소에 도착하여 함께 하루 종일 걸어온 일행과 알베르게 식당에서 오늘의 메뉴인 순례자 음식을 코스로 시켜서 배불리 먹고 조금 있으니 일행이 모두 도착한다. 알베르게 2층의 휴식처에 앉아 따뜻한 햇볕을 쬐며 한가하게 휴식을 취했다.

길을 걸으며 많은 사람을 보았다. 아주 나이가 많은 조그마한 할머니가 혼자서 자기보다 더 큰 배낭을 지고 힘든 모습으로 걷고 있었다. 인사를 해도 인사를 받을 힘이 없는지 조그마한 소리로 중얼거렸다. 그 여자에게는 이 길이 어떤 의미를 지니고 있을까? 하고 의문이 들기도 했다. 그리고 많은 한국 사람과 서양인들이 걷고 있는 광경을 본다. 과연 그들 모두에게 어떤 절실함이 있어 이 길을 걷는 것일까? 아니면 여행하는 것일까? 단순하게 여행하기 위해서 이 길을 걷지는 않을 것이라는 생각도 들지만 아직은 답을 모르겠다.

이 길을 다 걷고 나면 답을 얻을 수 있을까?

로스 아르코스 - 로그로뇨

오늘의 길 : 로스 아르코스 - 산솔6.8km **- 토레스 델 리오**0.8km **- 비아나**9.6km
- 로그로뇨10.4km

오늘은 로스 아르코스에서 로그로뇨까지의 약 28km의 제법 긴 길이지만 나바라 왕국의 오래된 까미노를 걷는 상당히 쉬운 길로 중간에 만나는 마을인 산솔과 토레스 델 리오, 비아나는 모두 아름답고 친절한 마을로 순례자를 맞이한다. 로스 아르코스에서 산솔까지 7km의 길은 손에 잡힐 듯 가까이 보이는 길고 긴 포도밭이 이어진다. 산솔부터 비아나까지는 높지 않은 오르막과 내리막이 이어져서 전날의 외로움과 지루함을 떨쳐 낼 수 있다. 그러나 언덕에 올라서서 비아나가 손에 잡힐 듯 보이면 순례자는 조급해지지만, 조급한 마음은 접어 두고 여유롭게 길을 걷는 것이 좋다. 많은 순례자가 비아나에서 하룻길을 멈추지만, 힘이 남고 시간과 날씨가 걷기에 적합하다면 비아나에서 10km 정도를 더 걸어 로그로뇨까지 이동하는 것도 좋다.

평상시와 비슷한 시간에 일어나 가볍게 과일과 요구르트로 아침을 먹고, 제법 먼 길을 가야 하기에 조금 일찍 서둘러 6시 30분경에 알베르게를 나왔다. 길을 나서니 아직 인기척도 없고 마을은 정적에 덮여 지나가는 순례자들의 발소리만 들린다. 숙소를 벗어나 동네를 지나는 지점에 카스티야 문이 있고 이 문을 지나 로스 아르코스를 벗어난다. 길을 떠날 때는 아직 어둠이 걷히지 않았는데 좀 걷다가 뒤를 돌아보니 해가 떠오르기 시작한다. 우리가 서쪽을 향해 걷고 있음을 여실히 알 수 있게 우리 등 뒤에서 해가 비친다.

해가 떠오르는 모습

아침의 풍경

　첫 번째 마을인 산솔까지는 순례자의 눈에 포도밭과 밀밭이 펼쳐져 어제의 길을 걷는 듯한 착각에 빠지면서 편안하고도 쓸쓸한 길을 걷는다. 저 멀리에 산솔 마을이 보이기 시작하면 한 폭의 그림을 보는 것같이 아름답다. 스페인의 마을은 멀리서 보면 너무 아름다워 그 마을을 향해 밀밭과 보리밭 사이로 난 길을 걸으면 마치 동화 속으로 걸어 들어가는 착각에 빠지기도 한다. 산솔을 향하는 마지막 구간은 가벼운 오르막길로 데소호Desojo를 향하는 자동차 전용 도로를 등지고 마을로 들어간다.

친구가 그린 그림 : 까미노 길에서

멀리 보이는 산솔 마을

산솔은 원래 산 소일로 수도원Monasterio de San Zoilo의 영지로 마을과 수도원, 성당의 이름은 순교한 코르도바 출신의 성인 산 소일로San Zoilo에서 유래한 것으로, 그의 유해는 현재 카리온 데 로스 콘데스 수도원에 보관되어 있다. 마을 꼭대기에 위치한 산 소일로 성당Iglesia de San Zoilo은 17세기 후기 바로크 시대의 석조 건물로 아름다운 로마네스크 양식의 십자가상과 합창단석에 있는 거대한 성 베드로상이 있다. 성당의 외부에는 사각형의 높은 기둥과 종이 있는 날씬한 탑이 돋보이는데 멀리서 보기만 하고 둘러보지는 못했다.

산솔 마을

토레스 델 리오로 들어가는 다리

산솔에서 1km도 안 되는 산솔 언덕에 있는 토레스 델 리오는 경관이 뛰어난 아름다운 마을로, 로마인들이 농사를 짓던 흔적이 발견되어 아주 오래된 마을로 알려져 있다. 그러다가 이슬람에 점령되었다가 10세기 초반 산초 가르세스 1세가 몬하르딘에 이어 기독교 지역으로 탈환했고, 1109년에 히메노 갈린데스가 이라체 수도원에 마을을 기증했다. 그래서 까미노 길을 따라 있는 성당에는 여러 가지의 문화가 조화롭게 섞여 있고, 좁은 길에는 파사드에 문장이 장식된 바로크 양식의 집이 가득하다.

토레스 델 리오의 성묘 성당Iglesia del Santo Sepulcro은 12세기에 템플기사단이 아랍의 건축 양식을 차용하여 예루살렘의 성묘 성당과 유사하게 만든 팔각형 평면의 성당이다. 팔각형 평면은 템플기사단의 특징이며 성묘 성당의 쿠폴라 정탑은 '죽은 이들의 정탑'이라고 불렸다. 그 이유는 이 탑이 길을 잃은 순례자들을 이끄는 역할을 했고 순례자가 죽으면 불을 켜서 알렸기 때문이라고 한다.

스페인 로마네스크 양식의 걸작으로 나바라의 후기 로마네스크 양식의 특징이 잘 나타나며 팔각형 평면에 건물 동쪽에는 단순한 반원형 소성당, 서쪽에는 원통형 탑이 있다. 성당 안의 공간은 2층으로 나뉘어 있는데, 벽에는 거대한 사각형 기둥이 붙어 있고 위층에는 로마네스크 양식 창문이 있으며 주두에는 아름다운 조각이 있

토레스 델 리오의 성묘 성당

다. 외부는 3층으로 나뉜 구조이며 3
층엔 각 면에 창문이 나 있다.

'포요의 암자'라 불리는 조그마한 성당

　토레스 델 리오를 지나 너덜 지대
의 자갈과 오솔길로 이어진 오르막과
내리막이 계속되어 중세부터 '다리를
부러뜨리는 길'이라고 불렸던 이 길을
걸어가면, 뜻밖에 길가에 16세기 고딕 양식의 작고 아담한 성당이 나타나 우리의 마음을 따뜻하게 한다. 일반적으로는 거의 모르는 '포요의 암자'라고 불리는 성당으로 벽면에 그려져 있는 성모상 밑의 글귀는 "바르가타 마을을 축복하시고 순례자들을 보호하소서."라는 의미다.

　이 조그마한 성당을 지나 다시 협곡과 언덕을 반복해서 지나며 멀리 보이는 비아나를 향해 걸음을 재촉하면 순례자는 마침내 라 리오하로 이어지는 평야에 도착한다. 이제 비아나는 그리 멀지 않다.

　비아나라는 이름의 기원에 대해서는 두 가지 설이 있는데, 까미노 데 산티아고의 까미노와 같은 의미인 비아Via에서 파생되었다는 주장과, 로마의 여신이자 주술사였던 디아나Diana와 관련돼 있다는 주장이 있다. 비아나는 오랜 성곽으로 둘러싸인 언덕 위의 사각형 도시로, 카스티야와 가까워 산초 7세가 기존의 성벽을 합쳐서 비아나의 성벽을 만들었다. 까미노 표시는 도시의 오래된 성벽을 통해 화려한 저택으로 가득 찬 도시 안으로 올라간다. 까미노를 걷는 사람은 카스티야와 나바라의 왕국 사이에 번성했던 이 아름다운 도시를 보지 않고 지나는 것은 돌이킬 수 없는 실수라는 것을 명심해야 한다. 비아나는 양송이, 소시지, 비스킷과 함께 라 리오하 원산지의 향기로운 포도주를 생산한다. 비아나의 외곽에는 카냐스 연못Laguna de las Cañas이 있는데, 자연 보호 구역이자 조류 보호 구역으로 여러 종류의 어류와 수많은 조류가 서식하고 있다.

비야나 마을 시장(5일장과 유사)

비야나 마을을 통과하는 길

마을 광장을 조금 지나면 비아나에서 가장 유명한 산타 마리아 성당을 만나는데 일부는 수리 중이라 차양을 두르고 있다. 성당 입구에 있는 동판에는 아래와 같은 설명문이 붙어 있다(정확한 해석이 되었는지는 장담할 수 없다).

산타 마리아 성당

성당 외부 전경

성당 입구

13세기 고딕 양식의 대규모 성당에는 트리포리움 갤러리가 눈에 띈다. 17세기 지롤라Girola, 바로크 양식의 제단화 및 비아네스 조각가가 제작한 다양한 작품, 마드리드 루이스 파레트의 그림이 있는 산 후안 델 라모 예배당, 18세기 말 회화, 금세공, 장식품, 상아, 찬토랄 컬렉션으로 구성된 성물, 16세기의 후안 드 고야르

Juan De Goyaz의 르네상스 정문이 있고 그 밑에는 케사르 보르지아의 무덤이 있다.
-비아나 시의회-

성당 내부의 여러 모습

　　산타 마리아 성당의 반석 아래에 묻혀 있는 유명한 인물은 교황 알렉산드르 6세의 아들인 케사르 보르지아Cesar Borgia다.

　　그는 16세에 팜플로나의 주교 19세에는 추기경 22세에 가톨릭 군대의 장군이었고 24세엔 나바라 왕의 처남이 되었다. 그는 마키아벨리가 '군주론'을 쓸 때 영감을 준 사람으로 군주론의 주인공이라고 할 수 있다. '나바라의 총수'라고 불렸던 보르지아는 1507년 레린백작과의 전투에서 사망하여 비아나에 묻혔다. 그의 무덤에는 비아나와 팔렌시아(보르지아는 스페인 팔렌시아의 보르하 가문 출신이다)의 흙이 함께 뿌려졌고, 아직도 그의 무덤 위에는 남녀 어린이가 두 지역의 꽃을 걸어 놓는 전통이 전해져 오고 있다고 한다.

비아나 시청 발코니

　　산타 마리아 성당 옆에는 후안 데 라온Juan de Raon이 1685년에 짓기 시작한 시청이 있는데 이 건물은 바로크 양식을 나타내는 파사드가 있고 발코니, 토스카나식 기둥, 처마의 띠 장식 위의 문장, 벽돌로 된 탑 등이 있는 아름다운 건물이다.

성당을 지나 조금 가면 나오는 산 베드로 수도원Monasterio de San Pedro은 13세기의 원래 건물에 18세기 후반까지 증축이 여러 번 되었으며 그중 바로크 양식의 거대한 현관이 돋보인다. 현재까지 보존 상태가 매우 좋은 이 건물의 제단은 시토 교단의 영향을 받았다고 한다.

산 베드로 수도원의 모습

비아나 마을 전경

비아나의 까미노 표시를 따라서 반대편으로 도시를 빠져나가면 로그로뇨까지는 10km 정도의 길이다.

이제부터 스페인에서 가장 작은 자치주 라 리오하로 들어선다. 라 리오하의 땅은 크기에 비해 놀라울 정도로 풍성한 문화와 예술, 다양한 경치를 보여 준다. 이 지역은 대서양과 지중해 기후, 내륙의 메세타 지역의 영향이 모두 만나는 접점으로, 라 리오하의 땅은 비옥했기 때문에 선사 시대부터 사람이 거주했고 늘 이곳을 차지하기 위한 쟁탈전이 벌어졌다. 또 라 리오하는 다른 지역보다 로마네스크의 흔적이 강하게 남아 있다.

라 리오하의 자연은 사람들에게 값진 선물로 포도주를 주었다. 스페인에서 가장 좋은 포도주를 생산하는 곳으로, 특히 적포도주는 세계 최고라고 하는 비노 호벤Vinos Jovenes, 크리안사Crianzas, 레세르바Reservas, 그란데스 레세르바Grandes Reservas와 같은 포도주가 생산되고 있다.

순례자들은 로그로뇨 시가지로 들어가기 위해 에브로 강의 피에드라 다리Puente de Piedra를 통해서 건너간다. 피에드라 다리에 전하는 이야기에 의하면 산토 도밍고 데 라 칼사다의 제자인 산 후안 데 오르테가가 12개의 아치와 3개의 방어용 탑이 있는 석조 다리를 지었는데 1917년 늘어나는 교통량 때문에 콘크리트를 사용하여 다리를 현대화했다. 다리를 건너 오른쪽 건물 사이로 까미노 표시를 따라가면 오래된 성벽의 일부처럼 보이는 레벨린 문Puerta del Revellin이 나온다. 이 문을 통과한 순례자는 광장에 도착하고 계속 직진하면 도로의 끝이다. 여기에서 투게스 데 나헤라 거리를 따라 왼쪽으로 300m가량 직진하면 된다. 비아나에서 로그로뇨까지는 제법 먼 길이라 중간의 숲이나 곳곳의 쉼터에서 쉬면서 길을 가니 오후 3시경에 로그로뇨에 도착한다.

멀리 보이는 로그로뇨 성당의 탑들

로그로뇨에 도착하여 알베르게에 들어가니 길을 가며 자주 만났던 모녀가 같은 알베르게에 들어와 있었다. 오는 길에 딸이 다리를 절고 있어 파스를 하나 주었더니 고맙다는 인사를 하였다. 딸에게 엄마와 여행하는 것이 쉽지 않은데 용기를 내어 왔다고 이야기하면서 싸우지 말고 모녀가 끝까지 길을 잘 걸으라고 당부하며 여러 이야기를 하고 잠시 쉬다가 시내 구경을 나갔다.

시내를 가니 가장 눈에 띄는 곳이 대성당이다. 로그로뇨 대성당La Catedral de Logroño으로도 불리는 산타 마리아 라 레돈다 대성당Catedral Santa Maria la Redonda은 15세기 르네상스 시대에 건축되었으나 고딕 양식도 보인다. 3개의 신랑, 3개의 후진이 있고, 측면에 소성당이 위치하며 지붕은 궁륭으로 덮여 있다. 문은 철책으로 가려져 있으며 늘씬한 쌍둥이 탑은 바로크 양식이다.

성당 안에 있는 '십자가의 길'은 천재 미켈란젤로 부오나로가 그린 것이라고 한다.

산타 마리아 라 레돈다 대성당

산타마리아 성당 내부

대성당의 쌍둥이 탑이 두드러져 보이는 도시 내부 중심지에는 정원 같은 공간이자 산책로인 파세오 델 에스폴론이 있다. 이 산책로를 경계로 신시가지와 구시가지가 나뉘는데, 구시가지에는 흥미로운 건물들과 가죽 공예, 이 고장의 맛있는 음식을 맛볼 수 있는 선술집을 만날 수 있다. 엘 에스폴론 El Espolon과 그란 비아 Gran Via 주변은 상점과 카페 등이 밀집해 있는 지역으로 밤에는 펍과 음식점이 호황을 이루고 있다. 우리도 이 거리를 돌아다니다 저녁을 먹으러 간 곳이 튀르크식 케밥 비슷한 음식을 파는 곳이었다. 네 명이 떠들면서 저녁을 먹고 거리를 배회하다가 알베르게로 돌아와서 하루를 끝냈다.

한 가지 아쉬운 것은 카메라를 가져가지 않아서 대성당을 휴대폰으로 찍은 사진만 있고 다른 사진이 없다는 것이다.

로그로뇨 - 나헤라

오늘의 길 : 로그로뇨 - 그라헤라 저수지5.9km **- 나바레테**6.5km **- 벤토사**7.6km
   - 나헤라9.4km

   오늘은 로그로뇨에서 나헤라까지 약 30km의 긴 길을 간다. 이제는 어느 정도 익숙하여 아침에 일어나고 출발하는 시간이 거의 같은 시간이다. 6시 30분경에 출발하니 아직 해는 뜨지 않았다.

   아직은 어두운 로그로뇨 거리를 지나니 순례자의 샘이 나오고 조금 가면 산티아고 엘 레알 성당Iglesia de Santiago el Real이 다가온다. 산티아고 엘 레알 성당은 1513년 가톨릭 왕이사벨 여왕과 페르난도 왕 시대에 본격적으로 건설되었다. 부벽이 세워진 신랑 하나에 소성당이 있으며, 성가대석과 소성당은 16세기에 만들어졌다. 성당의 현관은 바로크 양식이며 벽감 안엔 거대한 산티아고 마타모로스Santiago Matamoros, 전사 산티

순례자의 샘

아고상이 있다. 오카 광장에는 마치 조그만 집을 연상시키는 두 기둥 사이의 아치, 처마 둘레의 무늬와 박공으로 된 순례자의 샘Fuente del Peregrino이라는

산티아고 엘 레알 성당

석조물이 있는데, 오른쪽에는 십자가형 문장 왼쪽으로는 도시의 문장 가운데에는 명문이 새겨져 있다.

성당을 지나 거리를 따라 걸으니 아침 일찍부터 빵을 굽고 있는 가게가 보인다. 새벽부터 길을 떠나는 순례자들을 위해서 신선한 빵을 만들고 있는 것이다.

로그로뇨를 나오려면 두 명의 순례자 조각상이 있는 공원을 통과한다. 여기에서 서두를 필요 없이 풍경을 즐기면서 까미노 표시를 따라 걸으면 아래쪽에 나무로 우거진 자전거 도로와 연결된 산책로를 만나게 되며, 이 길은 그라헤라 저수지를 둘러싸고 있는 그라헤라 공원까지 약 2km에 걸쳐서 이어진다. 공원을 가로질러 저수지를 돌아가면 자동차 도로 위로 평행하게 이어져 있는 철망에 순례자들이 걸어 놓은 작은 십자가들이 반갑게 맞이한다.

여기서부터 힘든 그라헤라 언덕의 정상을 향하는 오르막길이 펼쳐지지만 까미노를 걷고 있는 순례자에게 이 언덕은 그리 힘들지 않고, 언덕 위 정상을 넘어 나바레테까지는 내리막길이다. 길을 걷다 보면 '지나가는 순례자의 암자 Marcelino Labato Castrillo'라고 이름이 붙여진 조그마한 무인 가게가 보인다.

'지나가는 순례자의 암자'라는 카페

내리막길은 나바레테로 들어가는 입구에서 산 후안 데 아크레 순례자 병원의 유적지와 창고들 옆을 지나 마을로 들어간다.

멀리 보이는 나바레테 마을

나바레테는 오래된 도자기 공장들과 창고들이 많으며, 또 나바레테는 카스티야와 나바라 사이의 전투가 치열했던 장소이면서 로그로뇨보다 더 이전에 만들어진 도시답게 오래된 문장으로 장식되어 있는 아름다운 집들을 볼 수 있다. 나바레테의 마을 입구에 현재 그 자취만 남아 있는 산 후안 데 아크레 순례자 병원은 마리아 라미레스에 의해 1185년에 설립된 병원으로 창문과 정문은 모두 무너지고 벽체의 일부만 남아 있으며 현재는 나바레테 공동묘지의 입구로 사용되고 있다.

산 후안 데 아크레 병원 터

나바레테는 테데온 언덕에 위치하는 지형적인 이유 때문에 지역 방어에 중요한 도시였다. 오랫동안 나바레테는 언덕 위에 있는 성에 위치한 마을이어서 성곽 안에는 수많은 중세풍 집들이 있다. 나바레테는 현재 라 리오하주에 유일하게 남아 있는 고대 도기 터가 남아 있는 곳이기도 하며, 마을 외곽의 언덕에서 라 리오하주에서 가장 높은 로렌소 산을 볼 수 있다.

마을에서 만나는 성모 승천 성당Iglesia Asuncion de la Virgen은 사각형 기단에 3개의 신랑과 아치형 궁륭이 있는 성당으로, 1553년에 건축이 시작되어 한참 중지되었다가 1645년에 완공되었다. 내부의 제단화는 라 리오하 바로크 양식에서 가장 아름다운 작품일 뿐만 아니라 17세기 말, 18세기 초 후기 바로크 양식의 모든 경향이 모여 있는 작품이기도 하다.

성모 승천 성당 전경

성당 내부의 모습

성당 앞에 있는 마을 광장에서 마을 사람들이 모여 음료와 빵, 쿠키, 케이크, 과일 등을 늘어놓고 담소를 나누며 즐거워하고 있었다. 이 길을 지나던 우리는 당연히 먹어도 되는 것으로 생각하고 음료와 쿠키 등을 먹었다. 마을 주민들도 아무도 막지 않아서 고맙게 생각하며 먹고 그냥 지나쳤다. 그런데 나중에 알고 보니 오순절이라 마을 사람들이 광장에 모여서 서로 축하를 하는 자리였다. 그래서 나는 예수님의 은총을 길가는 나그네들에게 그들이 베푼 아름다운 모습으로 기억하였다. 성당 앞의 광장에 있는 도공 기념물Monumento al Alfarero인 도공 조각상은 라 리오하주에 유일하게 고대 도기 터가 남아 있는 나바레테의 도공들을 기념하기 위한 기념물이다.

광장에 모여 있는 마을 사람들

도공 기념물

길을 가며 보니 아름다운 덮개를 가진 공동묘지가 있다. 나바라와 라 리오하에서 가장 아름다운 기념물 중 하나인 이 묘지의 덮개는 원래는 산 후안 데 아크레San Juan de Acre의 오래된 병원에 있던 것이라고 한다.

나바레테에서 나헤라까지 가는 길은 벤토사를 향하는 구간의 가장 높은 언덕인 산 안톤 언덕Alto de San Antón을 오르는 오르막을 제외하고는 힘든 구간이 없다. 나바레테를 나와 언덕길을 올라 내리막을 가면 1986년 자전거 교통사고로 죽은 벨기에 순례자 앨리스 그래이머를 추모하는 추모비를 볼 수 있다.

순례자는 소테스Sotés에서 잘 알려진 포도주 양조장의 포도밭 사이로 왼쪽으로 비스듬히 샛길을 따라 길을 걸으면 나지막한 언덕 기슭에 아름답게 자리 잡고 있는 벤토사를 내려다본다.

벤토사의 거리

　야트막한 언덕 위에 있는 벤토사의 중심에는 사투르니노 성인에게 바쳐진 성당이 있고 전원풍 건물들이 있다. 기록에 따르면 11세기에 산초 3세가 산 미얀 데 라 코고야 수도원에 이 마을을 기부했다고 한다. 중세 벤토사 부근에는 산 안톤 수도원에서 운영하는 병원이 있었다고 한다. 오래전 폐허가 된 이 병원에는 아름다운 예수의 상이 있었는데, 밭을 갈던 농부가 발견하여 현재는 로그로뇨의 순수미술박물관에 소장돼 있다. 벤토사 중심 나지막한 언덕 위에 있는 산 사투르니노 교구 성당Iglesia Parroquial de San Saturnino의 사각형 기반에 벽돌로 만든 13세기 후반의 탑 끝부분은 여덟 면으로 피라미드형으로 끝난다. 16세기 고딕 양식의 탑 현관은 동식물 무늬로 장식되어 있고, 올라가면 매력적인 마을의 풍경을 감상할 수 있다. 내부의 궁륭과 창이 아름다우며 14세기에 제작된 누워 있는 그리스도상과 펠리컨(인류를 위해 피 흘린 그리스도를 상징)이 피를 흘리며 새끼들을 먹이는 조각상이 있다.

산 사투르니노 교구 성당

작고 조용한 마을인 벤토사 마을의 출구를 나와 가파른 오르막을 통해서 산 안톤의 정상에 오르면, 이곳에 있었던 안토니아노스 수도원의 유적을 보면서 세월의 허망함을 느낄 수 있다.

산 안톤 정상부터는 내리막길이 시작되며 멀리 보이는 나헤라까지 축복받은 포도밭으로 끊임없이 이어지며, 순례자는 나헤리야 계곡을 따라 걸으며 까미노의 아름다움을 마음껏 느낀다. 계속 걷다 보면 순례자의 왼쪽으로 높이 솟아 있는 통신용 안테나와 불모지가 나타나기 시작하며 이내 얄데 강 위를 지나는 보행자용 다리를 건너 나헤라로 들어간다.

포도 농원과 포도밭

길을 가는 도중에 알레손 – 야코비아 전설롤랑과 페라구트의 전투의 현장이라는 설명이 붙은 안내도가 보인다. 나헤라는 샤를마뉴의 조카 롤랑과 골리앗의 후손인 거인 페라구트의 전투에 관한 전설의 배경이 되는 곳이다. 롤랑과 페라구트의 싸움은 피가 낭자하고 치열했으나 승자가 가려지지 않았다. 롤랑은 휴전을 제안하고 페라구트를 만나 친구가 되고 싶다고 가장하며 거인에게 술을 먹였고, 거인은 술에 취해서 자신의 약점은 배꼽이라고 고백했다. 다음날 롤랑은 그를 화나게 만들어 그와 맞붙어 싸우다가 배꼽에 창을 찔러 페라구트를 쓰러뜨리고 승리를 거두었다고 한다.

알레손 – 야코비아 전설의 현장 설명 (롤랑과 페라구트의 전투)

나헤리야 강을 중심으로 나헤라는 바리오 데 아덴트로Barrio de Adentro라는 구시가지와 바리오 데 아푸에라Barrio de Afuera라는 신시가지로 나뉜다. 로마 시대에 세워진 이 도시를 아랍인들은 '바위 사이의 도시'라는 의미인 나사라Naxara라고 불렀다. 산초 엘 마요르 왕은 나헤라를 왕국의 수도로 삼았으며 까미노 데 산티아고를 지나가게 함으로써 도시를 발전시켰다. 이러한 역사적 배경으로 나헤라에는 산타마리아 라 레알 수도원같이 훌륭한 건축물이 많고, 30명가량의 왕의 무덤이 있다. 구멍이 뚫려 있는 커다란 바위산들을 끼고 있는 나헤라는 라 리오하의 주도로 10세기와 11세기를 거치면서 나바라 왕국의 본거지 역할을 했고, 그 이후에는 이슬람이 팜플로나를 무너뜨렸던 거점이 되기도 했었다.

나헤라 시내

오늘은 제법 먼 거리를 걸어서 오후 3시경에 알베르게에 도착했다. 점심도 제대로 먹지 못하였기에 몸을 씻은 후에 시내로 나가 중국 음식점Sofia Restaurant으로 가서 오랜만에 우리가 흔히 먹던 음식으로 포식하고 슈퍼에 들러 내일 먹을 간단한 먹거리를 사고 신시가지 시내를 소요하였다. 시내를 간단히 돌아보고 숙소로 돌아오니 아직 시간이 이르지만 할 일도 없어서 무료하게 시간을 보내다가 잠이 들었다.

나헤라 - 산토 도밍고 데 라 칼사다

오늘의 길 : 나헤라 - 아소프라5.8km - 시루에냐9.3km - 산토 도밍고 데 라 칼사다5.9km

오늘은 나헤라에서 산토 도밍고 데 라 칼사다까지 약 20km의 길로 다른 날에 비해서 짧고 편안한 길이다.

이제는 습관적으로 오전 6시만 되면 길을 떠나려고 준비를 하는 사람들 때문에 자리에서 일어나지 않을 수가 없다. 좀 느긋하게 길을 즐기며 걸으면 좋겠는데 모두 길을 걷는 것이 최고의 과제인 것처럼 일찍 출발하는 것을 이해할 수 없다. 아침 일찍 숙소인 알베르게를 나오니 아직 달이 하늘에 떠 있다.

나헤라 거리를 지나니 붉은 퇴적층이 겹겹이 쌓인 특이한 지형이 언덕을 이룬 나헤라의 특색 있는 모습이 나온다. 석회암과 충적토가 많은 이 땅은 잡초를 억제하는 동시에 포도나무의 성장을 촉진해 주어서 평소에 먹는 일반 포도보다 훨씬 알이 작고 단맛이 강한 포도가 생산된다고 한다. 스페인의 태양을 닮은 이 붉은 황토와 포도나무는 레온까지 계속 이어진다.

나헤라 주변의 충적토 풍경

강을 건너 길을 가며 먼저 만나는 건물이 나헤라의 대표적인 건축물인 산타 마리아 라 레알 수도원Monasterio de Santa Maria la Real이다.

나헤라의 작은 마을에 있는 산타 마리아 라 레알 수도원은 1052년 Virgen de la Cueva(동굴의 성모)를 기리는 원시교회가 나바라의 가르시아 산체스 3세에 의해 설립되어 동굴의 성모에게 바친 것이다. 현재의 건물은 1422년에서 1453년 사이에 고딕 양식으로 지어졌으며, 안에는 15세기의 아름다운 성모상이 보관되어 있다. 내부의 성가대 아래 동굴 입구는 성모 마리아의 모습이 발견된 것으로 추정되는 곳으로, 그 후에도 변함없이 남아 있는 곳이다. 수도원 안에는 성당, 왕가의 영묘, 기사들의 회랑 등이 있다.

산타 마리아 라 레알 수도원

수도원의 건립에 전해 오는 이야기는 다음과 같다.

나바라의 왕 돈 가르시아가 1044년 매사냥 도중에 매를 따라 들어간 동굴에서 백합 꽃다발과 등불과 종을 들고 있는 성모님을 발견했다. 그리고 그 옆에는 매와 비둘기가 마치 좋은 친구처럼 나란히 앉아 있었다고 한다. 이 모습이 발견된 동굴은 나헤라 주변에서 볼 수 있는 동굴 중 하나로, 전통에 따르면 이곳은 이미 성모님을 기리는 작은 예배당이었던 곳이다. 또 그 동굴은 많은 귀족과 종교 지도자들이 그들의 장례식을 위해 선택한 장소 중 하나였다. 왕이 이 자리에 성소와 수도원을 지으라고 명령하여 땅을 파기 시작했는데, 이곳에서 수많은 성인과 순교자들의 유해가 발견되었다고 한다. 이런 이유로 왕은 이곳을 나바라 왕의 묘지로 쓰기로 결정했는데, 여러 무덤 중 산초 3세의 부인이자 알폰소 8세의 어머니인 도냐 블랑카 데 나바라의 무덤이 돋보인다.

이 전설이 수도원의 기원이며 성모상을 발견했을 때 성모상을 장식하고 있던 테라사Terraza, 화병를 기념하여 라 테라사 기사단이 결성되었다고 한다. 그리고 왕은 이 이야기를 이슬람에 대한 정복 전쟁에서 뒤이은 승리로 발전된 이미지로 돌렸다고 한다.

나헤라를 빠져나와 산타 마리아 라 레알 수도원의 가장자리를 돌아 조용하고 한적한 오래된 도로를 따라가면 붉게 물든 바위산 사이의 소나무 숲을 비탈길로 된 통행로를 만나 마을을 빠져나온다. 마을을 나오면 답답한 가슴을 씻어 줄 넓게 펼쳐진 라 리오하 평원이 펼쳐지고 길은 포도밭 사이로 아름답게 이어진다.

끝없이 펼쳐지는 들판의 포도밭

가슴 벅찬 풍경을 옆구리에 꿰차고 즐겁게 약 1시간 반 정도를 걸으면 아소프라에 도착한다. 이 길을 걸으면서 바라보는 하늘은 너무 푸르게 빛나고 티 없이 맑다. 구름 한 점 없는 하늘을 보며 마음이 깨끗해지는 것도 이 길을 걸으면서 얻는 큰 기쁨이다. 인적이 없는 들판을 걸으면 때때로 길가의 돌 위에 벗어 놓은 신발을 본다.

순례자는 자신의 순례길에서 무엇인가를 깨달아 집으로 돌아간 것일까? 아니면 이 길의 허망함을 깨닫고 순례를 끝낸 것일까? 자신의 발을 보호하는 신을 벗었다는 것은 무엇이든지 자신의 허물을 벗었다는 의미로 생각되었다.

순례자가 벗어 놓은 신발

또 길가에는 전날에 차에 치여 죽은 동물들의 사체가 눈에 띄어 같이 가던 일행이 일일이 그 사체를 길가의 풀밭으로 치웠다. 뒤에 오는 사람들의 기분이 나빠지지 않기를 바라는 마음이 느껴져서 더욱 감사한 행동이었다.

멀리 보이는 아소프라 마을

아소프라는 투에르토 강의 비옥한 계곡에 자리 잡은 중세 아랍인의 마을이었다. 1168년에 도냐 이사벨은 순례자를 위한 병원과 성당을 세우고 성 베드로에게 봉헌했다. 그리고 까미노 데 산티아고에서 죽은 순례자들을 위한 묘지도 만들었다. 병원 건립을 알리는 편지에는 다음과 같이 쓰여 있었다. "하느님의 이름으로, 칼라오라와 나헤라의 주교인 나 로드리고는 도냐 이사벨에게 아소프라 마을에 순례자만을 위한 병원과 묘지를 세우는 것을 허락합니다." 이 병원은 19세기까지 운영되었고 오늘날엔 폐허만 남아 있다. 아소프라에 있는 천사들의 성모 교구 성당Iglesia Parroquial Nuestra Senora de Los Angeles은 하나의 신랑과 3개의 구획으로 나뉘어져 있는 17~18세기의 성당으로, 루네트가 있는 궁륭으로 덮여 있고 제단 쪽 돔은 별무늬가 있는 16세기 양식으로 건축되었다. 마을을 약 1km쯤 빠져나오면 시루에냐로 가는 까미노의 오른쪽에 있는 아소프라의 원주Rollo de Azofra는 땅에 정의를 세우는 칼을 연상시키며 악당들이 범죄를 저지르기 전에 경고하는 역할을 했다고 전해진다.

아소프라의 원주

아소프라 마을의 바에서 커피와 빵으로 가볍게 아침을 먹고, 아소프라에서 시루에냐에 가는 두 길 중에 작은 운하를 넘어 밀밭 사이로 나 있는 평화로운 오른쪽 길을 선택하여 약 2시간 반 정도 길을 걸으면, 끝나지 않을 것 같은 포도밭과 밀밭 사이로 이어진 감동적인 조용한 마을인 시루에냐에 도착한다. 여기서 덧붙이면 왼쪽 길을 따라 이동하는 것은 도보 순례자에게 적당하지 않다. 적어도 13km를 더 이동하고, 도로는 자전거 순례자들에게 적합하다.

시루에냐는 작은 마을로 광장의 나무 밑에서 조용히 이야기를 나누는 사람들을 보면 이곳에 살았던 역사의 주인공들처럼 보인다. 이런 마을의 분위기와는 맞지 않게 길을 걷다 맨 처음 만나게 되는 시루에냐의 첫 모습은 근사한 골프장과 그 뒤로 만들어진 신축 빌라의 모습들이다. 새로 만들어진 현대식 계획도시 신시가지를 지나다 보면 인적이 드물어 사람을 볼 수가 없어 마치 영화나 드라마의 세트장 같은 느낌을 받는다. 우리가 찾는 시루에냐 마을은 계획도시를 지나 포장된 도로를 따라 가면 마을 끝에서 표지판을 만난다.

　길을 가면서 보는 하늘은 미세먼지나 환경오염과는 전혀 관계가 없는 티 없이 맑은 하늘이다. 구름 한 점 없는 파란 하늘을 보는 것은 그렇게 쉬운 일이 아니다. 파란 하늘에는 수많은 비행운만이 기하학적 무늬를 만들어 지나가는 길손들의 눈 을 즐겁게 한다.

파란 하늘에 수놓은 비행운

　시루에냐에서 산토 도밍고 데 라 칼사다까지 6km 정도의 길은 걷기 편안하다. 이 편안한 길을 걷는 도중에 많은 외국인을 만났다. 미국인, 일본인, 대만인, 캐나 다인, 브라질인 등등 많은 사람 중에 어린 딸을 데리고 길을 걷는 독일인 부부가 있 었다. 5살 정도로 보이는 꼬마는 무엇이 기쁜지 잠시도 쉬지 않고 재잘거리며 길 을 뛰어다니길 반복하였다. 내가 한국에서 가져간 초콜릿을 꺼내어 주니 처음에는 머뭇거리다가 엄마의 허락이 떨어진 후에 받으며 기뻐하였다. 꼬마가 이 길의 의미를 깨닫게 될 때가 언제일지는 모르겠지만 그에게 이 길은 영원히 추억으로 남아 있을 것이다.

길을 걷고 있는 독일인 부부와 딸

　　주로 감자 농사를 짓는 시루에냐를 지나 시계탑이 있는 성당을 넘어 길을 따라 가면 포도밭이 펼쳐진 넓은 평원에 늘씬한 탑이 우뚝 솟아 있고, 이 탑은 나침반처 럼 산토 도밍고 데 라 칼사다로 순례자들을 이끌어 주는 역할을 한다. 탑이 있는 대 성당은 '까미노의 건축가 성인'이라고도 불리는 성인이 남긴 것이며 도시의 이름도 성인의 이름에서 가져온 것이다. 산토 도밍고 데 라 칼사다는 까미노 길 때문에 만 들어진 마을로 순례자를 위한 모든 서비스가 갖춰져 있고, 친절한 마을 사람들이 있 어 순례자들로 붐빈다. 성인의 이름을 그대로 사용하고 있는 산토 도밍고 데 라 칼 사다에서는 이 성인을 기리는 축제가 항상 벌어진다. 4월 25일에는 닭이 작은 북과 함께 행진하는 축제, 5월 1일에는 성인의 빵을 나눠 주는 축제 또 5월 10일~15일 에는 성인을 기리는 성대한 행렬이 이어진다.

멀리 보이는 산토 도밍고 데 라 칼사다 마을

산토 도밍고 데 라 칼사다 거리

이 도시에 닭의 기적El milagro de la gallina이라는 전설이 있다.

15세기에 독일 윈넨뎀 출신의 우고넬이라는 청년이 부모와 함께 산티아고 순례길에 도착했을 때 이곳에 머물던 여인숙의 딸이 그의 아름다움에 반하여 사랑을 고백했다. 그러나 신앙심이 깊었던 우고넬은 그녀의 고백을 거절했다. 상심한 처녀는 복수하려고 은잔을 우고넬의 짐 가방에 몰래 넣고 도둑으로 고발했다. 재판소로 끌려간 우고넬과 그의 부모는 결백을 주장했지만, 청년은 유죄 판결을 받고 교수형에 처하게 되었다. 절망에 빠진 그의 부모는 산티아고 성인에게 기도를 올리며 순례를 계속했는데 돌아오는 길에서 "산티아고의 자비로 아들이 살아 있다."는 하늘의 소리를 듣게 되었다. 이 소리를 들은 부모가 재판관에게 달려갔다. 마침 닭 요리로 저녁 식사 중이던 재판관은 그들을 비웃으며 말했다. "당신 아들이 살아 있다면 당신들이 날 귀찮게 하기 전에 내가 먹으려 하고 있었던 이 암탉과 수탉도 살아 있겠구려." 그러자 닭이 그릇에서 살아 나와 즐겁게 노래하기 시작했다고 한다.

이 재미있는 전설 덕택에 1993년부터 산토 도밍고 데 라 칼사다는 이 기적이 가장 널리 알려져 있었던 청년 우고넬의 고향인 윈넨뎀과 자매결연을 하였다. 산토 도밍고의 재판관들은 우고넬의 결백을 믿지 않았던 것에 대한 사죄로 수백 년 동안 목에 굵은 밧줄을 매고 재판하는 전통이 있었다고 한다. 이런 전설과 전통 때문에 중세부터 순례자들은 여행 중에 수탉이 우는 소리를 들으면 좋은 징조로 여겼다. 프랑스 순례자들은 길을 걸으며 닭의 깃털을 모았는데, 그것이 순례 중에 그들을 보호해 준다고 믿었기 때문이었다. 또 폴란드인들은 순례 지팡이 끝에 빵 조각을 얹어서 닭에게 주곤 했는데, 닭이 빵을 쪼아 먹으면 순례에 좋은 징조라고 여겼기 때문이다.

산토 도밍고 데 라 칼사다에서 먼저 마주친 건물은 수태고지의 성모 수도원 Monasterio de Nuestra Senora de la Anunciacion이다.

수태고지의 성모 수도원

시토 교단의 수태고지의 성모 수도원은 1620년에 완공된 건물로, 수도원의 성당은 라틴 십자가형 평면에 바로크 양식의 제단화가 있다. 성당 측면에는 세 명의 주교의 와상이 있는데, 이 중 가운데가 이곳의 설립자인 돈 페드로 만소다. 현재는 순례자들의 숙소로 쓰이고 있으며 수도원의 수녀들이 운영하고 있다.

드디어 산토 도밍고 데 라 칼사다의 상징인 대성당이 나타난다.

산토 도밍고 데 라 칼사다 대성당Catedral de Santo Domingo de la Calzada은 12세기에 건립되어 여러 번에 걸쳐 증축과 보수를 거쳤다. 로마네스크 양식의 제단부는 8개의 기둥으로 마요르 소성당Capilla Mayor과 분리된다. 천장을 덮은 궁륭과 성인의 영묘, 주제단화, 15세기의 기적에서 유래한 암탉과 수탉이 살고 있는 닭장 등이 눈에 띈다. 닭장은 15세기의 고딕 양식인데, 아직도 성당 내부의 이 닭장에서 하얀 닭 한 쌍을 키우고 있다고 한다. 성인이 잠들어 있는 영묘의 무덤 부분은 로마네스크 양식이고 기적에 대해 기록되어 있는 탁자는 고딕, 소성당은 후기 고딕 양식이다. 15세기 다미안 데 포르멘트에 의해 그려진 주제단화는 1994년까지 마요르 소성당에 있었는데, 이 그림은 스페인 르네상스의 보물로 알려져 있다. 대성당의 아름다운 탑은 세 번에 걸쳐 지어졌다고 한다. 처음 만들어진 로마네스크 양식의 탑은 1450년 벼락을 맞아 무너졌고, 다음 만들어진 고딕 양식의 탑은 붕괴 위험이 있어서 해체되었고, 마르틴 베라투아에 의해서 18세기에 현재의 탑이 건축되었다. 바로크 양식의 탑 높이는 무려 70m에 달하는데, 땅 밑으로 흐르는 지하수 때문에 대성당 건물과 분리해서 지어야만 했다. 탑에는 7개의 종이 있는데, 그중 2개가 시계 역할을 한다.

산토 도밍고 데 라 칼사다 대성당

산토 도밍고 데 라 칼사다에 도착하니 까미노 길도 벌써 200km를 넘게 걸었지만, 하루에 무리가 되지 않을 만큼 걸어서 별로 피곤함을 모르고 지금까지는 걷고 있다.

일찍 도착했기에 식당에 들러 순례자 메뉴로 점심을 먹는다. 앞에서 이야기했듯이 이 순례자 메뉴는 어느 마을에나 있고 메뉴도 어느 정도 일정하고 가격도 매우 합리적이라 수시로 이 메뉴를 청해서 먹는다. 점심을 먹고 대성당과 주변의 여러 곳을 돌면서 도시를 구경하고 저녁에 오랜만에 항상 길을 함께 걸은 네 명이 모여서 가볍게 맥주를 마시면서 담소를 나누었다. 각자가 살아온 과정이 다르고, 나이도 달랐다. 내가 70살이 넘었고, 안산의 채 선생은 66살, 대구의 천진한 얼굴의 이 사장은 60살, 서울에 사는 임 사장은 58살이었다. 나이 차이도 있지만 거쳐 온 직업도 달랐고 사는 지역도 달랐기에 각자 자기 삶을 이야기했다. 그러면서 다양한 생각을 통해서 서로에 대한 이해를 높였다. 그리고 왜 이 길을 걷는가에 대해서도 이야기하면서 자신이 살아온 인생에서 지금은 무엇인가를 버려야 할 때임을 자각하고 버림의 이야기를 하였다.

우리가 살면서 이렇게 오래 같이 먹고 자고 걷고 하는 단순함을 가족이 아니고 생판 모르는 사람과 함께할 기회가 있었던가를 생각해 보면 기억에 없다. 남자들은 군대라는 특이한 집단에서 많은 사람이 함께 지내는 시간이 있지만 그 시간과 이 길을 걷는 시간은 다르다. 우리 인생에서 이렇게 만난 것도 불교에서는 소중한 인연이라고 말할 것이다. 이 이야기는 앞으로도 계속 나올 것이다.

많은 이야기를 나누고 내일을 위해서 잠자리에 든다.

산토 도밍고 데 라 칼사다 - 벨로라도

오늘의 길 : 산토 도밍고 데 라 칼사다 - 그라뇽7km - 레데시아 델 까미노4km
- 빌로리아 데 리오하4km - 비야마요르 델 리오3.4km - 벨로라도5.5km

오늘은 산토 도밍고 데 라 칼사다에서 출발하여 벨로라도까지 약 22km의 비교
적 짧은 길이다. 처음 출발하여 그라뇽까지 가는 제법 긴 길은 휴식할 곳도 없지만 그
뒤에는 1시간의 거리마다 마을이 있기에 걷기 편리한 길이다.

이제는 익숙한 걷기라 정해진 시간만 되면 길 걷기를 준비하고 간단히 아침을 먹
고 길을 떠난다. 마요르 거리를 따라 걷는 순례자는 대성당을 오른쪽으로 두고 도시
를 감싸고 있는 성벽 사이를 통과하여 오하 강을 건너야 한다.

산토 도밍고 데 라 칼사다의 마요르 거리

강을 건너면 까미노 길은 순례자에게 악마의 유혹과도 같이 쭉 뻗은 고속도로와 평행하게 이어져 있는 5km 정도의 길은 부드러운 흙길이지만 소음이 심하고 과속하는 트럭이 많으니, 안전을 각별히 조심해야 한다. 고속도로와 나란히 걷다 보면 자동차 도로와 이어지는 길이 나온다. 이 길이 그라뇽과 가깝지만, 이 도로를 피해서 좌측으로 꼬불꼬불 이어지는 농지를 따라 3km 정도를 걷는 것이 안전하다.

길을 따라 언덕을 오르면 '용감한 자들의 십자가'라 부르는 단순한 디자인의 십자가를 만나게 된다. 역사적으로 비옥한 그라뇽의 땅은 늘 다툼의 대상이었다. 그중 가장 유명한 것은 19세기 초반에 산토 도밍고 데 라 칼사다와 그라뇽 두 마을 사이에 위치한 데에사 밭을 두고 싸운 것이었다. 마을에서 대표로 한 명씩을 뽑아서 목숨을 걸고 결투를 해서 이긴 쪽 마을이 땅을 차지하기로 정했는데, 싸움에서 승리한 사람은 그라뇽의 마르틴 가르시아였다. 마을 사람들은 이 결투를 '용감한 자들의 십자가Cruz de los Valientes'라고 부르고, 이 사건을 기리기 위해 결투가 일어난 자리에 십자가를 세웠다. 그라뇽에는 마르틴 가르시

용감한 자들의 십자가

아의 이름을 딴 거리가 있으며 마을의 주일미사에서는 그의 영혼을 위해 기도하는 풍습이 남아 있다.

이제 라 리오하주의 조용하고 오래된 마을인 그라뇽에 도착한다. 비옥한 토지에 둘러싸여 있는 이 마을은 까미노 데 산티아고에서 지나는 라 리오하주의 마지막 마을로, 산토 도밍고 데 라 칼사다에 인접해 마리벨 언덕 위에 알폰소 3세가 세운 마을로 중세에 호황을 누렸다. 특히 여름 몇 달 동안은 순례자들로 인해 마을은 더욱 생동감이 넘친다고 한다.

마을의 오래된 거리를 걸으면 순례자들의 모습을 형상화한 여러 벽화가 보여 이 마을이 순례자들에게 얼마나 친근한지를 보여 준다.

그라뇽의 순례자 벽화

이 마을의 카페에 앉아 주스와 빵을 시켜 아침을 먹으며 보는 카페의 벽에 개미 떼가 행진하는 모습이 있고, 이 개미가 줄지어 가는 모습에서 순례자가 묵묵히 길을 걷는 모습이 연상되었다. 마을을 통과하면서 만나는 산 후안 바우티스타 성당Iglesia de San Juan Bautista은 15세기와 16세기에 건축된 건물로 세 부분으로 구성된 본당, 노회, 3개의 패널로 구성된 팔각의 성단으로 이루어져 있다.

산 후안 바우티스타 성당

그라뇽의 8월 마지막 주에 열리는 감사의 축제Fiesta de Gracias엔 '카라스께도 성당 후원회Amigos de la Ermita de Carrasquedo'의 주관으로 산 후안 바우티스타 성당에서 빛과 소리의 축제가 열린다고 한다. 그라뇽 역사의 주요 에피소드를 연극으로 보여 주고, 까미노 데 산티아고와 관련된 이야기도 나오며 마지막으로 빛과 소리가 어우러져 주제단화를 비추면서 마무리된다고 한다.

푸르게 펼쳐진 포도밭이 즐거움을 주는 라 리오하의 마지막 마을 그라뇽을 떠나는 순례자는 마을 중심의 마요르 거리를 따라 성당 옆을 지나 마을을 빠져나간다. 이제 오늘의 두 번째 마을인 레데시아 델 까미노까지는 1시간 거리다. 도로의 끝에서 오른쪽으로 방향을 돌려 고속도로와 평행한 길을 30분 정도 걸어가면 부르고스주의 경계를 만난다. 생 장 피에드포르에서 시작한 순례길은 나바라와 라 리오하를 거쳐 드디어 부르고스에 들어가는 것이다.

부르고스주는 스페인 카스티야 이 레온 자치지역을 구성하는 9개 주 가운데 하나로 카스티야 이 레온 자치지역 북동부에 위치하며 주도는 부르고스이다. 유럽에서 가장 오래된 취락지가 발견되었고, 로마 시대에는 히스파니아 타라코넨시스 속주의 수도였다. 현재의 코루나 델 콘데Coruna del Conde에는 9,000명을 수용할 수 있는 로마 시대의 극장이 있다. 또 이곳은 10세기 중반부터 존재했던 카스티야 왕국의 탄생지이며 카스티야어로 쓴 첫 번째 서사시인 유명한 『엘 시드의 노래』의 배경이 되기도 했다. 부르고스는 카스티야 왕국의 수도로 '카스티야의 머리'라 불릴 만큼 번성했으며, 1833년 지방 행정 개편 과정에서 부르고스주가 처음 형성되었다. 주에 모두 371개의 도시가 있지만 그중 큰 도시 몇 개를 제외하고 대부분은 인구가 수백 명에 불과한 소도시이며, 주 전체 인구의 거의 절반 정도가 부르고스에 몰려 있다. 주 남부를 관류하는 두에로 강 연안에는 스페인에서도 품질 좋기로 유명한 포도 산지인 방대한 포도원이 있다.

부르고스 출신인 산 후안 데 오르테가는 순례자들을 위해 다리를 건설하고 길을 뚫었다. 로마네스크 영향이 가득한 이 지방에서는 여러 아름다운 수도원을 만나게 되며, 또한 아름다운 고딕 양식의 부르고스 대성당, 라스 우엘가스 수도원 등등을 볼 수 있다.

이제부터 푸른 포도밭은 서서히 사라지면서 카스티야의 들판이 펼쳐진다. 부르고스의 첫 마을 레데시아 델 까미노는 까미노 때문에 발달한 전형적인 마을로 마요르

부르고스 지방의 순례길

거리에는 마을의 문장이 장식된 시골풍 벽돌집이 늘어서 있다. 과거부터 이곳은 중세 프랑크 왕국의 중요한 점령지여서 순례자로 항상 붐벼서 이 마을에는 순례자를 위한 병원이 2개나 있었다고 한다.

레데시아 델 까미노 마을의 광장

레데시아 델 까미노 마을의 문장

마을에 있는 까미노의 성모 성당Iglesia de Nuestra Senora del Camino은 11세기에 만들어진 로마네스크 양식 성당으로, 17~18세기에 재건축되어 로코코 양식의 제단화와 가구 그리고 스페인 로마네스크 미술의 보물이라고 불리는 11세기 작품으로 아름다운 세례반으로 유명하다. 비잔틴, 모사라베 양식의 세례를 받음으로써 하느님의 도시에 들어갈 수 있다는 의미가 있는 세례반은 스페인 로마네스크 미술 중 가장 흥미로운 작품이다. 6개의 기둥으로 이루어진 기단부와 세례반 둘레에는 도시 모양의 장식이 있는데, 여기에는 하느님의 도시인 천상의 예루살렘이 요새 같은 모습으로 조각되어 있다. 반원형 탑과 삼각형으로 튀어나온 휘장으로 덮여 있는 전망대 등도 천상의 예루살렘을 표현한 것이다.

까미노의 성모 성당

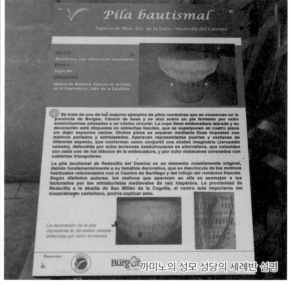
까미노의 성모 성당의 세례반 설명

길을 가다가 이정표를 보니 무슨 글귀가 쓰여 있다. 궁금해서 보니 "대부분의 경우 당신이 답변을 얻지 못할 때, 그것은 당신이 좋은 질문을 찾지 못했기 때문이다."라는 의미로, 무언가를 생각하게 해 주는 글귀였다. 사람은 항상 자신이 무엇인가를 받으려고만 하는 성향이 있다. 그러다가 무엇을 얻지 못하면 자신의 잘못보다 상대에게 원망하는 경우가 허다하다. 하지만 자신을 다시 돌이켜 보면 모든 잘못은 자신에게 있음을 발견할 수 있을 것이다.

레데시아 델 까미노를 지나 30분 정도 가면 비옥한 땅과 산 훌리안 강가에 자리 잡은, 화려한 과거의 흔적을 간직하고 있는 작고 조그마한 마을인 가스틸델가도에 도착한다. 캄포 성당과 궁전은 이곳에서 태어난 역사적인 인물들을 떠올려 주며, 순례자의 병원은 몇백 년 동안 이곳을 지나간 순례자들의 고난을 떠올리게 해 준다.

이 마을의 이름은 원래 비야푼Villapun이었는데, 16세기에 베르베라나 백작 가문이 여기서 시작되어 루고와 하엔의 주교였던 돈 곤살로 힐 델가도Don Gonzalo Gil Delgado를 기리면서 마을의 이름을 가스틸델가도로 바꾸었다. 이 마을의 산타 마리아 라 레알 델 캄포 소성당Ermita Santa Maria la Real del Campo은 중세에 순례자를 위한 병원에 딸려 있던 부속 성당으로 18세기의 현관이 아름답다. 산 베드로 교구 성당Iglesia Parroquial de San Pedro은 16세기에 만들어진 후기 고딕 양식의 성당으로 아름다운 봉헌화와 조각, 유화 등이 보존되어 있다. 특히 성모 마리아가 무릎에 예수를 앉힌 13세기 성모상이 돋보인다. 성당에는 돈 프란시스코 델가도의 무덤이 있다.

산 베드로 교구 성당

산타 마리아 라 레알 델 캄포 소성당

가스틸델가도를 떠나 30분 정도 걸으면 어느새 순례자의 발길이 끊이지 않는 빌로리아 데 리오하에 도착한다. 산티아고 길을 사랑하는 순례자라면 꼭 들러야 할 마을인 빌로리아 데 리오하는, 스페인 사람들의 존경을 받는 산토 도밍고 데 라 칼사다가 태어난 조그마한 마을로 대부분 농업에 종사하는 마을 주민은 모든 순례자에게 친절하다. 산토 도밍고 데 라 칼사다는 1019년 5월 12일 이곳에서 태어나 1109년 산토 도밍고 데 라 칼사다에서 90세에 사망했다. 그는 까미노에 다리를 축조하고 길을 닦고, 병원을 설립하는 등 산티아고로 가는 순례자를 위해 평생을 살았다.

성인이 세례를 받았다는 로마네스크 양식의 세례반을 보관하고 있는 고딕 양식으로 건축된 성모 승천 교구 성당Iglesia Parroquial de la Asuncion de Nuestra Senora이 순례자를 맞아 준다. 순례자라면 산토 도밍고 데 라 칼사다의 생가 유적과 그가 세례받은 세례반을 둘러보는 것이 좋다. 5월 12일 마을에서는 산토 도밍고 데 라 칼사다를 기리는 축제가 열린다.

성모 승천 교구 성당

성모 승천 교구 성당 앞의
도밍고 가르시아상

산토 도밍고 탄생 천년 기념

빌로리아 데 리오하를 떠나 끝없이 펼쳐지는 평원을 1시간 정도 걸으면 나오는 비야마요르 델 리오는, 벨로라도와 같은 마을이었다가 18세기에 분리되었다. 바쁘게 걷는 순례자들이 벨로라도에 들어가기 전에 마음의 여유를 가다듬기에 최상의 장소로 도시의 긴장감에서 벗어나도록 한다. 비야마요르 델 리오 마을을 지나 벨로라도를 향해 가는 길에서 보는 평원과 저 멀리 보이는 나지막한 산은 너무 평화롭다. 5월의 신록은 물질적인 풍요가 아니라 무언가 말할 수 없이 우리 마음에 여유로움과 풍요로움을 가져다준다. 아마 이것이 이 까미노를 걸으며 얻는 것이 아닐까? 하는 생각이 든다. 현실의 욕심에서 벗어나 나를 잊어버리고 마음의 평화를 얻는 것이 진정한 이 길의 의미가 아닐까?

평화로운 들판

비야마요르 델 리오 마을을 지나면 까미노 길은 왼쪽으로 이어진다. 순례자는 다시 부드러운 내리막길을 따라 벨로라도의 공장지대가 나타날 때까지 고속도로를 오른쪽으로 두고 나란히 걷는다. 이제 순례자는 벨로라도에 들어서면, 마요르 광장에서 아름다운 산타 마리아 성당과 산 베드로 성당을 볼 것이다.

스페인 카스티야 이 레온 자치지방 부르고스주에 있는 자치시 벨로라도는, 티론 강변에 있는 도시로 벨로라도라는 이름의 어원은 'Belle아름다움'이라는 단어에서 왔다고 한다. 벨로라도의 까미노 길이 지나가는 도중에 보는 모든 건물은 특유의 아름다움을 뽐낸다. 중세 왕국들이 치열하게 얻고자 했던 이 도시는 과거에는 레온과 카스티야 왕국의 영토였다. 1000년경에 하늘에서 불이 비처럼 쏟아져 온 도시를 휩쓸었다는 전설이 있으나, 이후 이 도시는 마치 불사조처럼 살아나 활력으로 가득한 곳이 되었다.

벨로라도와 세레소 데 리오티론에는 두 마을의 수호성인인 비토레스 성인에 관한 전설이 전해 온다. 성인은 사라센인들에게 참수당해 머리가 땅에 떨어져서도 3일 동안 살아 있어서 이 광경을 본 사라센인들이 감복하여 개종했다고 전해진다.

벨로라도에 도착하니 너무 이른 시간이다. 성당을 지나가려고 하니 그 앞에서 어제 길을 걷는 도중에 만났던 연주하며 방랑하는 음악인이 있다. 아마도 우리와 같은 허울만 순례자가 아니라 진짜 경건하게 매일 길가에서 연주하며 길손들의 기부를 받아 그 돈으로 경비를 충당하며 순례하는 것 같았다. 항상 거리 음악인의 연주를 들으면 적당한 액수를 기부하여 그의 음악에 보답해야 한다고 생각하고 있으므로, 나는 어디에서든지 여행할 때 그들을 만나면 소액을 기부한다. 그래서 2유로를 기부하니 고맙다고 인사를 한다. 내가 더 고마운 일이었다. 조그마하지만 남에게 도움을 줄 수 있다는 것이 얼마나 기쁜 일인지!

마을 입구에 있는 산타 마리아 성당은 16세기에 만들어진 건축물로 고딕 양식의 아름다운 성모상과 순례자 산티아고, 이슬람인들을 죽이는 산티아고상이 보존되어 있다. 산타 마리아 성당을 지나 마을에서 만나는 산 베드로 성당Iglesia de San Pedro은 아름다운 파이프 오르간이 있는 17세기 성당이다. 마을을 계속 가면 야트막한 언덕이 나타나고 그 앞에 클라라회 수녀들이 있는 16세기에 건축된 브레토네라 성모 수도원Convento Nuestra Senora Bretonera이 보인다.

산타 마리아 성당 외부

산타 마리아 성당

산 베드로 성당

브레토네라 성모 수도원

알베르게에 도착하여 샤워한 후에 빨래를 간단히 하고 마을로 나가니 우리의 5일 장과 비슷한 장이 서 있었다. 그래서 구경하면서 빵과 과일 등을 구입하고 돌아와서 순례자 메뉴로 점심을 먹었다. 자주 이야기하지만, 이 순례자 메뉴는 길을 걷는 사람에게는 너무 알맞은 메뉴다. 점심을 배불리 먹고 쉬다가 마을 뒤에 있는 요새성로 올라갔다. 가는 길을 몰라 요새가 보이는 쪽으로 길을 가니 10대로 보이는 마을의 여자애들이 무리를 지어 이야기를 나누고 있었다. 그들에게 짧은 스페인어로 길을 물으니 친절하게 가르쳐 주어 성으로 올라갔다.

벨로라도 성은 언제 건설되었는지는 정확하게는 알 수 없으나 연구에 의하면 알폰소 3세의 10세기 전반에 건설되었다고 한다. 성은 거의 폐허지만 벨로라도의 역사를 상징하는 곳으로 여기에서 보는 풍경이 가슴을 환하게 펼쳐 준다. 사방을 둘러보면 왜 이곳에 성이 있었는지를 알 수 있게 사위가 트여 사방에서 오는 적군을 감시할 수 있었을 것이다. 사방을 둘러보고 벨로라도가 상당히 큰 도시임을 깨달을 수 있어, 우리는 그저 마을 하나만을 보고 벨로라도를 다 본 것 같은 착각에 빠졌음을 알게 해 주었다. 눈에 보이는 것만이 전부가 아니라는 진실을 다시 깨닫게 해 준 시간이었다.

벨로라도 성

성을 내려와 알베르게에 가니 한국의 젊은이가 보였다. 며칠 전부터 보였던 젊은이라서 말을 걸으니, 강원도 태백에 살고 있으며 군대를 막 제대하고 무료하게 시간을 허비하는 것보다 무엇인가 의미 있는 시간을 보내겠다고 생각하여 이 까미노 길을 걷는다고 하였다. 상당히 긍정적이고 건전한 사고를 하는 젊은이라 여러 이야기를 하며 시간을 보냈다. 그리고 빨래를 늘어놓은 알베르게의 옥상에 올라가니 휴식을 취할 수 있게 소파가 있었다. 한가하게 소파에 앉아 망중한을 즐기다가 저녁때가 되어 내려와 가볍게 저녁을 먹으면서 맥주를 마시며 오늘의 길을 생각해 보았다. 아직도 답이 보이지 않는 길이다.

성에서 보는 벨로라도 도시

마을의 벽화

벨로라도 - 아헤스

오늘의 길 : 벨로라도 - 토산토스4.8km - 비얌비스티야1.9km - 에스피노사 데 까미노1.6km
- 비야프랑카 몬테스 데 오카3.6km - 산 후안 데 오르테가12km
- 아헤스3.6km

오늘은 순례자를 위한 여러 서비스를 제공하는 마을 벨로라도를 떠나 아헤스까지 약 28km의 길지도 짧지도 않은 거리이다. 오늘의 여정은 해발 고도를 400m 가까이 올라가야 하지만 어려운 길이 아니기에 평소와 같은 마음으로 길을 걸으면 된다.

이제는 익숙해진 시간을 맞추어 정해진 순서대로 기계와 같이 일어나고 길을 떠나는 시간은 오전 6시 30분이다. 너무 일찍 떠나는 느낌도 있지만 알베르게에 머물던 순례자의 대부분은 벌써 떠나고 몇 명이 남아 있지 않았다.

벨로라도 거리와 벽화

아쉬운 미련을 마음속에 가지고 벨로라도를 나와 토산토스를 거쳐 에스피노사 델 까미노까지의 길은 아주 완만한 구릉이 계속되는 평야 지대로 지난 여정처럼 고속도로와 나란히 도로의 오른쪽을 따라 이동한다. 길을 걸어가면서 보는 그림자가 앞으로 길게 뻗어 이 길이 서쪽으로 쭉 이어져 있다는 것을 알 수 있고 나는 서쪽으로 계속해서 길을 가는 키다리 아저씨와 같은 모습이다.

건물 벽에 그려진 부엔 까미노 그림

키다리 아저씨의 그림자

약 1시간 넘게 길을 가면 나타나는 토산토스는 오카 산의 굽이치는 풍경 안에 자리 잡은 조그만 마을이다. 토산토스의 입구에서 정면에 보이는 거대한 돌산에는 몇 개의 동굴이 뚫려 있으며 가운데 소박하고 단순한 모양의 라 페냐 성모의 바위 위에 성당이 있다는데 올라가지 못했다. 토산토스에 도착하니 이른 아침인데도 문을 연 카페가 있어 들어가서 커피를 한잔 마시고 쉬다가 다시 길을 떠났다. 언제부터인가 아침에 길을 가면서 커피를 한잔 마시는 것이 습관이 되었다. 마을 뒤로 이어지는 까미노 길을 따라 아름다운 밀밭 사이를 걷다 보면 어느새 밀밭 사이로 비얌비스티야 성당이 보이지만 그냥 지나 에스피노사 델 까미노로 향한다. 토산토스에서 비얌비스티야까지는 1.9km의 짧은 거리고 거기서 또 에스피노사 델 까미노까지는 1.6km의 짧은 거리로, 짧은 거리에 여러 마을이 계속해서 나오는 구간이다. 길을 가면서 보는 벌판과 하늘은 너무나 고요하고 맑아서 감탄을 자아내게 한다. 계속해서 보는 풍경이지만 볼 때마다 감탄하는 것은 우리가 너무 이런 풍경에 목말랐던 건 아닐까? 이런 풍경을 보고 즐기는 것만으로도 이 길을 걷는 의미가 있는 것이 아닐까? 하는 생각이 든다.

티 없이 맑은 파란 하늘

　밀밭 사이로 이어지는 까미노 길을 약 1km 걸으면 나오는 공원을 오른쪽으로 끼고 고속도로를 건너가면 에스피노사 델 까미노 마을이 보인다. 전원풍의 아름다운 목조건물들이 특색을 이루는 마을로 평화로운 모습이다. 별다른 특징이 없는 에스피노사 델 까미노 마을을 통과하여 비야프랑카 몬테스 데 오카로 가는 길은 평탄한 들판을 지나는 길로 스페인을 걸으며 엄청나게 많이 보는 밀밭이 펼쳐지는 들판이다. 밀밭 사이로 이어지는 길을 따라 언덕을 올라가면 멀리 비야프랑카 몬테스 데 오카가 보인다. 내리막을 내려오면 산 펠리세스 수도원의 유적을 만나며 오카 강을 건너 마을에 도착한다.

계속 이어지는 밀밭 길

마을 입구의 안내도를 보며 마을로 들어선다. 비야프랑카 몬테스 데 오카는 맑고 푸른 개울이 있고, 마을 근교의 오래된 떡갈나무 서식지며 너도밤나무와 자작나무 숲에는 노루와 늑대가 살고 있다고 한다. 산토 도밍고 데 라 칼사다와 부르고스의 중간에 위치한 이 마을에는 여러 전설과 많은 전통이 남아 있다.

그중에서 가장 대표적인 오카 산의 전설은 다음과 같다.
오카 산은 오랫동안 순례자들을 노린 도둑들이 들끓던 곳이었다. 전설에 따르면 이곳에서 한 순례자가 도둑에게 가지고 있던 돈을 모두 빼앗기고 죽임을 당했다고 한다. 슬픔에 잠긴 순례자의 부모가 간절하게 야고보에게 기도를 올리자 죽었던 순례자가 다시 살아났다고 한다.

거리를 걸어가면서 보는 산티아고 교구 성당Iglesia Parroquial de Santiago은 18세기 후반 신고전주의 양식으로 지어진 성당으로, 필리핀에서 가져왔다고 전해지는 거대한 조개껍데기로 장식한 세례반이 있다. 성당 옆에 비야프랑카 몬데스 데 오카의 유적을 설명하는 안내판이 있다. 이 안내판에는 미처 보지 못하고 지나쳤던 산 펠리세스 데 오카 수도원Monasterio de San Felices de Oca, 산티아고 교구 성당, 오카의 성모 소성당Ermita de la Virgen de la Oca 등이 설명되어 있고, 아헤스까지 길도 안내되어 있다.

산티아고 교구 성당

비야프랑카 몬테스 데 오카의 카페에서 주스를 마시고 쉬다가 길을 떠나 산티아고 교구 성당의 옆길로 올라가니 아주 옛날 건물의 느낌이 나는 알베르게가 있다. 이런 곳에서 숙박했으면 하는 안타까운 생각을 하고 지나쳤는데 우여곡절 끝에 결국 여기서 숙박하게 되었다. 그 이야기는 뒤에서 다시 하겠다.

비야프랑카 몬테스 데 오카를 출발하기 전에는 충분히 휴식하고 물도 준비하는 것이 좋다. 떡갈나무와 소나무로 우거진 오카 산의 정상을 오르는 길과 산 후안 데 오르테가로 가는 내리막길의 12km나 되는 길에는 휴식을 취할 만한 곳이 없다.

비야프랑카 몬테스 데 오카에서 나오는 길은 산티아고 성당을 왼쪽으로 끼고 오래된 병원의 모퉁이를 돌아 오카 산을 향한 험한 비탈길로 이어진다. 길은 떡갈나무와 소나무로 우거진 숲을 지나게 되며 철책을 가로질러 내리막을 내려가면 조그마한 시내가 나오고 오늘의 길에서 가장 어렵다는 오르막 비탈길을 만나게 되지만 그렇게 걱정할 필요는 없다. 우리나라에서 산을 좀 올라 본 사람에게는 심하게 어려운 길이 아니다. 떡갈나무 숲을 통해 산의 정상을 오르면 거대한 고원지대를 만나게 되고, 길은 어렵지 않은 내리막 산책길로 변하고, 산 후안 데 오르테가 마을이 손에 잡힐 듯 다가온다.

끝이 보이지 않는 숲길

오카 산의 정상에서 조금 내려오니 추모비 같은 것이 보였다. 비 표면에 1936이라는 숫자가 새겨져 있는 것을 보는 순간, 먼저 머리에 떠오르는 기억은 바로 프랑코 정권에서의 스페인 내전이다. 국제 정세의 복잡한 이해관계에 의한 내전을 한마디로 정리할 수는 없지만 우리에게는 영화 〈누구를 위하여 종은 울리나〉와 피카소의 걸작 〈게르니카〉로 잘 알려진 전쟁이다. 수많은 사람이 학살당한 비극적인 전쟁이었는데 역시나 그 학살당한 사람들을 추모하는 추모비였다.

1936년 스페인 내전에서 학살당한 사람들의 추모비

산 후안 데 오르테가는 12세기부터 교황을 비롯하여 평범한 사람들에 이르기까지 모든 사람들의 헌신과 노력으로 만들어진 까미노에서 가장 오래된 유적 도시이다. 이들의 노력으로 외딴 마을은 순례자들이 쉴 수 있는 아름다운 도시로 변했다. 산 후안 데 오르테가는 오래된 숲으로 둘러싸인 아름다운 마을로 로마네스크와 고딕, 바로크 양식 등의 우아한 건물이 있으며, 지금도 눈으로 경험할 수 있는 '빛의 기적'이 일어나는 곳이다. 빛의 기적이란 춘분과 추분이 되면 산 후안 데 오르테가 성당의 주두에 일어나는 단순한 우연이라고만은 할 수 없는 신기한 현상을 말한다. 오후가 되면서 약 10분 정도 햇빛이 성당 주두의 부조를 비춘다. 처음은 그리스도가 태어날 것이라고 성모에게 나타난 대천사의 부조부터 시작하여 예수의 탄생, 예수를 경배한 동방박사, 목동들에게 예수가 태어났다고 알려 주는 장면을 차례로 비춘다. 첫 번째 부조에서는 성모는 천사가 아니라 주두를 비추는 빛을 바라보는 것처럼 보인다. 빛이 만들어 내는 신비로운 자연현상이자 잊을 수 없는 형이상학적인 이 현상을 '빛의 기적'이라고 부른다.

산 후안 데 오르테가 수도원

이 마을에 있는 로마네스크 양식의 산 후안 데 오르테가 수도원Monasterio de San Juan de Ortega은 12세기에 만들어졌다. 건물 내부에는 복잡하게 장식된 주두가 눈에 띄고 세상에서 가장 아름답다고 인정되는 고딕 양식의 천개와 로마네스크 양식으로 조각된 산 후안 데 오르테가 성인의 석관이 있다. 이 석관에는 다음과 같은 설화가 전해진다.

산 후안 오르테가 성인은 임신과 다산을 도와준다고 사람들이 믿어 왔기에, 이 사벨 여왕도 이 성인의 무덤을 찾아와 경배하며 자신이 무사히 아기를 낳기를 기도 했다. 기도가 끝나고 여왕은 성인의 유해를 볼 수 있도록 돌로 된 석관을 열라고 지 시했다. 성인의 무덤을 열었던 적이 한 번도 없었기 때문에 성직자와 수도사들은 망 설였지만, 여왕의 고집으로 석관을 열자 하얀색의 벌떼가 쏟아져 나왔고, 여왕은 부 패하지 않은 산 후안 데 오르테가의 시신을 볼 수 있었다. 놀라운 현상에 두려움에 떨던 여왕이 사람들을 시켜 석관을 닫자 벌들은 다시 석관의 작은 구멍으로 날아 들 어갔다. 그래서 여왕과 사람들은 이 벌들이 성인이 구원해 주기를 기다리는 태어나 지 못한 영혼들이라고 여겼다.

산토 도밍고 데 라 칼사다의 조각

산 후안 데 오르테가의 무덤(석관)

산 후안 데 오르테가에서 쉬면서 같이 걷는 일행과 가볍게 맥주를 한잔 마셨 다. 제법 먼 길을 걸어 목이 마르기도 하고 이제 오늘의 목적지인 아헤스는 멀지 않 기 때문이다.

아헤스로 가기 위해서 마을을 빠져나오면 곧 철길이 나오고 길이 3개가 있으나 바로 이어지므로 고민할 필요는 없다. 곧 커다란 2개의 떡갈나무와 나무로 만들어진 십자가가 있는 언덕이 나오는데 앞쪽으로는 앞으로 끊임없이 걸어야 하는 황무지가 보이고 잠시 후에 나바라의 왕이었던 가르시아의 무덤이 있다는 전설을 가지고 있는 아헤스가 순례자를 맞아 준다. 오래된 마을 아헤스는 중세 시대 기독교 왕국의 패권을 뒤흔든 중요한 장소였고, 또 전원 속의 마을이라는 매력을 간직하는 곳이기도 하다. 까미노를 순례하는 순례자라면 이 그림 같은 풍경의 마을을 그냥 지나칠 수 없을 것이다.

아헤스의 풍경

아헤스에 도착하여 숙소인 알베르게를 찾아가니 문제가 발생했다. 알베르게가 이중으로 예약을 받아서 많은 사람이 입실을 못 하고 있었다. 우리 팀의 인솔자는 예약한 영수증까지 제시하였지만, 주인은 어느 쪽도 예약을 인정할 수가 없는 입장인 듯했다. 오랜 시간의 실랑이 끝에 알베르게의 주인이 다른 곳에 숙소를 마련해 놓았다며 차를 동원하여 약 10명 정도를 이동시켜 준다는 것이었다. 그리고 내일 아침 일찍 다시 차를 동원하여 이곳 아헤스로 데려다준다고 하였다. 아헤스에는 알베르게가 충분하지 않아 차를 동원하여 약 20km나 떨어져 있는 비야프랑카 몬테스 데 오카까지 이동해야 하는 일이었지만 여행 중에 일어나는 한 해프닝으로 생각하고 이동하였다. 그런데 전화위복이라고 할까? 이동하여 간 곳은 낮에 비야프랑카 몬테스 데 오카를 지나면서 보았던 San Anton Abad라는 호텔과 알베르게를 겸해서 운영하는 아주 멋있는 고성과 같은 알베르게였다. 아마 아헤스의 주인이 다소 손해를 보더라도 성의를 다한 것 같았다. 이 알베르게는 시설이나 음식 등 여러 면에서 최고의 알베르게로 인정할 만하였다.

San Anton Abad 알베르게 들어가는 입구   알베르게 안의 여러 장식품

이 알베르게에서 제법 늦은 저녁을 먹으려고 식당에 가니 역시 순례자 메뉴를 팔고 있었고 가격은 거의 같았다. 식당의 등급이나 알베르게의 수준 등을 보면 좀 더 비싸게 받을 수도 있었는데 아마 이 음식의 가격은 어느 정도 정해져 있는 것 같았다. 저녁을 배불리 먹고 이곳으로 같이 온 일행과 담소를 나누고 침실로 향해 가니 저번에 에스테야에서 만났던 프랑스인 일행이 모여 있었다. 말이 통하지 않았지만 반갑게 인사하니 그들도 모두 오랜만에 보기에 반가워했다. 까미노 길을 걸으면 만남과 헤어짐이 계속된다는 말이 실감이 났다.

오랜만에 좋은 시설을 갖춘 알베르게에서 배불리 먹고 편안하게 잠자리에 든다.

아헤스 – 부르고스

오늘의 길 : 아헤스 - 아타푸에르카2.5km - 카르데뉴엘라 리오피코6.2km
- 오르바네하 리오피코2km - 비야프리아3.6km – 부르고스7.9km

오늘은 아헤스에서 부르고스까지 가는 약 22km의 비교적 짧은 길이다. 일찍 San Anton Abad 알베르게서 일어나 옆에 있는 거실 같은 곳을 가니 해가 떠오르는 경치가 장관이다. 이곳은 호텔을 겸하고 있기에 쉬는 공간도 아주 넓게 자리 잡고 소파도 갖추어져 있었고 휴게실을 기품 있고 아름답고 여유롭게 꾸며 놓았다.

San Anton Abad 알베르게 창밖으로 보는 일출

San Anton Abad에서 아헤스의 알베르게가 보내 준 차를 타고 아헤스에 도착하니 다른 날에 비해서는 상당히 늦은 시간이지만 오늘의 길은 그렇게 어려운 길이 아니기에 걱정은 하지 않는다. 길을 떠나면서 옆에 있는 텐트를 보니, 어제 우리가 아헤스에 도착했을 때 개를 데리고 다니는 술에 취한 나그네가 있었는데 그가 개와

함께 텐트에서 잠을 자고 있었다. 아마 순례자인 것 같았는데 무슨 일인지 모르겠지만 그 사람의 행동도 모두 자신의 인생이라는 것을 생각하게 했다.

아헤스에서 아타푸에르카에 가는 길은 산 후안 데 오르테가의 노력으로 지금의 모습을 갖추게 되었다고 전해진다. 그 사이에 펼쳐지는 평원은 중세 나바라의 왕 가르시아 엘 데 나헤라와 그의 형제 페르난도 데 카스티야가 치열한 전투를 벌였던 곳이다. 이 전투에서 가르시아 왕이 사망하고 나바라의 군대는 패배하여 결국 이베리아반도에서 나바라 왕국의 왕위 다툼이 끝났다. 전설에 따르면 살아남은 왕의 부하들이 죽은 왕의 내장을 아헤스 성당의 입구 반석 밑에 묻었다고 한다.

아타푸에르카로 가는 길의 평원

아타푸에르카Atapuerca로 가는 길에 갑자기 돌들이 원형으로 늘어서 있는 모습이 보인다. 그리고 고대 원시인의 형상이 그려진 아타푸에르카의 간판이 보인다. 이제 순례자는 유럽 대륙에서 제일 오래되었다는 인류의 고향 아타푸에르카에 도착한 것이다. 마을 입구에는 마을에서 약 3km 정도 떨어져 있는 '안테세소르'의 유적으로 가는 샛길이 있다. 이 유적의 발견은 유사 이전 인류의 동굴 생활과 매장 관습 등 고고학적으로 엄청난 가치를 지니고 있다고 한다. 궁금하고 호기심도 있었지만 내가 가야 하는 길과는 멀리 떨어져 있어서 가 보지는 못했다. 그래서 자료로만 소개한다.

아타푸에르카 고고유적 표시

부르고스주에 있는 자치시인 아타푸에르카는 20세기 최고의 고고학적 유적이 발견된 곳이라고 전혀 생각되지 않는 작고 볼품없는 마을이지만, 지금까지 발견된 증거로 볼 때 언덕의 복잡한 동굴들은 약 100만 년 전부터 다양한 현생 인류의 주 거지로 사용되었음이 확실하다. 약 80만 년 전에 죽은 것으로 추정되는 인류의 유 골 잔해가 발견된 그란돌리나와 시마 데 로스후에소스 유적에서는 아프리카에서 서유럽으로 이주한 초기 현생 인류의 신체적 특성과 풍습에 대해 많은 정보를 얻을 수 있었다고 한다. 그래서 1977년에 이 종족을 '호모 안테세소르Homo Antecessor'라 는 신종 인류로 명명하였는데 이는 라틴어로 '탐험가'라는 뜻으로, 호모 안테세소 르는 네안데르탈인과 더불어 현생 인류의 마지막 공동 조상으로 추정된다. 근처에 있는 시마 데 로스후에소스는 '뼈 구덩이'라는 뜻인데 수천 명에 달하는 유골이 발 견되어 세계에서 연구 대상이 가장 풍부한 고고학 유적지 중 하나로 알려져 있다.

아타푸에르카 고고유적Archaeological Site of Atapuerca은 스페인의 유네스코 세계 문화유산으로 2000년에 등재되었다.

유적지를 안내하는 표지를 지나 약간의 언덕을 따라 올라가니 아타푸에르카 마 을이 나온다. 마을의 카페에서 시간이 제법 지난 아침이지만 커피와 빵으로 간단히 요기하고 다시 길을 떠난다. 아타푸에르카 마을 출구에서 왼쪽의 오르막길은 숲길로 이어지는데 철조망과 평행하게 길이 있고, 철조망 안에는 여러 종류의 목장이 보인다. 아마 목장과 까미노 길을 구별하기 위해서 철조망을 둘러친 것 같다. 떡갈나무 숲으로 이루어진 완만한 언덕을 올라 정상에 오르면 눈앞에 펼쳐져 있는 광활한 평원이 내려다보인다.

철조망 안에 보이는 목장

넓게 펼쳐진 평원

아스라이 보이는 부르고스 대성당의 높다란 탑을 바라보며 돌과 나무로 만들어진 십자가상을 지나면 비얄발에 도착한다. 조그만 마을 비얄발과 다음 마을인 카르데뉴엘라 리오피코는 거의 붙어 있다. 2km 정도 떨어져 있는 조그마한 마을 카르데뉴엘라 리오피코와 오르바네하 리오피코를 지나간다.

카르데뉴엘라 리오피코Cardeñuela Riopico는 부르고스 지방의 피코강에 있는 소규모 마을로 아타푸에르카 산의 남쪽에 위치하는 해발고도가 933m에 이르는 산간 마을로 카르데뉴엘라 리오피코 마을과 비얄발 마을로 이루어져 있다. 이 지역은 선사 시대부터 인류가 살던 곳으로 석기와 동굴 벽화가 발견됐다. 부르고스주에 있는 오르바네하 리오피코Orbaneja Riopico는 산티아고로 가는 순례길이 지나는 피코 강변에 있는 조용한 마을이다.

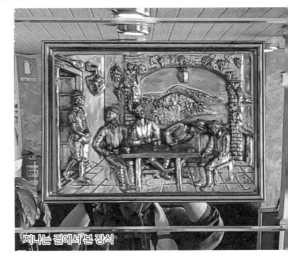
지나는 길에서 본 장식

오르바네하 리오피코의 출구에서 자동차 전용 도로를 따라 다리를 건너면 고속도로와 평행하게 비야프리아를 지나는 까미노 길을 만난다. 비야프리아를 지나는 길은 약 10km에 걸쳐 공장지대의 어수선함과 고속도로가 주는 소음이 기다리고 있다. 원래의 루트보다는 약 1km가 짧지만 까미노가 주는 기쁨을 누리기에는 부족함이 많다. 대도시 부르고스의 입구에 도착한 순례자는 대성당까지 도착하기 위해서는 도시의 반대편까지 신시가지의 중심부를 통과하여야 하며 거리는 약 4km가 넘는다.

부르고스Burgos는 스페인 중북부의 도시로 카스티야 이 레온 지방 부르고스주의 주도로 산티아고 순례길 중에 있는 주요 도시다.

고대부터 켈트족의 취락이 존재하고 있었지만, 9세기 말 아스투리아스 왕국에 의해 요새 도시가 건설되었다. 해발 850m 정도의 언덕에 있으며, 1035년부터 1560년까지 '카스티야 왕국의 머리Cabeza de Castilla'라고 불렸던 중심지 중 하나인 유서 깊은 도시로 중세 시대에 지은 교회와 성당, 수도원 등 역사 유적이 즐비하다. 11세기경 무어인을 상대로 활약한 전설적 영웅 시드 캄페아도르(엘 시드)의 출생지로 스페인 사람들이 자랑으로 삼고 있다.

스페인 내전 당시 국민파의 수도였으며, 1936년부터 1939년까지 스페인 군사 정부의 임시 수도였다. 부르고스 대성당은 유네스코 세계문화유산으로 등재되어 있고 그 외에도 많은 문화적 유산이 있다. 부르고스를 대표하는 산타 마리아 대성당과 같은 아름다운 성당 건축물과 오래된 거리는 순례자들에게 중세의 장엄함을 아낌없이 느끼게 한다.

현지 특산물로 모르씨야Morcilla라는 순대는 생긴 것이나 맛이 한국 순대와 거의 똑같아서 한국의 여행자들에게 먹거리로 아주 좋은 선물이 된다. 순댓국도 있으니 식당 점원에게 Morcilla con caldo(모르씨야 콘 칼도, 국물을 넣은 순대)라 물으면 된다.

부르고스 시내로 들어가면 신시가지가 나오지만 알베르게가 집중되어 있는 곳은 구시가지인 대성당 주변이다. 신시가지 시내가 아주 크지만, 거리에 붙어 있는 까미노 표시만 잘 보고 가면 시내를 벗어나 대성당 앞으로 인도하니, 길을 잃을 염려는 하지 않아도 된다. 도시의 아름다운 모습을 즐기며 신시가지를 걸어가면 부르고스와 연관이 있는 여러 인물의 동상들을 본다. 신시가지 시내를 지나 대성당 가까이에 가니 공원이 있다. 아무래도 대성당에 가면 구경하느라 쉬지 못할 것 같아서 공원에 앉아 잠시 휴식하고 대성당으로 가기로 했다.

로드리드 리아스 백작(엘 시드)상

도나 히메냐 – 엘 시드의 아내상

부르고스의 구시가지에는 흥미로운 유적들이 셀 수 없을 정도로 많다. 대성당을 중심으로 수많은 광장이 조성되어 있고 그 광장마다 부르고스의 많은 유명한 건축물이 있다. 그중에서 대성당 조금 위의 산 후안 단지는 16세기에 만들어진 산 후안 문, 15세기 건축물인 산 후안 수도원, 부르고스의 수호성인인 산 레스메스의 무덤이 있는 산 레스메스 성당 그리고 15세기에 만들어진 산 후안 병원이 모여 있는 구역이다. 순례자 사이에서 많이 알려진 산 후안 단지의 문은 오래된 성벽을 따라서 줄지어 있다. 그 외에도 16세기에 카를로스 5세를 기려 만들어진 산타 마리아 아치, 돌과 벽돌이 조화를 이룬 건축물로 무데하르 양식의 영향이 두드러진 산 에스테반 문, 부르고스를 떠날 때 만나게 되는 2개의 탑인 산 마르틴의 문 등등이 있다.

많은 광장 중에 이제 대성당이 있는 산타 마리아 광장으로 들어선다. 성당을 처음 본 느낌은 무어라고 말할 수가 없었다. 외양만 보아도 너무 화려한 모양에 숨이 막힐 지경이었다. 하지만 우리에게 가장 잘 알려진 고딕 양식의 대성당은 외양만 볼 것이 아니라 꼭 내부도 둘러보아야 한다. 사실 이 주변만 둘러보려고 해도 하루 이상을 부르고스에 머물러야 하는데 이 길을 걷는 나그네는 그럴 여유가 없어서 대성당을 중심으로 구경한다.

부르고스 대성당

부르고스 대성당Burgos Cathedral이라고 흔히 말하는 산타 마리아 대성당Catedral de Santa Maria은 스페인에서 성당 건물 하나가 1984년 유네스코 세계문화유산으로 등재될 만큼 역사성, 예술성이 높은 건물이다. 레온 대성당과 카스티야를 대표하는 고딕 대성당으로 경쟁하는 사이로 프랑스의 고딕 양식이 스페인에 융합된 훌륭한 예를 보여 주는 건축물이다. 이 성당은 이름에서 보듯이 성모 마리아에게 봉헌하기 위하여 건축된 것으로, 1221년 마우리시오Mauricio 주교가 주도하여 공사를 시작 하였다. 1293년 가장 중요한 첫 단계 공사가 완성된 후 중단되었다가 15세기 중반 에 재개되어 1567년에 완공되었다. 뛰어난 건축 구조와 성화, 성가대석, 제단 장식 벽, 스테인드글라스 등의 예술 작품과 독특한 소장품 등 고딕 예술의 역사가 집약된 건축물로서 이후의 건축 및 조형 예술의 발전에 큰 영향을 끼쳤다.

대성당의 건축물에 대한 설명과 내부의 여러 성화나 예술품, 구조 등을 설명하 기에는 우리가 가진 지식이 너무 적다. 그래서 여기서는 언급하지 않으니, 백과사 전을 참조하는 것이 좋다.

대성당 외부의 여러 아름다운 모습

이 성당은 11세기 레콩키스타Reconquista, 이슬람에게 점령당한 이베리아반도 지역을 탈환하기 위한 기독교도의 국토회복운동의 부르고스 출신 영웅 로드리고 디아스 데 비바르 Rodrigo Díaz de Vivar의 묘지로 유명하다. '엘 시드El Cid'라는 별칭으로 잘 알려진 그의 유해는 1919년 아내인 도냐 히메나Doña Jimena의 유해와 함께 성당 중앙, 플라테레스크Plateresque 양식의 금속 세공으로 장식한 돔 아래에 안치되었다.

대성당 외부를 이곳저곳 다니면서 구경하고 내부로 들어가는 입장권을 구입하려니 순례자는 50% 할인해 주는데, 배낭에 달린 조가비를 보고 인정한다. 함께 간 일행은 바깥에서 나를 기다리고 혼자서 내부에 들어가니 장엄함과 황홀함에 눈을 둘 데가 없다. 대성당 내부만 돌아보려고 해도 한나절은 걸릴 것 같은 느낌이라 후일을 기약하고 대략 한 바퀴를 돌아보았다. 이 길을 걸은 사람 중에서 많은 사람이 레온이나 산티아고의 성당보다 이 부르고스의 성당이 더 아름답다고 말하는 이유를 조금은 느낄 수 있을 정도로 사람을 압도하는 여러 예술품을 보니 이것을 보지 못했다면 너무나 아쉬웠을 것이라는 생각이 들었다.

대성당의 내부

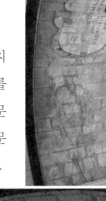

성당을 나와 광장을 지나 알베르게를 찾아가는 길에 산타 마리아 아치를 통과한다. 산타 마리아 아치Arco de Santa Maria는 황제 카를로스 5세를 기리며 16세기에 건설되었다. 성벽을 통해 부르고스로 들어가는 여러 문 가운데 가장 중요한 입구로, 현재는 부르고스주의 수도인 이 도시에서 문화적으로 가장 중요한 곳으로 1943년 스페인 문화 자산으로 지정되었다.

산타 마리아 아치

알베르게에서 일행과 오늘 저녁은 부르고스에 있는 한식당에 가기로 약속하고 잠시 쉬다가 식당이 열리는 시간에 맞추어 찾아가니 한국 사람들이 길게 줄을 서고 있다. '소풍2'라는 이름을 가진 한식당은 한국인이 운영하면서 한국에서 가져온 라면이나 소주, 그리고 여러 한식을 파는 곳이었다. 앞에서 말한 우리 일행 네 명은 한 테이블에 앉아 비빔밥을 시키고 오랜만에 한국의 정취를 느껴 보려고 소주를 청하여 마셨다. 스페인에서는 주류 중 와인이 가장 싸고 맥주도 싸서 여태까지 주로 이 술을 마셨는데, 오늘 이곳에서는 아주 비싼 한국의 소주를 마신다.

저녁을 먹고 부르고스를 일망무제로 볼 수 있는 대성당 뒤의 전망대로 올라가니, 거기에서 보는 부르고스는 또 다른 풍경을 보여 주었다. 우리가 대성당에 집착하여 대성당 주변을 보는 것은 나무만 보고 숲을 보지 못한 것과 같았다. 전망대에서 보는 부르고스는 나무가 아니라 숲이었다. 넓게 펼쳐진 시내에는 여러 유적지의 건물들이 보이고 해가 지기 직전의 풍경은 한 폭의 그림 같았다.

전망대에서 보는 해질 무렵의 부르고스

전망대에서 부르고스의 경치를 즐기다가 카페에 앉아 문을 닫을 때까지 이야기를 나누다 보니 어느새 해가 졌다. 전망대에서 내려오니 부르고스 대성당에 조명이 비치어 또 다른 경치를 자아낸다. 대성당의 밤경치가 좋다고 많은 사람이 말하였는데 의도하지 않게 대성당에 조명이 비치는 광경을 보게 되는 행운을 즐겼다.

조명을 밝힌 부르고스 대성당의 야경

전망대에서 내려와 알베르게로 돌아오니 이번 까미노 길에서 가장 늦은 시간이었다. 저녁 9시 이전에 잠자리에 드는 것이 보편적이었는데 오늘은 벌써 밤 11시가되었다. 모두 시간이 늦어 빨리 잠자리에 들고 내일을 기약한다.

부르고스 – 오르니요스 델 까미노

오늘의 길 : 부르고스 – 타르다호스10.8km **– 라베 데 라스 칼사다스**1.8km
　　　　　 – 오르니요스 델 까미노8km

　　오늘은 부르고스에서 오르니요스 델 까미노까지 가는 22km가 안 되는 짧은 거리다. 부르고스에서 라베 데 라스 칼사다스까지는 아르란손 강의 계곡을 따라 부드러운 산책길이 이어지며, 그 뒤로 오르니요스 델 까미노까지는 고원지대와 밀밭이 계속되는 전형적인 메세타 고원 풍경이 이어진다.

　　우리 한반도보다 더 넓은 메세타 고원은 여름에는 사막과 같은 열기와 건조함을, 겨울에는 북풍한설이 몰아치는 시베리아 동토의 차가움을 준다고 한다. 하지만 역설적으로 메세타 고원은 순례자에게 진정한 순례의 기쁨을 느끼게 해 주는 곳이다. 메세타 고원은 순례자의 의지를 끊임없이 시험하는데, 이러한 어려움을 극복하고 몸과 마음이 순례길과 하나가 되는 순간 주위의 풍경이 새롭게 다가온다. 메세타 고원을 걸은 순례자는 어김없이 이 길이 주는 고독과 침묵, 평화와 여유의 기쁨에 대해서 말한다. 그러므로 진정한 순례를 원한다면 메세타 고원을 두 발로 걸을 것을 권한다. 다행히 내가 걸은 5월 말에서 6월 초는 너무 좋은 날씨가 계속되어 즐거운 마음으로 여유롭게 펼쳐지는 고원의 평원과 티 없이 맑은 하늘을 즐길 수 있었다. 이것도 순례길이 주는 축복이었다.

　　대성당 옆 전망대 올라가는 길에서 왼쪽으로 까미노 길을 따라가 페르난 곤잘레스 문을 지나 추모탑을 지나면 스페인에서 가장 중요하고 유명한 엘 시드의 집이 나온다. 엘 시드의 집Solar del Cid은 18세기에 만들어진 건축물로, 엘 시드라고 불린 로드리고 디아스의 집이 있었던 곳에 만들어졌다. 엘 시드의 집을 지나면 이제 부르고스를 떠나는 문인 산 마르틴 아치Arco de San Martin를 지나간다.

엘 시드의 집

산 마르틴 아치

　　이 문은 14~15세기에 걸쳐 건설된 도시를 둘러싸는 성벽의 일부였으며 왕족이 도시로 들어가기 위한 통로였다. 무데하르 양식의 이 문을 통해 순례자들은 아름다운 부르고스와 작별한다. 산 마르틴 아치를 통과하면 여기서부터 비얄비야 데 부르고스까지는 아를란손 강의 비옥한 농지와 버드나무 숲을 걷는 기분 좋은 길이나 까미노는 비얄비야 데 부르고스를 통과하지는 않는다. 마을에 들어가기 전 철길을 건너면 이어지는 까미노는 현대적인 보행자 육교에 도착하고 고속도로가 이어지는 복잡한 분기점을 넘어간다. 순례자는 아르소비스포 다리Puente del Arzobispo를 통해서 아를란손 강을 건너 왼쪽으로 길을 가면 타르다호스 마을에 다다른다.

타르다호스의 위치 표시

부르고스에서 아침도 먹지 않고 약 11km를 걸어왔기에 휴식을 취하기 위해 카페에 들러서 간단하게 커피와 빵으로 아침을 먹는다. 까미노 길은 항상 일찍 떠나기에 제대로 아침을 먹고 가는 날이 없어 처음 만나는 마을에서 커피와 빵으로 간단히 식사를 해결한다. 카페를 떠나 거리를 걸으면 만나는 타르다호스의 산타 마리아 성당은 13세기 고딕 양식 건축으로 바로크 양식의 조각품과 유물 컬렉션이 아름답다.

산타 마리아 성당

타르다호스에서 다음 마을인 라베 데 라스 칼사다스까지는 2km가 채 안 되는 거리로 길은 매우 평탄하며 샛길이 없기 때문에 길을 잃을 염려도 없다. 마을을 빠져나와 우르벨 강Rio Urbel을 건너면 아를란손 평야에 위치한 아름다우며 중세의 분위기를 풍기는 작은 마을 라베 데 라스 칼사다스에 도착한다. 이 도시가 언제 만들어졌는지는 정확히 알려져 있지 않지만, 라베Rabe라는 마을 이름의 유래는 이곳에 유대인 마을이 있었기 때문에 랍비Rabbi, 유대교 스승라는 단어에서 나왔다는 이야기와 축구 포지션으로 우리에게 친숙한 리베로Ribero, 둑라는 단어에서 나왔다는 이야기가 있다.

샘터가 있는 광장

길가 집의 아름다운 문장

거리의 벽화 – 오른쪽 아랫글은 시편과 요한계시록이다.

오래된 집 사이로 난 도로를 따라가면 샘터가 있는 광장이 있다. 13세기에 건축되어 여러 번 개축되었으나 아직 고딕 양식 현관이 남아 있는 산타 마리나 교구 성당Iglesia Parroquia de Santa Marina의 왼쪽으로 가면 공동묘지와 함께 모나스테리오 성모상을 보존하고 있는 모나스테리오 성모 성당Ermita de Nuestra Senora Monasterio이 나타난다. 이 길가의 조그마한 성당은 순례자에게는 아주 소중한 곳이다. 이 성당에 들어가면 수녀님이 모든 순례자의 안전을 위해서 강복해 주며 기념 목걸이를 걸어 준다. 수녀님이 하루 종일 계시는 것이 아니기에, 수녀님이 계시지 않을 때는 다른 종사자들이 목걸이를 걸어 준다. 수녀님 또는 다른 종사자를 뵙는 것은 자신의 그날 행운이다. 물론 너무 이르거나 늦은 시간에 지나가면 아무도 없을 수가 있다.

모니스테리오 성모 성당

　　성당에 들어가 기도 초를 밝히고 기도하고 나오면서 기념 목걸이를 받았지만, 이 목걸이를 소중하게 간직한다고 크렌디시얼을 넣는 비닐 봉투 안에 넣어 두었는데 크렌디시얼을 꺼내다가 어딘지도 모르는 곳에서 며칠 지나지 않아 잃어버렸다. 아까운 마음이 잠시 들었으나 곧 내 것이 아니구나 하는 생각이 들었다. 이 길을 걸으면서 내 것이 아닌 것에 대한 욕심을 버리는 것도 큰 얻음이었다.

　　이곳에서 고원지대를 오르기 위한 준비를 하는 것이 좋다. 이제부터 메세타 고원이 시작되는 것이다. 오르니요스 델 까미노의 분지로 내려가기 전까지는 오르막이 계속되고, 고원지대를 올라가면 오늘의 여정은 거의 끝난다. 내리막을 천천히 내려가서 오래된 십자가상이 있는 도로의 교차로를 건너면 평원에 자리 잡은 오르니요스 델 까미노 마을이 보인다.

　　스페인어로 '탁자'란 뜻의 메세타 고원Meseta Central은 이베리아반도 한가운데서 높은 곳도 있지만 610~760m의 평균 고도를 유지한다. 전체 크기가 스페인의 약 4분의 3을 차지하는 테이블 모양의 내륙 대지로 북쪽에 칸타브리아산맥, 남쪽에 시에라모레나산맥이 있다. 중심 도시는 마드리드이며 대륙성 기후의 건조지대로 인구밀도가 낮다. 전체가 서쪽으로 기울어져 있기 때문에 서쪽으로는 완만하고 다수의 수원지가 위치해 강으로 흘러 들어가 포르투갈과 국경을 이룬다. 메세타의 주변은 낙차가 커서 항행이 불가능하거나 매우 어려운 곳이 많아 이베리아의 개발을 지연시킨 큰 원인이 되었다. 메세타의 중앙에 있는 과다라마산맥은 카스티야를 남북으로 양분한다. 여름과 겨울의 기온 차가 큰 대륙성 기후로 연간 수량이 적어서 반건조지가 많아 전체가 건조한 목축 지대라 할 수 있다.

고원을 올라가는 순례자들

오르마수엘라 평원에 위치한 오르니요스 델 까미노의 오래된 전설에 따르면 샤를마뉴가 이곳 강변에서 오르노Horno, 화덕를 발견하고 군대가 먹을 빵을 구우라고 명령했다고 한다. 그래서 마을의 이름이 화덕이라는 단어에서 유래했다고 전해지는데, 이 이야기는 프랑스의 민요에도 있다고 한다. 9세기에 카스티야 지방을 방어하기 위한 요새형 탑을 만들어 이 마을을 포르니에요스Forniellos라고 불렀는데, 이것은 도자기 공장에 있는 작은 화덕을 의미한다.

고원에서 보는 오르니요스 델 까미노 마을

마을의 중앙에 있는 산 로만 교구 성당Iglesia Parroquial de San Roman은 16세기에 만들어진 고딕 양식 성당으로 성당 앞에 있는 수탉 조각의 탑이 이채롭다.

산 로만 교구 성당

성당 앞 수탉 조각의 탑

마을에 들어가니 아직은 이른 시간이다. 그래서 숙소인 알베르게를 찾아가기 전에 점심을 해결하고 숙소에 가서 몸을 씻고, 가볍게 빨래하고 난 뒤에 마을의 슈퍼에 들러서 내일 먹을 음식을 여러 가지 장만했다. 거의 매일 비슷하게 여러 과일과 요구르트, 빵 등을 구입하고 알베르게에 돌아와서 저녁때까지 쉬었다.

저녁이 되자 나와 함께 다니는 네 명, 어떤 젊은이, 비슷한 연배의 일행이 모여서 닭과 소고기를 안주로 와인과 맥주를 마시며 즐겼다. 이 길을 걸으면서 거의 매일 함께 길을 걷는 사람들과 가볍게 와인과 맥주로 하루의 피로를 푼다. 물론 많이 마시면 다음 날의 길에 지장이 있으므로 적당하게 조절한다.

이 길을 걸으면 낯선 사람을 만나서 함께 길을 걷고 함께 음식을 먹고 함께 잠을 잔다. 그리고 각자가 가진 여러 생각을 이야기한다. 이것이 까미노가 우리에게 주는 즐거움이다.

오르니요스 델 까미노 – 카스트로헤리스

오늘의 길 : 오르니요스 델 까미노 – 산볼5.6km **– 온타나스**4.9km **– 콘벤토 데 산 안톤**5.6km
– 카스트로헤리스3.6km

오늘은 오르니요스 델 까미노에서 카스트로헤리스까지 20km도 안 되는 길을
가는 아주 짧은 여정이다. 오늘은 출발하기 전에 일행과 함께 가볍게 아침을 먹고
떠나기로 하여 아침을 먹고 나니 조금 늦었다. 하지만 오늘 걸을 거리가 짧기에 전
혀 걱정하지 않는다.

산 로만 교구 성당과 수탑 탑

오늘의 여정은 고원의 오르막을 제외하면 어려운 구간은 없으나 끝없이 펼쳐지
는 평원을 걸으면 처음에는 아름다운 경치에 즐거워하다가 계속되는 단순한 풍경에
지겨움과 외로움을 느끼기도 할 것이다. 특히 이 길에서는 10km나 떨어진 온타나
스 이외에는 순례자를 위한 카페나 바가 없으므로 출발 전 충분한 준비를 해야 한다.

오늘 여정에서는 카스티야 메세타의 전형적인 모습을 볼 수 있고, 특히 온타나스와 산 안톤의 허물어진 성벽을 지날 때면 과거로의 시간 여행을 떠난 것 같은 기분에 휩싸일 것이다.

고원지대로 올라가는 오르막

오르니요스 델 까미노를 출발하여 오르막을 오르면 메세타 고원이 나타난다. 좌우로 펼쳐지는 들판을 따라 약 1시간 반 정도 길을 오르면 고원지대가 나타난다. 이곳에서 사람들이 살지 않는 아로요Arroyo, 시내라는 이름을 가지고 있는 수수께끼의 마을인 아로요 산볼과 마을 어귀의 십자가상이 보인다. 옛날 이 마을에 살던 사람들이 어느 날 갑자기 마을을 떠났다고 한다. 전염병 때문이라는 설도 있고, 주민 대부분이 유대인이어서 유대인 추방 이후 남은 주민이 없게 되었다는 설도 있다. 어떤 이유인지는 모르나 1503년 아요로 산볼은 마을이 버려졌다고 전해지는데 기록상으로는 1352년 나환자를 위한 병원이 이곳에 존재했다고 알려져 있다.

양귀비와 들꽃　　　　　　　　밭판에 활짝 핀 관상용 양귀비

바위 위로 나 있는 길을 지나서 1시간 정도 걸으면 언덕의 정상에 다다르고 멀리 온타나스Hontanas, 샘가 보인다.

온타나스 마을 전경

　끊임없이 이어지는 메세타의 평원을 즐기면서 언덕을 내려와 마을로 들어서면, 밀밭에 둘러싸인 중세풍의 아름다운 마을 온타나스 입구에 시원하고 깨끗한 샘물이 있고, 또 주위에 소박한 바와 관광객을 위한 안내소가 보이며 이 길은 마을의 끝으로 이어진다. 마을에는 샘이 곳곳에 많은데, 마을의 이름이 온타나스인 것은 여기에서 유래했다. 온타나스의 석회암으로 지은 건물과 벽돌을 넣어 지은 목재 건물 사이로 까미노 길이 이어진다. 온타나스 마을 입구에 돌로 만들어진 아주 조그마한 암자가 있다. 처음에는 무엇인지를 몰랐으나 그 돌집 안에 있는 성녀상은 아주 자애롭다. 나와서 주변을 보니 이 암자와 샘에 대한 설명이 있다. 성 브리기다의 암자와 샘으로 이 외딴곳에 암자와 샘이 있으니 아마 예전에는 제법 큰 곳이었는지도 모르겠다.

성 브리기다의 암자와 성 브리기다상

온타나스에 도착하여 카페에서 커피를 한잔 마시면서 잠시 쉬고 마을의 대표적인 성당인 콘셉시온 성모 성당Iglesia de Nuestra Senora Concepcion으로 갔다. 성당은 신고전주의 양식이며 바로크 양식의 봉헌화가 아름답다. 이 성당은 특이하게 십자가상 위에 국가와 종교, 성별을 가리지 않고 인간을 위해 사랑을 실천한 많은 사람의 초상이 그려져 있고 기도 초를 밝히게 마련해 놓았다. 그중 대표적으로 알 수 있는 얼굴은 마더 테레사였다. 예수님의 십자가 위에 이들의 초상을 그려 놓은 이유는 무엇일까? 예수님의 사랑을 실천한 이들에 대한 공경일까? 더 낮은 곳으로 임하는 예수님을 보여 주는 것일까? 여러 생각을 하지만 생각은 각자의 자유다.

콘셉시온 성모 성당

콘셉시온 성모 성당 내부

그들 앞에 기도 초를 밝히고 잠시 묵상하였다. 이제는 성당에 들어가면 기도 초를 밝히는 일이 습관이 되었다. 내가 이 길을 떠나기 전에 스스로 다짐하기를 종교적인 의미는 배제하고, 산티아고에 도착하면 거기에서만 미사에 참여하리라 생각했는데 나도 모르게 이 길을 걸으면서 그 다짐은 벌써 무색해졌다.

또 특이하게 이 성당에는 많은 나라의 언어로 번역된 성경이 비치되어 있었다. 물론 우리나라의 한글 성경도 보인다. 아마 이 길을 걷고 있는 사람들에게 편의를 제공하기 위한 작은 배려라고 생각되어 고맙게 느껴졌다.

온타나스에서 카스트로헤리스까지 약 10km의 구간에서 도보 순례자는 도로를 넘어 도로와 나란히 지나가는 완만한 언덕길을 택하는 것이 좋다. 한적한 좁은 길을 따라 길을 걸으면 산 비센테 수도원의 폐허를 만나고, 여기에서 3~4km 정도 지나면 14세기의 아름다운 산 안톤 수도원을 만난다.

온타나스 마을을 떠나 카스트로헤리스로 향하는 언덕 기슭 길의 오른쪽으로 비석 같은 것이 보여 호기심에 그 위로 올라가니 비석이 아니라 건물의 흔적이다. 모든 건물이 다 사라지고 기둥 하나만 남아 있는 이곳은 산 비센테 성당Ermita de San Vicente으로 현재는 모퉁이의 벽체만 남은 유적을 만나 볼 수 있다. 이런 폐허가 된 유적을 볼 때마다 세월의 무상함과 허무함을 느낀다.

산 비센테 성당 유적

오늘의 목적지인 카스트로헤리스로 가는 길에 산 안톤 수도회의 오래된 병원과 수도원 건물의 폐허가 있는 산 안톤 수도원을 지난다. 지금은 13~14세기에 만들어진 건물 일부가 보존되어 있고, 수도원 건물과 성당 건물을 좌우로 연결하고 있는 아름다운 고딕 양식의 아치가 돋보인다. 과거 이 아치는 수도원의 문 구실을 했으며 밤에 이곳에 도착하거나 문밖에서 밤을 지새우는 순례자를 위해 아치의 왼쪽 선반에 음식을 놓아두었다고 한다. 산 안톤 수도원을 만든 성 안토니오파의 수도회는 1095년 프랑스에서 만들어졌으며 특히 이 수도회는 하느님과 우주에 관한 독창적인 믿음과 순례자에 대한 깊은 애정으로도 많이 알려져 있다.

산 안톤 아치

이 수도원은 과거 유럽의 대재앙이었던 '산 안톤의 불'이라고 불렸던 피부병을 치료하고 돌봐 준 곳으로 잘 알려져서, 병을 치료하는 능력을 인정받고 유럽 전체에 약 400개의 병원을 가지고 있기도 했다.

'산 안톤의 불'은 몸속에 불이 나는 것 같은 고통과 손발의 끝이 썩어 들어가는 병이라고 전해지는데, 산 안톤 수도회는 이 병자들을 극진히 돌보았고, 병에 걸리지 않은 순례자들에게도 따뜻한 식사와 잠자리를 제공하였다. 현대에 '산 안톤의 불'은 라이보리에 기생하는 곰팡이 때문에 생긴다는 것이 밝혀졌다. 북유럽에서는 주식이 라이보리여서 이 병이 널리 퍼졌는데, 병자들은 이 길을 순례하면서 라이보리를 못 먹어 자연스레 증상이 완화되어 산티아고에 도착할 즈음이면 완치되었다. 그래서 사람들은 사도 야고보와 안토니오회 수사들의 도움으로 '산 안톤의 불'이 낫는다고 믿게 되었다고 전한다.

산 안톤 수도원에서 여러 곳을 돌아보고 쉬었다. 사람이 다른 사람을 돕는 것은 말은 쉽게 하지만 굉장히 어려운 일이다. 하물며 자신을 온전히 희생하면서 타인을 돕는 것은 인간에 대한 박애 정신이나 확고한 신념이 없으면 어려운 일이다. 이 수도원의 수도사들은 예수님의 사랑을 몸소 실천한 것이다.

안톤 수도원의 여러 모습

산 안톤 수도원에서 카스트로헤리스에 이르는 길은 자동차 도로를 따라가야 한다. 길을 지나는 자동차는 도보 순례자들에게 엄청나게 친절하다. 유럽의 길 문화는 우리나라와는 전혀 다르게 사람 우선의 문화이다. 자동차 전용 도로나 고속도로가 아닌 길에서는 사람이 보이면 자동차는 항상 멈추고 사람이 지나가게 한다. 심지어는 건널목에 붉은 불이 있어도 차는 멈추고 사람이 지나가게 한다. 우리나라에서는 꿈도 꾸지 못하는 일이다. 그렇게 길을 걸으면 멀리 지평선 끝 언덕 위에 카스트로헤리스의 성이 보인다. 카스트로헤리스 마을에 들어가서 알베르게로 가기 위해서는 다소 가파른 언덕에 길쭉하게 자리 잡은 마을의 거의 끝부분까지 이동해야 한다.

멀리 보이는 카스트로헤리스의 성

메세타 고원의 언덕에 자리 잡은 카스트로헤리스는 중세 성곽의 흔적으로 둘러싸여 있으며, 도시는 산티아고 길을 따라서 길게 뻗어 있다. 성벽 안의 마을에는 오래된 유적과 수도원, 성당, 병원, 집이 빽빽하게 자리 잡고 있고 마을은 순례자를 위한 편의 시설도 잘 갖춰져 있다. 마을의 산타 마리아 델 만사노 부속 성당Colegiata de Santa Maria del Manzano은 로마네스크에서 고딕으로 넘어가는 시기에 만들어진 건축물로 13세기의 현관, 15세기의 유리 세공품, 13세기의 돌로 만든 석공의 수호자로 일컫는 만사노의 채색 성모상 등이 남아 있다. 전설에 따르면 만사노의 성모상은 산티아고 성인이 백마를 타고 카스트로헤리스 성에서 나와 길을 가던 중, 사과나무 둥치의 구멍에서 성모상을 발견하여 후에 이 성모상을 카스트로헤리스 입구의 만사노 부속 성당에 모셨다. 이 성모상은 알폰소 10세가 지은 '산타 마리아의 노래Cantigas de Santa Maria'의 주인공이 되었고, 성모 마리아에게 바치는 만사노 부속 성당을 짓는 공사를 하던 중 여러 사고가 생겼는데 그때마다 성모가 나타나 이들을 구해 주었다라고 한다.

산타 마리아 델 만사노 부속 성당

카스트로헤리스에 도착하니 너무 빨리 와서 알베르게가 아직 문을 열지 않았다. 그래서 마을을 좀 돌아보고 알베르게로 가니 이곳에 한국인 주인이 있어 한국식 음식을 제공하고 있다. 음식을 크게 가리는 편이 아니라서 현지 음식도 잘 먹었지만 오랜만에 우리 입맛을 돋우는 라면과 김밥으로 점심을 해결하고 바로 마을 위의 언덕에 있는 성으로 올라갔다. 도로로 가지 않고 옆의 산길로 올라가니 상당히 가파른 길이었다.

이 성에 대한 기록을 아무리 찾아도 없다. 그래서 성에 있는 설명판을 참조하여 재구성해 본다.

이 성은 9세기나 10세기경에 고대 로마의 탑을 토대로 건설되었으며, 중세 시대에는 권력의 중심지가 되어 당시 수많은 분쟁에서 중요한 역할을 하였다. 13세기부터 여러 세기에 걸쳐 성벽이 강화되었고 가톨릭의 군주들과 함께 찬란한 시대를 보냈다. 16세기부터 쇠퇴하기 시작하였으며 1755년 리스본 지진으로 인해 피해를 보고 결국은 버려졌다. 지금 탑과 성문의 흔적은 찾을 수가 없다고 한다.

성의 전경

성에 올라가 여러 곳을 구경하면서 성의 가장 높은 곳에 올라가서 보는 카스트로헤리스의 광활한 사방의 풍경은 왜 여기에 성이 있었는지를 짐작하게 한다. 사위가 탁 트인 곳에서 바라보는 시야는 일망무제와 같다. 이러니 이곳에서는 사방에서 오는 적을 빨리 볼 수 있고 준비도 쉽게 할 수 있었을 것이다.

성 위에서 보는 사방의 풍경

성에서 도로를 따라 내려오면서 마을의 여러 곳을 구경한다. 성을 내려와 박물관으로 사용되고 있는 산토 도밍고 교구 성당Iglesia Parroquial de Santo Domingo에서 13세기부터의 세공품과 회화, 조각 작품, 16세기의 아름다운 태피스트리를 감상할 수 있다. 그 옆에 부벽을 두 겹으로 세운 독특한 건축법으로 성당보다는 성처럼 보이는 산 후안 성당Iglesia de San Juan은 13세기의 고딕 양식 건물로 회랑은 15세기 양식을 띄고 있으며, 1990년 스페인 문화 자산으로 선정되었다.

산토 도밍고 교구 성당

산 후안 성당

성을 올라갔다 와서 땀으로 젖은 몸을 씻고 휴식한 뒤, 저녁을 먹으러 가니 우리가 머문 알베르게에 들어온 사람이 아닌 다른 알베르게의 한국인도 상당히 눈에 띈다. 오랜 순례길 걷기로 한국의 음식이 그리운 것 같았다. 미리 주문한 한국식 비빔밥을 먹고 사람들과 모여서 가볍게 맥주를 한잔하며 담소를 나누니, 함께 걷는 사람들은 우리 무리를 보고 웃으면서 순례가 아니라 술례를 하는 것 같다고 농담하지만, 나는 답을 해 준다. 이 길 위에는 우리를 구원해 주시는 주主님에 계시고 아래에는 실제로 피곤한 우리를 기쁘게 하는 주酒님이 계시니, 길을 걸을 때는 위의 주님을 경배하며 찾고, 걷기를 마치고 휴식할 때는 아래의 주님을 즐기며 피로를 푼다고 궤변을 늘어놓는다.

오늘도 무사히 이 길을 걸은 모든 사람에게 축하와 존경을 보내며 하루를 마친다.

오르니요스 델 까미노 - 카스트로헤리스

카스트로헤리스 - 프로미스타

**오늘의 길 : 카스트로헤리스 - 이테로 델 카스티요9.3km - 이테로 데 라 베가1.8km
- 보아딜랴 델 까미노8.2km - 프로미스타5.7km**

오늘의 시작인 카스트로헤리스의 출구는 오르막길 모스텔라레스 언덕으로 이어진다. 이 언덕은 카스트로헤리스에서 멀지만 잘 보여서 순례자들을 압도하지만 걱정하지 않아도 된다. 피레네산맥도 넘은 순례자가 아닌가? 이 오르막만 지나면 오늘의 종착지인 프로미스타까지 평탄한 길이며, 총 26km의 길은 큰 무리를 주지 않는다. 또 이 코스는 산티아고로 향하는 까미노와 카스티야의 운하가 합쳐지는 곳이며 부르고스에서 팔렌시아로 넘어가는 곳이다.

아침 일찍 걷기 시작하려고 어제저녁에 미리 아침밥을 주문하였다. 오랜만에 식당에서 아침을 먹고 출발하니 하늘에 달이 떠 있다. 아직은 어두운 카스트로헤리스를 출발하니 어제 보았던 산토 도밍고 교구 성당Iglesia Parroquial de Santo Domingo이 나오고 곧 마을의 공동묘지가 나온다.

이곳을 지나 모스텔라레스 언덕으로 향하는 길은 넓은 평원이고, 이 평원을 지날 때 이제 해가 떠오르기 시작하여 뒤를 돌아보니 하늘에 해가 떠올라 비추는 모습이 아름답다.

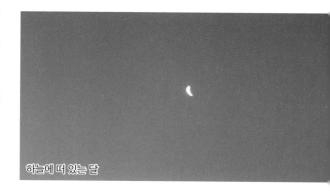
하늘에 떠 있는 달

모스텔라레스 언덕 올라가는 길에서 보는 풍경

언덕을 향해 가는 길에 펼쳐지는 평원은 너무 고요하여 평화롭게 느껴진다.

해발 940m의 모스텔라레스 언덕 정상은 나무가 거의 없는 메세타 지역이다. 약 500m 정도를 내려오면 오른쪽으로 십자가상이 보이며 조금 더 가면 순례자의 피로를 씻겨 줄 피오호 샘을 만난다. 샘터에서 휴식한 뒤 오른쪽으로 돌아 약 1km 정도를 따라가면 왼쪽으로 푸엔테 피테로로 가는 길이 보인다.

모스텔라레스 언덕을 내려가 부르고스와 팔렌시아를 구분하는 피수에르가 강 주위의 푸엔테 피테로에 가기 전에 산 니콜라스 성당Ermita de San Nicolas이 나온다. 이곳에는 성 야고보 형제회가 있는데 이들은 산티아고 순례길이 처음 만들어졌을 때부터 지금까지 중세 시대의 전통을 지키며 순례자들을 정성스럽게 접대한다. 산 니콜라스 성당은 마을의 이름을 그대로 붙여서 이테로 델 가스티요라고도 불리는 13세기의 건물로 이테로 다리를 건너기 전에 길의 왼쪽에 있다. 현재는 페루자의 성 야고보회에서 운영하는 순례자를 위한 숙소로 쓰인다.

성 야고보 형제회에서 운영하는 산 니콜라스 성당을 지나면 '시작하는 사람들의 다리'라고도 알려진 돌다리를 넘게 된다. 중세 연금술사들은 이 다리는 산티아고로 가는 길을 걷는 동안 가톨릭 사상에 위배되는 자신이 죽고 새로 태어나는 곳이라고 믿었다. 까미노 길에서 가장 아름다운 다리 중 하나로 알폰소 6세가 카스티야와 레온 왕국의 결합을 기리며 건축한 이테로 다리

마을 입쿠의 이테로 다리

Puente de Itero는 11개의 아치와 부벽으로 이루어졌다.

팔렌시아 지방 표시 입석

이제 순례자는 부르고스를 지나 팔렌시아로 들어간다.

팔렌시아주Provincia de Palencia는 스페인 북부 카스티야 이 레온 자치지역에 있는 주로 주도는 같은 이름의 팔렌시아시다. 팔렌시아주는 191개의 자치시로 구성되어 있고, 그중 절반 이상은 소규모 마을이다. 팔렌시아는 다른 지역과 비교하기 어려울 정도의 아름다운 경관과 역사적 예술적 가치를 지니고 있어, 프랑스의 여행가 다빌리에 남작은 "여행자들에게 익숙한 경로에 포함이 안 되어 있을뿐더러 감춰진 보물들이 알려지지 않은 도시들이 있다. 팔렌시아는 그런 지방 중 하나다."라고 팔렌시아를 평했다.

팔렌시아는 대륙에 변화된 지중해성 기후로 연평균 기온은 10°C를 넘지 않으며 강우량은 많은 편이다. 1208년 알폰소 8세에 의해 스페인 최초의 대학이자 세계 최초의 대학인 팔렌시아 대학교가 설립되었으나 이 대학은 나중에 남쪽 바야돌리드로 옮겼다.

푸엔테 피테로Puente Fitero라고도 불리는 작고 오래된 마을인 이테로 델 카스티요는 피수에르가 강이 굽어진 곳에 있는 마을이다. 마을에서 잠시 쉬면서 커피를 곁들인 간식을 먹고 있으니 우리보다 조금 늦게 떠난 일행이 들어온다. 잠시 수다를 떨다가 다시 길을 걷는다. 이테르 델 카스티요를 떠나서 약 2km 정도 떨어진 이테로 데 라 베가까지 가면서 만나는 거대한 밀밭의 평원은 외로움과 호젓함을 동시에 느끼게 한다. 또 이테로 데 라 베가에서 보아디야 델 까미노까지 8km가 넘게 끝없이 이어지는 밀밭에서는 우리나라에서는 거의 볼 수 없는 지평선을 감상할 수 있다.

이테로 데 라 베가 마을로 들어가는 입구의 아름다운 버드나무 숲 사이에 13세기의 단순한 고딕 양식인 자비의 성모 소성당Ermita de Nuestra Senora de la Piedad이 있고, 마을 광장의 고딕 양식의 심판의 기둥Rollo Juridiscional은 죄를 지은 사람들을 심판하는 장소로 사용되었으며 1966년에 스페인 문화자산으로 선정되었다.

피수에르가 강변의 기름진 평야인 작은 마을 이테로 데 라 베가를 떠나면 이제 눈앞에는 끝나지 않을 것 같은 밀밭이 펼쳐진다. 순례자는 인적 없는 조그만 마을인 폼페드라사를 지나 피수에르가 운하를 만나게 되고, 운하를 지나면 멀리 보아디야 델 까미노 마을이 보인

심판의 기둥

다. 13세기에는 3개의 성당과 2개의 병원이 있을 정도로 번창했던 마을인 보아디야 델 까미노는 현재는 16세기에 만들어진 성모 승천 성당Iglesia Nuestra Senora de la Asuncion과 같은 시대 플랑드르 양식을 보여 주는 '심판의 기둥'으로 불리는 원주탑이 유명하다. 마을을 나서면 길게 뻗어 있는 카스티야 운하를 따라 걷게 된다. 이 운하 근방을 지나가려니 길 중간을 공사 중이라 길을 우회하라는 안내문이 있다. 사전에 이 정보를 미리 들었고 그냥 통과해도 된다고 하였기에 우리는 우회하지 않고 그대로 길을 가니 공사 구간은 아주 짧아 옆으로 지나가 거리를 많이 단축하고 운하의 아름다운 모습을 즐겼다. 운하 주변의 길은 버드나무가 아름다우며 5km 정도 걸어 시원한 수문을 만나면 오늘의 목적지인 프로미스타에 도착한 것이다.

프로미스타에는 폐쇄적이고 전통적인 스페인 역사에서 근대에 이루어진 토목공사 가운데 가장 중요한 업적으로 평가되고 있는 카스티야 운하El Canal de Castilla가 있다. 이 운하는 스페인 카스티야 이 레온 자치지역Comunidad Autónoma de Castilla y León 중앙부를 동서 방향으로 가로지르며 조성한 대규모 운하로 카리온 강과 피수에르가 강의 물을 티에라 데 캄포스 평원에 고루 분배한다.

총길이가 207km인 대운하는 모두 46개 도시를 통과하며 부르고스주Provincia de Burgos, 팔렌시아주Provincia de Palencia, 바야돌리드주Provincia de Valladolid 등 3개 주에 걸쳐 뻗어 있으며, 18세기 후반기에 건설 공사를 시작해 19세기 전반기에 완성했다.

예전에는 카스티야 내륙 지방과 칸타브리아 해안 사이의 물류 이동을 담당했고, 이후엔 관개수가 흐르는 운하로 사용되었으며 오늘날엔 배를 타고 운하를 따라 이동한다든가 말을 타고 운하를 따라 달리는 등 관광자원으로 활용되고 있다.

운하를 운행하는 유람선

프로미스타 입구의 카스티야 운하

프로미스타는 매력적인 중세의 유적과 비밀스러운 이야기가 살아 있는 도시로 티에라 데 캄포스Tierra de Campos를 더욱 아름답게 해 주는 마을이다. 도시를 감싸고 있는 밀밭으로 중세부터 농경의 중심지였으며 도시의 이름도 곡식을 뜻하는 라틴어에서 왔다. 여러 시대에 걸쳐 만들어진 아름다운 건축물이 있고, 카스티야 운하와 돌에 새겨져 있는 비밀스러운 메시지, 파문당한 사람들에 대한 이야기, 카스티야의 밀밭에서 태어나 뱃사람들의 수호자가 된 성인의 이야기 등등이 가득하다. 프로미스타에는 11세기 스페인 로마네스크 양식의 가장 빛나는 건축물인 성 마르틴 성당이 가장 두드러지며, 마을 중앙에 자리 잡은 고딕 양식의 성당인 산 베드로 성당 광장에서 많은 순례자의 느긋한 모습을 볼 수 있다.

프로미스타에 도착하니 이른 시간이라 알베르게도 아직 문을 열지 않았다. 그래서 광장에 무료하게 앉아 시간을 보내다가 주변을 돌아다니니 시간이 되어 알베르게가 문을 연다. 알베르게에서 샤워하고 쉬다가 저녁을 먹기 전에 산 베드로 성당을 구경하러 갔다.

산 베드로 성당 외부 모습

산 베드로 성당Iglesia de San Pedro은 15세기에 만들어진 고딕 양식 성당으로 아름다운 현관과 봉헌화, 패널화 등이 있다. 성당 안엔 패널에 스페인 플랑드르 양식으로 그린 종교화 29점이 소장된 작은 미술관이 있다.

성당 앞에 있는 안내문의 설명을 요약하면 '15세기의 르네상스식 출입구를 가지고 있으며, 주요 제단은 1636년 프란시스코 토레도가 디자인했고 호세 인판테와 니콜라스 델 베가가 제작했다. 내부의 미술관에는 플랑드르 양식의 그림이 전시되어 있다. 동정녀와 그리스도의 삶의 장면들이며 구약성서의 일부 에피소드다. 이 그림들은 페르난도 살레고의 제자가 그린 것으로 추정된다.'이다.

성당에 들어가 제단을 보고 주변을 보니 먼저 눈에 들어오는 것이 2층에 있는 일반적인 파이프 오르간과는 다른 모습의 파이프 오르간이다. 그 오르간을 자세히 보려고 2층으로 올라가려고 하니 올라가지 못하게 줄을 쳐 놓았다. 어쩔 수 없이 성당 안에 있는 작은 미술관으로 들어가니 상상 이상의 화려한 여러 장식품과 종교적인 의미를 가진 그림들이 시선을 끌었다.

카스트로헤리스 - 프로미스타

미술관의 여러 소장품

미술관을 나와 성당 내부를 구경하면서 사진을 찍고 나가려니 아쉬운 마음이 들었다. 그래서 미술관 앞에서 관람객에게 미술관 입장을 안내하는 여인에게 오르간을 좀 보고 사진을 찍을 수 있게 해 달라고 손짓하며 짧은 의사소통을 하였다. 처음에는 안 된다고 하다가 내가 여러 번 이야기하자 그 여자분이 올라가도록 허락하면서 차단해 놓은 끈을 풀어 주었다. 감사한 마음으로 올라가서 보는 파이프 오르간은 너무 특이했다. 그리고 2층에서 보는 성당의 전경은 또 다른 모습이었다. 정성이 통하면 무엇이든 이룰 수 있다는 경험을 한 결과여서 뿌듯한 생각이 들었다.

2층의 파이프 오르간

파이프 오르간 옆의 조각

아무도 올라가지 못한 2층을 올라가 파이프 오르간을 구경하고 만족하면서 성당을 나오니 일행들이 저녁을 먹으러 가자고 한다. 오늘 저녁은 프로미스타에서 맛있다고 소문이 자자한 폭립을 먹기로 하고 그 식당이 문을 열기를 기다린 것이다. 크지 않은 식당은 문을 열자마자 곧 손님으로 가득 찼다. 예약하였기에 주문하고 기다리니 맛있어 보이는 음식을 가져온다. 그런데 그 고기의 양이 아주 풍부해서 내가 다 먹지 않고 옆 사람에게 고기를 나누어 주었다. 여러 사람이 요란스럽게 떠들면서 저녁 식사를 마치고 제법 늦게 숙소로 돌아와 쉬었다.

저녁 식사인 폭립

오늘은 운하를 보면서 적당히 걷고, 성당에서 특이한 파이프 오르간을 구경하고, 성당 미술관에서 여러 작품을 보고 저녁에는 맛있는 음식도 먹은 즐거운 하루였다. 이 즐거움을 간직하고 내일을 위해 오늘을 마감한다.

성당 내부의 그림

프로미스타 - 카리온 데 로스 콘데스

오늘의 길 : 프로미스타 - 포블라시온 데 캄포스3.5km **- 레벵가 데 캄포스**2.4km
- 비야르멘테로 데 캄포스2.1km **- 비얄 카사르 데 시르가**4.1km
- 카리온 데 로스 콘데스5.8km

오늘은 프로미스타에서 카리온 데 로스 콘데스까지 가는 18km 정도의 평이하고 짧은 길을 걷는다. 까미노에서 잠시 쉬어가듯이 너그럽게 그리고 편안하게 걷는 길이다. 프로미스타에서 카리온 데 로스 콘데스에 가려면 자동차 도로와 나란히 이어지는 편안하지만 지루하고 햇빛을 피하기 어려운 메세타 지역의 길을 걷는다. 이 길은 갈림길 없이 길게 뻗은 길이 있을 뿐이니 혼자서 생각에 잠기기 좋다. 그러나 20km도 안 되는 짧은 길이기 때문에 잠시 쉬어 가는 여정으로 생각하고 천천히 걸으면서 프로미스타와 비야카사르 데 시르가에 있는 아름다운 로마네스크 양식의 건축물을 충분히 감상하는 시간을 가져 보는 것도 좋다.

이 길에는 카페와 작은 바가 많아서 순례자들은 편안하게 길을 걸을 수 있다. 길이 단조로워 지루하다고 느낀다면 포블라시온 데 캄포스에서 마을 오른쪽의 출구로 나와서 레벵가 데 캄포스를 우회하여 비야르멘테로 데 캄포스로 가는 길을 택하면 잠시나마 도로를 따라 걷는 지루함에서 벗어나 작고 아름다운 마을인 비요비에코에 들를 수 있다. 카리온 데 콘데스로 향하는 여정의 마지막 마을인 비야카사르 데 시르가에 들러 템플기사단이 만들었다는 블랑카 성모 성당을 방문할 수도 있다.

아침 일찍 프로미스타를 떠나며 보는 산 마르틴 성당Iglesia de San Martin은 가장 순수하고 완벽한 11세기 로마네스크 양식의 좋은 성당으로, 늘씬한 탑과 문, 아치, 상징적인 의미를 갖고 있는 당나귀, 음악가, 곡예사, 여러 얼굴 등 각각 다른 장식이 되어 있는 주두와 300개가 넘는 추녀 받침이 독특하다. 또한 성당 내부의 후진 등이 완벽한 로마네스크 양식이고, 성당 내부에는 식물, 동물, 복잡한 장식이 새겨진 주두가 있으며 13세기의 십자가상과 조각상들이 있다. 성당 내부의 주두에 새겨진 인물들은 중세 석공들의 비밀결사 장소를 가리키는 것으로 알려져 오늘날까지도 그들의 후손들에게 은밀한 장소를 알려 주는 힌트라고 한다.

산 마르틴 성당

프로미스타에서 나오는 길은 간단하다. 도로를 넘어 약 500m 정도를 걸으면 버스 승차장과 안내소가 있고 산 마르틴 성당이 있는 넓은 마을 광장이 나온다. 성당을 지나 오른쪽으로 돌아서면 오늘 길의 첫 번째 마을인 포블라시온 데 캄포스로 향하는 길로 들어선다. 특별한 어려움이 없는 평탄한 길이나 햇빛을 피할 그늘이 없는 메세타 고원 지역이므로 해가 내리쬐지 않는 아침 시간에 속도를 좀 높이는 것이 좋다. 프로미스타를 출발하여 단조로운 메세타 고원의 평원 길을 가면 연이어 마을이 나타난다. 이름도 비슷한 무슨 캄포스라는 세 마을을 지나면 비얄 카사르 델 시르가에 도착한다.

거침없는 평원 길

포블라시온 데 캄포스에 들어서기 직전 순례자는 왼쪽에 잠시 휴식을 취할 수 있는 순례자 쉼터인 산 미겔 성당을 만난다. 포블라시온 데 캄포스는 1410년 알폰소 7세에 의해 예루살렘 성 요한 기사단에 기부되어 성 요한 기사단의 영지로 전해지고 있다. 포블라시온 데 캄포스가 있는 언덕 위에 저 멀리 보이는 막달레나 교구 성당Iglesia Parroquial de la Magdalena에는 16세기의 아름다운 봉헌화가 있다.

포블라시온 데 캄포스 마을의 출구에서 왼쪽으로 난 길을 선택하면 우시에사 강을 건너 12세기에 만들어진 레벵가 데 캄포스를 거쳐 비야르멘테로 데 캄포스까지 그늘 한 점 없는 자동차 도로 옆길을 약 1시간 30분 정도 걸어야 한다. 다음에 나오는 레벵가 데 캄포스는 순례자의 십자가, 프랑스 길이라는 거리가 있을 정도로 전형적인 까미노 마을이다. 또 16~17세기의 오래된 집과 스페인 역사에서 유명한 사람들이 태어난 곳이다. 12세기의 로마네스크 양식의 산 로렌소 교구 성당Iglesia Parroquial de San Lorenzo 옆에 있는 작은 기념물은 이 마을에서 태어난 바르톨로메 아모르를 기리기 위해 세워졌다. 그는 독립전쟁 때 침략자들과의 전쟁에서 팔렌시아를 지켜 낸 인물이다.

산 로렌소 교구 성당

다음에 나타나는 비야멘테로 데 캄포스는 아담한 전형적인 까미노 마을로 성 마르틴의 전설이 전해지고 있는 곳이다. 까미노 마을이라고는 해도 순례자에게 제공하는 서비스가 거의 없는 곳이기 때문에 마을 출구의 크고 우람한 소나무가 이곳을 지나는 순례자들에게 편안한 그늘을 제공하며 소나무 숲 밑에 자리 잡은 순례자를 위한 쉼터가 반갑다. 이 마을의 산 마르틴 데 투르 성당 *Iglesia de San Martin de Tours*은 아비뇽에서 사라진 산 마르틴 데 투르의 유해를 실은 노새가 이곳에 나타나자 성당의 종이 저절로 울렸다고 전해지며, 성당의 이름도 여기에서 유래되었다. 돌과 벽돌, 목재 들보로 지은 소박한 16세기 건축물이다.

소나무 쉼터

이 쉼터에서 잠시 쉬다가 다시 도로의 오른쪽으로 이어진 길을 따라 비얄카사르 데 시르가로 이동한다. 약 4km 정도 떨어진 비얄카사르 데 시르가로 가는 길에서 보는 하늘은 너무 맑다. 새파란 하늘은 항상 우리 마음을 깨끗하게 씻어 주는 힘이 있다. 마을은 카리온 데 콘데스로 향하는 도로의 왼쪽에 위치하며 작은 마을이지만 순례자들에게는 많이 알려진 마을이다. 맛있는 음식과 중세 스페인 템플기사단의 본거지였기에 까미노를 걷는 순례자라면 여기서 발길을 잠시 멈추고 반드시 방문해 봐야 할 마을 중 하나다. 마을로 들어가는 도로의 왼쪽으로는 현대식으로 지은 호스텔이 보이고 조금 올라가면 블랑카 성모 성당이 나타난다.

블랑카 성모 성당 전경

마을에 올라가 성당 외부를 보고 내부를 보려고 하니 문을 잠가 놓았다. 그리고 입구에 안내문이 붙어 있었는데 오전 11시에 성당 문을 연다고 되어 있다. 우리가 도착한 시간이 10시여서 같이 길을 걷는 안산의 채 선생과 의논하여 여기서 아침 겸 점심을 먹고 기다리기로 했다. 식당에 들어가 치킨을 시켜서 천천히 먹고 있으니 같은 길을 걷는 사람들이 들어왔다. 그들에게 11시에 성당이 문을 연다고 알려 주고 식사를 마치고 다시 성당 주변을 구경하였다.

블랑카 성모 성당은 템플기사단이 세운 성당 중에서 아주 중요한 곳으로, 블랑카 성모에게 봉헌되었고 기적이 일어나는 부조 조각에 대한 이야기도 전해질 뿐만 아니라, 성당 신랑에 있는 우물은 기사단의 은신처로 가는 비밀 통로라고 전해진다. 내부의 아기 예수를 안고 있는 희망의 성모상은 마치 임신한 것처럼 보이기 때문에 많은 논란을 불러일으켰다.

블랑카 성모는 많은 기적을 일으켰는데 가장 유명한 기적은 성당을 건축하며 일어났다. 성당을 짓던 중 건축 석재가 도난당하자 한 순례자가 범인으로 몰렸다. 그가 교수형을 당하려는 순간 성모 마리아가 그의 발밑에 건축용 돌을 놓아 주며 무죄를 입증했다고 한다.

새롭게 정비된 듯 깨끗한 성당 앞에 있는 마을 광장에는 식탁에 앉아 성당을 느긋이 쳐다보는 순례자의 동상이 있다. 오랜 길을 걸은 순례자는 이곳에 앉아 마음의 평화를 얻었을까? 아니면 앞으로 더 가야만 하는 길에 대한 걱정일까? 그런데 순례자의 표정을 보니 무엇인가 평화롭고 여유롭게 보인다. 현대에 이 길을 걷는 사람의 대부분은 여행이 목적이지 종교적인 순례가 목적이 아니다. 하지만 예전에는 대부분이 종교적인 깨우침을 얻고자 이 순례길을 걸었다. 그래서 이 길을 걸으면서 이 순례자는 평화를 얻고 예수님의 사랑을 깨달은 얼굴이다. 이 순례자상 곁에 나란히 앉아 사진을 찍어 보는 것도 순례길에서 즐길 수 있는 즐거움이다.

순례자상

11시가 다 되어 가니 한 여인이 광장을 질러오고 있었다. 성당의 관리인 같아서 따라가니 성당 문을 연다. 정확히 11시다. 시간을 엄청나게 잘 지킨다고 성당을 구경하려고 기다리던 사람들이 감탄하면서 내부로 들어갔다.

산타 마리아 성당으로도 불리는 블랑카 성모 성당Iglesia de la Virgen Blanca은 13세기 템플기사단에 의해 만들어졌다. 이 성당은 팔렌시아의 고딕 양식 보물로 14세기의 산티아고 소성당이 추가되었다. 고딕 양식의 성상이 있는 박물관이 있고 거대한 석조 블랑카 성모상, 섬세한 고딕 양식 십자가의 길 조각이 있다. 블랑카 성모 성당 안에는 고딕 양식의 무덤이 3개 있다. 템플기사단 기사의 무덤, 알폰소 10세의 동생 돈 펠리페, 그리고 그의 두 번째 부인의 무덤이다. 이 성당에 있는 산티아고상은 두통을 가라앉히는 효험이 있다는데, 두통이 있을 때 손수건을 성인상의 이마에 댔다가 자신의 이마에 갖다 대면 두통이 사라진다고 하는데 믿거나 말거나.

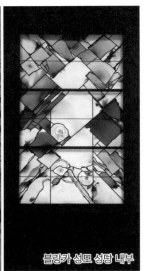

블랑카 성모 성당 내부

　이제 오늘의 종착지인 카리온 데 로스 콘데스까지는 1시간 30분 정도의 거리
다. 비얄카사르 데 시르카에서 카리온 데 로스 콘데스로 향하는 길은 도로의 오른쪽
을 따라 약 3km 지난 지점에서 만나는 조그만 언덕을 오르면 카리온 데 로스 콘데
스로 향하는 내리막길이 나온다. 이 길을 가는 도중에 보는 하늘과 땅은 너무 평화
롭고 여유롭다. 파란 하늘에 떠 있는 하얀 구름은 사람의 마음을 풍요롭게 하여 이
길을 걸으면서 순례자들은 모두 기쁜 마음으로 피곤함도 잊어버리고 즐거워한다.
자연이 우리에게 주는 최상의 선물이다.

사람에게 풍요를 주는 들판

팔렌시아에서 가장 중요한 도시이자 까미노의 심장으로 불리는 카리온 데 로스 콘데스는 카스티야 이 레온 자치지역의 팔렌시아 지방의 티에라 데 캄포스 지역에 있는 자치단체로 팔렌시아시에서 40km 떨어져 카리온 강가에 있다. 로마 시대 이전에도 사람들이 거주했던 흔적이 다수 발굴되어 오래전부터 도시 기능을 가졌음을 보여 준다. 원래는 이슬람 세력인 무어인이 건설한 도시였으나 9세기 초에 기독교도에게 넘어갔다. 중세 초기 카리온 데 로스 콘데스는 기독교 왕국들 사이에서 중요한 도시로 법정과 종교회의가 열렸고, 카리온 데 로스 콘데스라는 마을 명칭은 1552년에 알돈사 만리케의 유서에 처음 등장한다.

중세에 이미 12개의 크고 작은 성당 건축물과 병원이 있을 정도로 번성했던 유서 깊은 도시답게 곳곳에 많은 역사적 건축물이 남아 있는데, 특히 로마네스크 양식과 고딕 양식의 건축물이 잘 보존되어 있다. 역사적 건축물 중 대표적인 것으로는 12세기의 산 소일로 수도원Monasterio de San Zoilo, 13세기의 산티아고 교회Iglesia de Santiago, 14세기의 산타클라라 수도원Monasterio de Santa Clara 등이 있다. 로마네스크 양식의 산타 마리아 성당Iglesia de Santa Maria del Camino에는 이슬람교도에게 조공으로 바쳐지는 카리온 처녀들을 황소들이 구해 냈다는 전설이 묘사된 그림이 있다. 특히 중세의 산 소일로 왕립 수도원에서는 카리온 데 로스 콘데스를 찾아오는 순례자에게 커다란 빵을 주고, 성직자에게는 빵과 계란, 포도주와 돈을 줄 정도로 번성했다고 전해진다. 1894년 도시로 승격했고, 대륙성 지중해 기후로 겨울이 춥고 서리가 잦으며 여름은 건조하고 온난하다.

카리온 데 로스 콘데스에 도착하니 이제 오후 1시다. 시내 입구에 있는 알베르게를 찾아가니 아직 문을 열지 않아 조금 휴식하면서 주변을 보니 이 알베르게가 일반적인 숙소가 아니었다. 옛날에 산타클라라 왕립 수도원Real Monasterio de Santa Clara이었던 이곳은 현재는 순례자를 위한 숙소로 사용되고 있고, 옆에는 옛 성당과 박물관이 있다. 박물관에는 그레고리오 페르난데스의 피에타가 있으며 16세기부터의 다양한 작품이 많다고 하는데 일요일이라 문을 닫아서 들어가지를 못했다. 이 수도원 벽에 "내 이름을 위해 집이나 아버지나 어머니나 자녀나 재산을 바치는 사람은 백배를 받고 영생을 상속받을 것이다."라는 내용의 동판이 붙어 있는데 그 내용은 종교적인 헌신을 말하는 것이니 범인은 우리가 완전히 이해하고 깨닫기는 어렵지만 다시금 생각하게 해 준다.

성당과 수도원 전경

수도원 알베르게 표시.

벽에 붙어 있는 동판

알베르게에 들어가 잠시 쉬다가 도시를 구경하기 위해 나가니 길을 꽃으로 장식해 놓고 사람들이 모여 사진을 찍으며 즐기고 있다. 처음에는 무엇인지도 모르고 그냥 사진을 찍으며 꽃으로 장식된 길을 구경했는데 꽃길이 길게 이어져 끝이 보이지 않았다. 계속 꽃길을 따라가니 엄청난 인파가 모여 있고 큰 축제를 하는 모습이었다. 무슨 종교적인 축제같이 어린아이들과 어른들 그리고 노인들까지 화려한 옷을 입고 행렬에 참가하고 있고, 심지어 밴드와 큰 장식을 한 수레까지 동원되고 있었다. 이 축제가 무슨 의미인지도 모르고 축제의 행렬을 따라 같이 걷고 사진도 찍으면서 동행하니 시내를 일주하는 듯했다.

우리에게는 이런 축제가 없기에 의아했지만, 뒤에 알베르게에 돌아와서 포스터를 보고 이 축제가 무슨 축제인지를 알았다. 이 축제는 라틴어로 Corpus Christi성체축일라 일컫는 그리스도의 성체 성혈 대축일Solemnity of Corpus Christi이다. 성령 강림 대축일 후 제2주일 그리스도께서 세우신 성체성사를 기념하고 그 신비를 묵상하는 기독교 축일의 하나로 전 세계에서 축일 행사를 하는 도시가 많다. 벨기에의 리에주에서 1264년에 시작된 성체의 축일은 우르바노 4세에 의해서 모든 교회를 위해서 거론되고, 요한 22세에 의해서 1317년 결정되었다. 삼위일체제가 든 주의 목요일에 성체행렬을 포함해서 성대하게 축하하는데, 오늘날에는 다음의 일요일에 축하하는 지방이 많다. 이 축일의 미사와 성무일에 관한 전례문은 토마스 아퀴나스의 작품이라고 한다.

축제 포스터(2024. 6. 2.)

이 축제에서 마을을 통과하는 성체 경로의 꽃 카펫에 사용하는 꽃은 들판에 있는 꽃들과 가족의 정원에서 키운 꽃들을 사용한다고 하며, 이 축제를 위해 며칠 동안 꽃과 나뭇잎을 준비하고, 길에 도형을 그리고 거기에 맞추어 온 시내를 장식한다. 다른 도시의 축제를 보지 못해서 잘 알 수 없지만 이곳의 축제는 규모나 질적으로 아주 뛰어나다고 한다. 이 시내뿐만 아니라 주변의 모든 마을에서 참가하여 즐기는 대규모 축제에 내가 우연히 참석한 것은 큰 행운이었다.

의미도 제대로 모르면서 축제를 함께 즐기고 알베르게로 돌아와 쉬다가 저녁을 먹으려고 우리 네 명이 함께 나갔다. 식당을 찾으니 시내의 식당 전체가 축제에 참여한 모든 사람의 가족이 모여 식사하고 있어서 만원이다. 주변 마을 사람까지 모두 이곳에 모인 것 같았다. 어렵게 큰 식당에 자리를 잡고 주문하니 너무 손님이 많아서 주문이 어려웠다. 여태까지 먹어 왔던 순례자 메뉴를 시키지 않고 단품으로 여러 가지를 시켜 먹고 계산서를 요청하니 생각보다 많은 액수가 나왔다. 하지만 크게

축제의 행렬과 축제를 즐기는 사람들

우려할 만한 액수는 아니라 모두 웃으면서 밖으로 나와 산타 마리아 성당의 주변을 조금 살펴보고 시내를 따라 올라가며 구경했다.

　도시의 입구에 있는 산타 마리아 델 까미노 성당Iglesia de Santa Maria del Camino은 12세기에 만들어진 로마네스크 양식의 건축물로 현관에는 동방박사의 경배와 파사드에는 이슬람교도에게 바쳐진 100명의 처녀의 전설에 관한 황소의 머리 조각상이 새겨져 있다. 전설에 따르면 카리온에서 이슬람교도들에게 처녀 100명을 바쳤다. 그 중 네 처녀가 성모 마리아에게 작별 인사를 하도록 청했고 그들을 동정한 성모가 황소 네 마리를 나타나게 해서 이슬람교도들을 쫓아내 처녀들이 풀려났다고 한다. 이 밖에 성당 내부에는 고딕 양식으로 만들어진 승리의 성모와 도움의 그리스도가 있다.

산타 마리아 성당　산타 마리아 성당 입구

　산타 마리아 광장을 통과하여 위로 올라가면 12세기의 로마네스크 건물로 파사드에는 스페인 로마네스크 양식에서 가장 아름다운 그리스도 판토크라토르가 있는 산티아고 성당Iglesia de Santiago이 나온다. 이 성당 광장 입구의 아치에는 24개의 흥미로운 이야기를 담고 있는 조각이 숨겨져 있다.

산티아고 성당 광장

시내를 한 바퀴 돌아보고 알베르게로 가면서 가볍게 맥주를 한잔하고 여러 이야기를 하였다. 그리고 숙소에 돌아와서 쉬다가 산타 마리아 성당에서 순례자들을 위한 미사에 참석하여 성당 내부를 구경하였다. 미사를 마치고 나오면서 수녀님에게 이 성당에 얽힌 전설에 관한 황소상이 어디에 있는지를 물으니 잘 모르고 계셨다. 의사소통이 제대로 되지 않기 때문에 더 이상 답을 얻을 수 없어서 숙소로 돌아왔다.

오늘의 하루를 마치고 잠자리에 든다. 오늘은 우연히 행운을 마주한 날이었다. 언제 우리가 유럽의 축제에 참가해서 함께 즐기며 볼 수 있으랴!

산타 마리아 성당의 내부

카리온 데 로스 콘데스 - 테라디요스 데 로스 템플라리오스

오늘의 길 : 카리온 데 로스 콘데스 - 칼사디야 데 라 쿠에사17km **- 레디고스**6.4km
- 테라디요스 데 로스 템플라리오스3.2km

오늘은 카리온 데 로스 콘데스에서 출발하여 이름도 긴 테라디요스 데 로스 템플라리오스까지 평탄한 약 27km를 걷는 길이다. 스페인에서 가장 광활한 이 길을 걸은 순례자들은 단조로움에 홀로 된 것 같은 외로움을 호소한다.

아침 일찍부터 카리온 데 로스 콘데스의 알베르게에서 출발하여 시내를 가로질러 올라가니 어제의 축제 열기는 하나도 남아 있지 않고 인적이 없는 적막함만이 감돈다. 산타 마리아 성당을 지나 산티아고 성당으로 가는 시내는 어제 몇 번이고 지나갔던 길이다.

산티아고 성당

시내를 지나 도시를 흐르는 카리온 강을 넘으면 카리온 데 로스 콘데스의 출구로 이어진다. 오래된 돌다리를 넘으면 산 소일로 왕립 수도원Real Monasterio de San Zoilo 이 나타난다. 아름다운 회랑과 로마네스크 양식의 현관이 있는 산 소일로 왕립 수도원은 12세기에 만들어진 로마네스크 양식 건물을 16, 17, 18세기에 걸쳐서 수차례 증축 개축하였고, 현재는 고급 호텔로 개조하여 관광객들을 유혹하지만, 숙박비가 만만하지 않다고 한다.

산 소일로 왕립 수도원

도로를 가로질러 계속 이어지는 포장길을 따라 약 4.5km 정도의 구간은 자동차가 거의 없어 걷기에 편하다. 또 드넓게 펼쳐진 밀밭 사이로 드문드문 나무들이 보이고 길은 그 나무들을 이어 준다. 카리온 데 로스 콘데스에서 칼사디야 데 라 쿠에사까지 17km의 길 중간에는 휴식을 취할 수 있는 마을이나 쉴 수 있는 그늘이나 샘터도 없어 까미노 프란세스 중 마을과 마을 사이의 거리가 가장 먼 길이다. 그러므로 길을 걷기 전에 필요한 음식과 음료수를 준비해야 한다. 중간에 만나게 되는 둥글거나 네모난 형태의 조그만 벽돌집은 이 지역의 오래된 건축물로 비둘기를 위해 만들어졌다고 한다.

길게 이어진 길

약 10km 정도를 가니 반가운 푸드 트럭이 있다. 제법 먼 길을 걸어온 순례자의 대부분이 이곳에 앉아 쉬면서 커피나 음료를 곁들여 약간의 음식을 먹고 떠난다. 산티아고로 가는 길 곳곳에 보이는 이 푸드 트럭은 스페인 사람뿐만 아니라 외국인도 운영했는데 누가 운영하든지 길손들에게는 소중한 쉼터가 된다.

푸드 트럭

이제 이 길을 걷는 순례자의 앞으로 피곤함과 지루함, 외로움이 함께하는 구간이 나온다. 오른쪽으로는 멀리 산티아고

데 콤포스텔라로 향하는 고속도로가 보이고, 순례자는 포장도로를 지나서 계속해서 나타나는 밀밭을 지루하게 보면서 외롭게 자기 앞에서 걷고 있는 순례자의 모습만 보며 아무런 생각도 없이 그저 길을 걷는다.

칼사디야 데 라 쿠에사는 아담한 마을로 분지 아래에 있어서 멀리서 보면 지평선과 혼동하여 지나쳐 버리기 쉽다. 아주 가까이 가기 전까지는 마을이 가까워졌다는 것을 알 수 없어 더 지루하고 피곤한 길이 될 수 있다. 칼사디야 데 라 쿠에사라는 마을 안에는 벽돌로 지은 아담한 집들이 있고, 마을의 소박한 산 마르틴 교구 성당Iglesia Parroquial de San Martin의 내부에는 푸안 데 푸니 화파가 그린 16세기의 봉헌화가 있다.

칼사디야 데 라 쿠에사를 지나기 위해서는 마을 중앙의 마요르 거리를 지나 마을의 왼쪽으로 도로를 지난다. 마을에서 다리를 통해 쿠에사 강을 건너면 여기에서 레디고스에 이르는 길은 두 가지로 나뉜다. 옛길과 새로 난 길이 있는데 주저 없이 옛길을 따라가는 것이 좋다. 새로 난 길은 우회하는 길이다. 레디고스에는 순례자를 위한 특별한 시설이 없어 대부분의 순례자는 그냥 통과하지만, 시내를 구경하기를 권한다. 레디고스는 1028년에 도냐 우라카가 산티아고 데 콤포스텔라의 주교 영지로 이 마을을 기부했는데, 기부에는 비둘기 집과 함께 여러 건물이 있었다고 한다. 산티아고 성인에게 봉헌된 성당을 비롯해서 현재에도 당시의 전통 건축물이 많이 남아 있다.

레디고스 마을 전경

레디고스를 떠난 순례자는 고속도로를 가로질러 도로의 왼쪽으로 이어지는 길을 걷는 것이 좋다. 쿠에사 강을 지나는 다리를 건너 오른쪽으로 이어지는 길을 1시간 정도 걸어가면 붉은색의 벽돌로 만들어진 무데하르 양식의 건물들이 길게 자리 잡은 12세기에 설립된 템플기사단의 영지였던 테라디요스 데 로스 템플라리오스에 도착한다. 현재 마을에는 기사단과 관련된 것은 거의 남아 있지 않으나, 마을의 이름에 끌린 많은 순례자가 마을을 찾는다. 이 마을에는 황금 알을 낳는 닭이 묻힌 자리에 대한 전설이 있는데 이 전설은 템플기사단과 관련이 있어, 이 전설을 믿는 중세의 연금술사들과 보물 사냥꾼들이 끊이지 않고 이 마을을 찾아왔다고 한다.

테라디요스 데 로스 템플라리오스에 도착하여 알베르게를 찾아가니 아직은 너무 이른 시간이었다. 점심을 먹고 세탁하고 난 뒤 알베르게 뜰에 앉아 일행들과 맥주를 한잔하고 있으니 옆에 있던 외국인들이 말을 걸어 왔다. 우루과이에서 왔다는 젊은 이와 스페인 사람이라는 50대 정도의 남자. 그리고 40대로 보이는 루마니아에서 왔다는 여인이었다. 사람들은 여행을 제법 했다고 해도 루마니아를 가 본 사람은 드물다. 하지만 나는 루마니아를 일주일 정도 여행을 했기에 내가 여행을 한 곳들을 이야기하니 루마니아 여자는 아주 기뻐하며 이야기했다. 그들과 이야기하다 보니 같이 길을 걸었던 한국의 모녀도 보이고, 태백의 젊은이도 보인다. 아마 이 마을에 알베르게가 없어 모두 이곳에서 숙박하는 것 같았다.

제법 오랜만에 만나기에 반갑게 인사하고 서로의 안부를 묻는 것은 이 길을 걸으면서 항상 겪는 일로, 한국에서 일면식도 없던 사람들이 같은 길을 걷는다는 사실만으로 동류의식을 느끼고 함께한다.

한참을 쉬다가 저녁을 먹고 마을 구경을 나가니, 오후 8시경이었는데 아직 해는 중천에 떠 있다. 이곳은 낮이 길어서 오후 10시경이 되어야 해가 떨어진다. 마을에는 산 베드로 교구 성당Iglesia Parroquial de San Pedro이라는 소박한 성당이 있는데 마을의 주민이 적어서인지 문을 열어 놓지 않았다.

늦게까지 떠 있는 해
주변 풍경
산 베드로 교구 성당

조그마한 마을이라 한 바퀴 돌아보는 것도 시간이 별로 걸리지 않았다. 마을의 성당과 주변의 경치를 즐기며 함께 간 일행들과 여러 이야기를 하며 숙소로 돌아오니 9시가 되었다. 또다시 가장 원초적인 행동을 계속하기 위해서 잠자리에 든다.

테라디요스 데 로스 템플라리오스 – 베르시아노스 델 레알 까미노

오늘의 길 : 테라디요스 데 로스 템플라리오스 - 모라티노스3.3km
- 산 니콜라스 델 레알 까미노2.5km **- 사아군**7.2km
- 베르시아노스 델 레알 까미노5.7km

오늘은 테라디요스 데 로스 템플라리오스에서 베르시아노스 델 레알 까미노까지 가는 약 19km의 짧은 거리로 팔렌시아를 지나 레온으로 들어가는 첫걸음이다.

한국인이든 서양인이든 길을 걷는 사람들은 오전 5시만 되면 움직이기 시작한다. 일어나 길을 떠날 준비를 마친 사람들은 빠르면 오전 6시에서 늦어도 7시 전에는 걷기를 시작한다. 그렇게 빨리 일어나서 길을 가기에 대부분은 아침을 먹지 않고 떠나 중간에 있는 카페나 바를 이용한다. 아침 일찍 길을 떠나기에 대부분 길을 걸으면서 해가 떠오르는 것을 본다. 물론 서쪽을 향해 가기에 해는 등 뒤에 떠오른다.

아침 해가 떠오르는 광경

테라디요스 데 로스 템플라리오스에서 사아군에 이르기까지 도로를 따라 이동할 수도 있으나 모라티노스와 산 니콜라스 델 레알 까미노를 거치는 길로 방향을 잡고 걸으면 이 길이 지나는 마을은 상당수의 건물들이 무너진 것을 보게 된다. 대부분의 건물들은 진흙과 짚을 섞어서 만든 소박한 벽돌로 만들어져 있는데, 이러한 양식의 건축법은 무데하르 양식의 영향으로 추측할 수 있고, 사아군에 남아 있는 성당 건축물에서 무데하르 양식의 완성된 형태를 볼 수 있다. 이러한 무데하르 양식의 건축물은 저녁 해가 질 무렵에 붉은색이 하나가 되어 우리 마음속 깊이 새겨진다.

길을 걸으며 만나는 955년 역사에 등장하는 모라티노스는 다른 지역에서는 돌과 벽돌을 섞어서 건물을 지었지만, 이 마을에서는 성당을 포함한 모든 건물을 오로지 벽돌로만 지었다는 작은 마을이다.

티에라 데 캄포스 지역 주민 대부분은 중세 시대에 스페인 북부나 다른 유럽 왕국에서 이주한 사람들로 까미노 데 산티아고가 발전하자 많은 사람이 이곳으로 옮겨 와 자신의 꿈을 이루는 삶을 만들어 갔다. 그러나 모라티노스 마을 주민들은 이베리아반도 남쪽의 이슬람 왕국에 살던 기독교도들로 이들은 이주와 함께 자신들의 고유한 건축 방식도 가지고 왔는데, 이것이 모라티노스만이 벽돌을 많이 쓰는 특이한 건축 방식을 사용하게 된 것이다. 작은 마을을 지나가면 마을 중심의 조그만 광장에 16세기의 건물로 교구 성당 역할을 하는 산 토마스 성당Iglesia de San Tomas이 있다.

산 토마스 성당

별로 특징이 없고 순례자들을 위한 서비스 시설도 없어 그냥 통과하여 마을 출구에서 왼쪽으로 표시된 까미노 표시를 따라 30분 정도만 걸으면 팔렌시아 지방의 마지막 마을인 산 니콜라스 델 레알 까미노에 도착한다. 이 마을은 1183년에 만들어졌다고 알려져 있으며 중세에는 이곳은 산티아고를 향해 계속 갈 수 없을 정도로 증세가 악화된 순례자와 나병 환자들을 돌보기 위한 병원이 있었다고 한다. 사아군까지는 아직 7km 이상 남았기에 마을 입구에 있는 카페에 들러 이제 습관이 된 커피와 빵으로 간단히 요기하고 휴식을 취하면서 보니 카페가 알베르게를 겸하면서 제법 오래된 건물이다.

산 니콜라스 델 레알 까미노 카페의 안과 밖

카페에서 쉬다가 마을로 들어가니 산 니콜라스 주교 성당Iglesia de San Nicolas Obispo이 나타난다. 이 성당은 무데하르 양식의 벽돌로 지어졌으며 성당의 내부에는 고딕 양식의 아름다운 성모상과 바로크 양식의 봉헌화가 있다. 해가 질 무렵에 성당을 바라보게 되면 특유의 붉은색을 띤 벽돌의 색깔이 감동적이라 하는데 나는 아침에 이곳을 지난다. 곳곳에서 제대로 볼 것을 못 보고 지나가는 마음에는 아쉬움이 가득하지만 지금 이 길을 걷는 목적이 관광이 아니라는 것을 생각하며 아쉬움을 달랜다.

마을의 출구에서 이어지는 길을 따라 걸으면 세킬료 강을 건너 사

산 니콜라스 주교 성당

거리에 도착한다. 이곳에서 왼쪽으로 오래된 까미노 길을 따라가면 팔렌시아와 레온의 경계를 이루는 카라스코 언덕의 정상을 오르게 되고, 좁은 내리막길을 내려오면 팔렌시아와 레온을 거치는 발데라두에이 강을 지나는 다리를 건너 멀리 사아군의 성당 탑들이 보이며 이제 팔렌시아를 지나 카스티야 이 레온 자치지역으로 들어간다.

카스티야 이 레온 자치지역은 스페인 북부 지방에 있는 주로 주도는 레온León이다. 알폰소 10세가 그의 연대기에 '레온의 첫 번째 왕이었던 돈 펠라요 왕과 함께'라고 기록한 것을 볼 때 카스티야보다 레온이 먼저 형성된 것을 알 수 있다. 레온주의 많은 아름다운 도시는 오래된 역사만큼 예술적으로도 매우 중요한 지역이다. 켈트의 옛 성터, 로마 시대 광산, 아스토르가에 있는 로마의 흔적, 산 미겔 데 에스칼라다 수도원의 모사라베 양식의 보물, '로마네스크의 시스티나'라고 할 수 있는 레온의 산 이시도로 성당의 소성당, 독특한 양식의 사아군 성당들, 레온 대성당의 스테인드글라스, 르네상스 양식인 산 마르코스 병원, 그리고 안토니오 가우디의 작품인 아스토르가의 주교궁과 레온의 카사 데 보티네스 등등 셀 수가 없다. 그러나 레온을 아름답게 만드는 것은 역사, 예술, 전통뿐만이 아니라 자연으로 북부는 칸타브리아산맥, 남부는 두에로 강의 지류 연변에 전개된 평지가 펼쳐져 있다. 이밖에 산지에는 떡갈나무, 너도밤나무, 밤나무 등의 임산자원이 많고, 소, 당나귀, 양의 사육도 많이 한다. 이 길을 걷는 순례자는 마치 천국을 걷는 것 같은 경험을 할 수 있다.

길을 가며 보는 풍경

이제 사아군에 도착하기 약 3km 전에 있는 푸엔테 성모 성당에 도착하기 전까지 까미노 길은 포장된 길로 걸어간다. 사아군에서 3km 정도 떨어진 곳에 있는 13세기 무데하르 양식의 푸엔테 성모 성당Ermita de La Virgen del Puente에는 성모상이 있는데 여러 번 기적을 일으켰다고 한다. 그중 사아군에서 악당으로 악명 높은 히네스라는 사람이 있었는데 죄를 지어 사형을 선고받았다. 감옥에서 히네스는 깊이 회개하고 성모에게 도움을 청하자, 기적이 일어나 살아났다. 히네스는 이후 산티아고까지 순례한 뒤, 사아군에 남아서 많은 순례자를 도와주며 살았다고 한다.

푸엔테 성모 성당

푸엔테 성모 성당을 지나 조금 가니 들판에 아치 같은 것이 서 있고 그사이를 산티아고 데 까미노로 가는 길임을 표시하고 있다. 그러나 이 아치에 대한 설명을 아무리 찾아도 자료가 없다. 아마 최근에 지어진 건축물인 듯하였다.

무엇인지 모르겠는 아치

성당을 지나면서 변한 부드러운 흙길을 걸어 자동차 전용 도로의 밑으로 이어지는 길을 따라가면 어느새 사아군Sahagún에 도착한다. 사아군 기차역을 돌아가는 길을 따라서 철길을 옆으로 끼고 걷게 되면 사아군의 오래된 구시가지에 도달하게 된다.

사아군은 산티아고 순례길이 레온주에서 만나는 첫 도시로, 11세기 알폰소 6세에 의해서 만들어졌다고 하는 자치단체이며 티에라 데 사아군 지방의 중심지이다. 사아군이라는 지명은 성 파쿤두스에서 나왔다고 하는데, 성 파쿤두스는 서기 300년에 세아 강변에서 참수형에 처해 세아 강에 버려졌는데, 기독교도들이 유해를 수습해 304년에 지금의 사아군 자리에 매장하고 순교자로 숭배했다. 이 무덤은 '상크투스 파쿤두스Sanctus Facundus'로 불렸는데 이 말이 차츰 축약되어 '산파군San Fagun'과 '사파군Safa-gun'이 되었고, 마지막에는 '사아군'이 되었다고 한다. 사아군은 중세 '스페인의 클뤼니'라 불릴 정도로 번성했던 산 베니토 수도원이 위치했던 곳으로 관광업이 경제의 주축을 이루고, 놀랄 만큼 아름다운 무데하르 양식의 유적들로 가득 차 있다.

중세 스페인의 수도원 건축물은 후기 고딕 양식이 주를 이루지만 13~16세기 스페인에서는 이슬람 양식의 영향을 받아 스페인 특유의 무데하르Mudejar 양식이라는 건축양식이 발달했는데, 사아군은 가장 초기에 속하는 무데하르 양식의 건축물이 여러 개 보존되어 있는 것으로 특히 유명하다. 이 독특한 모습 때문에 사아군의 무데하르 양식의 유적은 관광업 발전에 기여했다. 기하학적 형태의 목재 천정과 채색 타일 등이 특징인 무데하르 양식의 대표적인 건축물은 산 티르소 성당으로, 12세기에 지어진 이 성당은 16~18세기 사이에 여러 번 개축되었지만 12세기 무데하르 양식의 탑 구조가 잘 보존되어 있다. 13세기에 건축한 산 로렌소 성당Iglesia de San Lorenzo, 16세기에 건축한 트리니다드 성당Iglesia de la Trinidad, 17세기에 건축한 산 베니토 아치문Arco de San Benito을 비롯한 역사적 건축물이 다수 남아 있다.

사아군 시내에서 오렌지 주스를 한잔 마시면서 잠시 쉬었다. 까미노 길을 걸으면서 하루도 빠지지 않고 오렌지 주스를 마신다. 주스는 생오렌지를 그 자리에서 직접 짜서 주는데 한 잔의 주스를 만들기 위해 4개 정도의 오렌지를 사용하고 있으니 신선하고 맛도 있어 매일 마신 것이다.

사아군 시내를 통과하니 여러 성당이 보였으나 그냥 지나쳐 가니 순례자의 표주박을 나타내는 상이 보여 그 주위를 둘러보니 산 베니토 아치Arco de San Benito와 알폰소 6세의 거주지라는 설명이 있는 건물이 보인다. 산 베니토 아치는 17세기 산 베니토 데 사아군 수도원에서 만든 건축물로, 수도원은 동전을 주조할 만큼 부유했으며 성 베니토는 훗날 스페인의 클뤼니로 불렸다.

앞에서 사아군 이름의 유래에서 이야기한 파쿤두스의 무덤 자리에 도모스 산토스 수도원이 세워졌다. 이 수도원은 무슬림에 의해 여러 차례 파괴되었으나, 매번 재건되었다가 알폰소 6세 때 마지막으로 재건되었다. 알폰소 6세는 수도원 개혁을 지지하여 클뤼니 수도원을 중심으로 시작된 클뤼니 개혁 운동교회가 부패해 가던 상황에서 그리스도교의 본연의 영적 생활로 돌아가자는 운동을 스페인에 확산시키기 위해 도모스 산토스 수도원 자리에 산 베니토 수도원을 세우고 여러 특혜를 주었다. 산 베니토 수도원은 중세 말기에 '스페인의 클뤼니'로 불릴 정도로 발전했으나, 현재는 시계탑만 남아 있는 수도원 유적과 도시 입구의 커다란 아치만이 남아 있다.

산 베니토 아치

알폰소 6세의 거주지

사아군에서 베르시아노스 델 레알 까미노로 가는 길은 편안하게 걸을 수 있으나, 지난 며칠간 걸어온 길보다 긴 아스팔트 길을 걸으니 자칫 다리에 무리를 줄 수도 있고 도로 주위의 나무들은 시원한 그늘을 만들어 주지 않으므로 휴식할 곳이 거의 없다. 사아군에서 먼저 마을 출구의 세아 강 위를 지나는 칸토 다리를 건너 왼쪽으로 이어진 좁은 길을 따라 계속 걸어가면 산티아고 데 콤포스텔라로 향하는 고속도로 위를 지나는 다리가 나타나나 다리를 건널 필요도 없다. 약 1시간 30분가량을 계속 직선으로 이어지는 길은 끝없는 평원 위로 이어져 있고 걷기에 매우 좋다.

길에서 보는 풍경

베르시아노스 델 레알 까미노는 카스티야 지방의 전원 건축을 구경할 수 있는 작은 마을이다. 점토와 짚을 섞어 햇볕에 말린 가벼운 벽돌로 지은 집, 흙으로 만든 담, 바위를 파서 만든 저장고 등을 볼 수 있는데, 바위를 파서 만든 저장고에 포도주와 돼지로 만든 전통 음식을 옛날에는 보관하였다고 한다. 그리고 마을 이름의 기원은 마을의 첫 거주자가 엘 비에르소El Bierzo 출신인 것에서 유래되었다고 한다. 베르시아노스 델 레알 까미노를 지나가는 길 주위에는 저수지와 작은 연못들이 많은데 여름철에는 무더위 때문에 물이 모두 증발하여 사라지기도 한다. 지금은 그렇지 않지만, 이 길은 중세의 순례자들에게 매우 위험한 길이었다고 전해진다. 작은 연못을 지나면 오래된 페랄레스 성모 성당이 나타나고, 성당을 지나서 조금 가면 베르시아노스 델 레알 까미노 마을로 들어가는 입구에 알베르게가 나타나고 오늘은 여기서 멈춘다. 페랄레스의 성모 성당Ermita de la Virgen de Perales은 마을에 진입하기 전 순례자의 쉼터에 있는 성당으로 내부에는 '라 페랄라La Perala'라고 부르는 성모상이 있어서 항상 마을 사람들이 와서 경배를 드리는 곳이다.

페랄레스의 성모 암자 표시

알베르게에 도착하니 오후 1시 30분이었다. 숙소는 아마 최근에 건축한 것으로 짐작되는 현대식 건물에 시설도 현대적이어서 상당히 만족스러웠다. 마을과는 상당히 떨어진 마을 입구에 있어 식당이나 슈퍼 등을 주변에서 찾을 수 없어 알베르게 안에서 모든 것을 해결해야 했다. 그래서 점심을 먼저 먹고 몸을 씻고 세탁하고 알베르게의 넓은 마당에 따갑게 비치는 햇살 아래에 빨래를 늘어놓고 망중한을 즐기다 보니 또 저녁을 먹을 때가 되어 이 길을 걸으면서 인간이 가지는 원초적인 본능을 충실하게 한다. 먹고, 자고 걷는 것이 하루의 일과니 또 시간이 되어 밥을 먹는 일은 무언가 의무적으로 하는 행동 같은 생각이 든다.

마을 입구에 있는 알베르게

  저녁을 먹고 또 마당의 탁자에 무리를 지어 앉아 맥주와 와인을 시켜서 마시면서 온갖 잡담을 한다. 살아온 세월과 과정이 다른 사람들이 같이 길을 걷기에 화제는 항상 풍부하다. 하지만 얼마나 서로가 공감하는지는 알 수가 없다.

베르시아노스 델 레알 까미노 – 만시야 데 라스 물라스

**오늘의 길 : 베르시아노스 델 레알 까미노 - 엘 부르고 라네로7.6km
             - 렐리에고스13km - 만시야 데 라스 물라스6.2km**

오늘 베르시아노스 델 레알 까미노에서 만시야 데 라스 물라스까지 가는 약 27km는 대부분이 메세타 고원의 자동차 도로 옆으로 난 평탄한 길이다.

아침에 일어나니 아직은 어두운 시간이나 알베르게에 머물렀던 사람들은 거의 떠났거나 떠날 준비를 마치고 나간다. 함께 길을 걷는 우리 일행도 준비를 마치고 뜰에 나가니 아직 어둠이 개지 않은 시간이다. 뜰의 탁자에 앉아 가볍게 과일과 커피로 아침을 먹고 알베르게를 나와 오늘의 걷기를 시작한다.

알베르게에서 작은 마을을 지나 마을 출구에서 앞쪽으로 작은 나무가 있는 길로 직진하면 베르시아노스 델 레알 까미노에서 엘 부르고 라네로, 렐리에고스를 지나 만시야 데 라스 물라스까지 가는 길로, '레알 까미노 프란세스Real Camino Frances'라고 카를로스 3세는 이 길을 명명하면서 순례자들에게 이용을 독려했다고 한다.

이 길은 엘 부르고 라네로까지 자동차 도로와 평행하게 이어지며 2시간 정도 걸린다. 편안한 길이지만 자동차 도로와 평행하게 걷는 것은 정신적으로 자연의 오솔길을 걷는 것보다 인내를 필요로 하여 사람을 지루하게 만든다. 머리 위에는 세상 어디에나 있는 송전선이 지나고 길을 가며 오래된 십자가상까지 지나치면 엘 부르고 라네로에 도착한다. 엘 부르고 라네로는 조그마한 마을이나 순례자에게는 편리한 각종 시설이 준비되어 있는 곳이다.

실제가 하단의 글은
'아이들을 기억하기 위해
-모세라니 호세, 바뇨스 로자노'이다.

마을의 이름이 라네로Ranero, 언덕이 있는 땅에서 유래된 것이라는 설과 이 지역을 지나면서 많이 볼 수 있는 라나Rana, 개구리에서 나왔을 것이라는 설이 존재하는 엘 부르고 라네로의 산 베드로 교구 성당Iglesia Parroquial de San Pedro은 수수한 모습으로 예전 로마네스크 양식의 아름다운 성모상이 있었는데 현재는 레온의 대성당 박물관에서 보관하고 있다고 한다.

산 베드로 교구 성당

전통적인 까미노 프란세스로 엘 부르고 라네로에서 만시야 데 라스 물라스까지의 길은 자동차 전용 도로의 왼쪽으로 이어지며 매우 평탄하지만 상당히 인위적으로 만들어진 길의 모습이다. 단조롭게 간격을 맞춰 심겨 있는 나무와 도로를 지나는 자동차 소음은 이 길을 걷는 사람을 편안하게 하지는 않는다. 마을 밖으로 빠져나오려면 마요르 거리 끝에 위치한 산 베드로 성당을 오른쪽으로 두고 걸으면 된다. 다음 마을인 렐리에고스까지는 13km 정도 지나온 길과 마찬가지로 자동차 도로와 평행하게 지나는 길에는 휴식을 취할 수 있는 순례자 쉼터와 샘터가 종종 있다.

파랗게 빛나는 하늘은 계속 보지만 지겨움을 느끼게 하지 않는다. 단조로운 길을 걸으며 들판을 보면 유채와 비슷한 꽃이 아름답게 피어 있는 것을 본다. 식물에 대한 지식이 별로 없기에 이름이 궁금해서 사진을 찍어 인터넷이

탑시아 빌로사

제대로 되는 곳에서 꽃 이름을 물어보니 '탑시아 빌로사Thapsia villosa'라고 답이 왔다. 그래서 이 이름을 함께 걷는 사람들에게 알려 주었다.

단조로운 길을 걸어 도착하는 작은 마을 렐리에고스는 로마 시대의 가도가 지나가던 곳이었다. 이 지역에는 포도주 저장고로 사람들이 파 놓은 굴이 많이 남아 있는데, 오늘날에는 이 지역에서 포도주를 생산하지 않아 대부분 방치되어 있다.

길가의 목장

보호색으로 위장한 도마뱀

마을 안에서는 목재 골조에 벽돌과 흙으로 지어 아랍식 지붕을 얹은 오래된 전통 건축물을 볼 수 있다. 렐리에고스 마을의 카페에서 이르지만 간단히 점심을 먹고 쉬다가 나오니 너른 밀밭이 펼쳐져 있고, 멀리 지평선 너머로 만시야 데 라스 물라스의 높은 탑이 희미하게 보인다. 계속 걷다 보면 송전탑 밑으로 지나는 길이 끝나고, 도로 위를 지나는 아주 길고 꼬불꼬불하게 높이 만들어진 보행자 다리를 건너면 마을의 구시가지 입구가 보이기 시작하며 순례자를 반기는 동상이 있다.

순례자들이 만든 길 표시

십자가의 순례자상

만시야 데 라스 물라스는 포르마 평원과 에슬라 평원 사이의 드넓은 포도밭과 온갖 종류의 과수원 사이에 자리를 잡은 도시로, 맛있는 토마토 요리와 재미있는 전설이 이어지는 곳이다. 순례자는 며칠 동안 걸어온 불모지 같은 길의 단조로움을 벗어날 수 있다.

이 도시는 레온 왕국과 카스티야 왕국 사이에 있다는 점 때문에 중세 시대까지는 방어 도시의 역할을 했었다. 또한 까미노 데 산티아고 길에서 상업의 중심지로의 역할을 담당했었다. 과거의 유산은 거의 남아 있지 않으나, 돌로 포장된 거리와 중세풍의 아름다운 발코니가 있는 집은 당시의 풍요로움을 보여 준다.

또 만시야 데 라스 물라스에서는 8월의 마지막 주에 산 페르민 축제와 함께 스페인을 대표하는 '토마토 축제Feria del Tomate'가 열린다. 이미 세계에 널리 알려진 '토마토 축제La Tomatina'는 팔렌시아의 작은 마을인 부뇰Bunol이 유명하지만, 만시야 데 라스 물라스의 토마토 축제에서도 토마토를 이용한 다양한 요리를 맛볼 수 있으며 토마토 싸움을 즐길 수 있다.

마을에 들어가 알베르게를 찾아가서 일상적인 일을 하고 쉬다가 저녁을 먹으러 밖으로 나갔다. 이 길을 걸으면서 점심과 저녁을 먹는 시간은 일정하지 않다. 하루의 걷기를 마치고 알베르게에 도착하는 시간에 따라 풍성한 점심을 먹기도 하고 저녁을 먹기도 한다. 물론 한 끼를 잘 먹으면 다른 끼니는 간단하게 반드시 먹는다.

항상 무리를 지어 다니는 우리 네 명은 알베르게를 나와 시내를 구경하면서 마을 사람들이 잘 가는 음식점을 찾아가기로 하고 구글 지도를 펼쳐 음식점을 찾아가는 도중에 성당과 같은 건물이 보여서 가니, 성당이 아니라 만시야 데 라스 물라스의 수호성인인 감사의 성모상이 보관되어 있는 18세기에 만들어진 그라시아 성모성소Santuario de la Virgen de Gracia였다.

성소 설명에 의하면 '이미 18세기에 산 로렌초의 옛 마을에 위치한 암자가 언급되었다. 현재 건물은 벽돌 띠와 벽돌로 지어진 것으로 나중에 지어진 것이다. 만시야와 그 지역에서 높이 존경받는 은총의 성모라는 제목의 조각은 라 롤다나la Roldana로

그라시아 성모 성소　　　　　　　　　　성모상

알려진 조각가가 엄청난 아름다움을 조각한 것이다. 19세기 말에 발생한 화재 후에 조각가 빅토르 데 로스 리오스Victor de los Rios가 복원하였다. 만시야의 수호성인인 그라시아 성모 성소는 만시야 사람들과 이 지역 사람들의 많은 방문과 사랑을 받는 신앙의 중심지이다.'라고 되어 있다. 안에 들어가 구경하고 나와 얼마 떨어지지 않은 식당을 찾아가니 현지인 여럿이 식사하고 있었다. 주인이 우리를 그들과는 좀 떨어진 안으로 안내하여 자리를 잡고 음식을 시키는데 영어가 통하지 않아 어려움이 있었지만, 우여곡절 끝에 주문하여 즐겁게 맛있고 풍부한 양의 식사를 마치니 주인이 인터넷에 자기 집의 평을 잘해 주기를 요청한다. 그래서 우리는 모두 음식이 맛있다고 하면서 좋은 평을 하겠다고 한참 이야기하니 주인이 특별한 서비스를 주었다. 와인을 한 병 더 주고 아주 특이한 술을 주는데 많이 주지는 않고 우리 소주잔의 반만큼을 주었다. 마시니 올리브 맛이 나면서 알코올이 제법 강하게 느껴졌다. 우리가 모두 한 잔을 더 청하니 주인이 줄 수 없다고 하여 하는 수 없이 그냥 나왔다. 나중에 이 음료가 무엇인지를 대강 알았는데, 아주 특이한 술로 소중한 사람에게만 주는 것이라고 하였다. 이런 일도 여행 중에 경험하는 소중한 추억일 것이다.

즐겁게 식사를 마치고 알베르게로 돌아와서 쉬다가 오후 8시에 열리는 마을 성당의 미사에 참석했다. 우리 일행 네 명 중에 천주교 신자는 나뿐이지만 모두가 저녁의 무료함도 달래고 세요도 찍기 위해서 간 산타 마리아 교구 성당Iglesia Parroquial de Santa Maria은 아름다운 첨탑이 있는 18세기의 건물로 바로크 양식의 아름다운 제단화가 보존되어 있다. 성당 설명에 의하면 '현재 건물은 18세기에 12세기의 원 교회 위에 지어졌으며, 이곳에서 시의회가 열리고, 현관에서는 형이 선고되었다. 내부에는 옛 교회의 흥미로운 여러 예술 작품이 있다. 주요 제단은 복원된 18세기의 바로크 양식이다.'라고 요약할 수 있다. 성당의 미사는 세계 어디에서나 같은 예식이기에 말을 알아들을 수는 없으나 따라 할 수 있었다. 스페인의 성당에서 거의 매일 미사를 보았는데 아주 작은 성당이 아니면 사제가 한 명이 아니라 두 명이나 세 명이 미사를 집전하였다. 진행하는 과정을 보니 연세가 많아 보이는 사제가 보조 역

산타 마리아 교구 성당

여성들을 위로하는
십자가를 진 예수

할을 하고 있었다. 아마 은퇴한 원로 사제가 젊은 사제들을 도와주는 것 같아 보여 상당히 좋게 여겨졌다. 미사가 끝난 후 사제에게 세요를 청하니 조금 기다리라고 하고 사제복을 벗고 성당 입구의 조그마한 방으로 가서 사제가 직접 세요를 찍어 주기에 바깥에 있는 일행들을 모두 불러 세요를 받았다.

　미사를 마치고 성당을 나와 마을을 한 바퀴 돌며 여유롭게 거닐면서 돌아보니 이 마을 곳곳에 성벽이 보이고 동서남북으로 마을로 들어가는 성문도 보여서 상당히 큰 성으로 둘러싸인 마을이라는 것을 알게 되었다.

마을의 성벽과 성문

성당 내부

　전혀 생각하지 못했던 마을의 모습을 보고 시간이 되면 어디에서든지 마을을 돌아보아야 한다는 생각을 가지게 되었다. 마을을 돌아보고 알베르게로 돌아오니 제법 시간이 되었다. 물론 한국에서의 평소 생활이라면 아직 초저녁이고 활동할 시간이지만 이곳에서의 시간은 우리가 평소에 생활했던 시간과 다르다. 내일도 새벽부터 일어나서 길을 떠나야 하기에 조금 쉬다가 잠자리에 들었다.

만시야 데 라스 물라스 - 레온

오늘의 길 : 만시야 데 라스 물라스 - 비야모로스 데 만시야4.5km
- 푸엔테 비야렌테1.5km **- 아르카우에하**4.5km **- 푸엔테 카스트로**5.5km
- 레온2km

오늘 만시야 데 라스 물라스를 출발하여 유명한 레온까지 가는 약 19km의 길은 대부분 평탄하여 걷기에는 아무런 무리가 없다.

산티아고로 가는 까미노에서 대부분의 순례자는 레온에서 하루를 더 쉰다. 제법 오래 길을 걸어 피로도 풀 겸 레온을 구경하는 것으로 그만큼 레온에서는 보아야 할 곳이 많다.

어둠이 짙은 거리

아침 해도 솟아오르지 않은 시간에 길을 떠나니 주위가 아직 어둠에 덮여 있다. 꼭 이렇게 일찍부터 길을 걸어야 하는지 계속 의문이 들었으나 모두가 그 시간에 길을 걸으니 어쩔 수 없이 보조를 맞춘다. 오늘의 길을 나누어 보면 먼저 만시야 데 라스 물라스를 나와 푸엔테 비야렌테에 이르는 약 6km로 길로, 이 길에서 순례자는 에슬라 강을 지나서 넓은 경작지와 포르마 강에 이르는 상쾌함을 느끼는 구간이다. 다음은 포르티요 언덕을 시작하기 전까지로 자동차가 다니는 도로와 나란하게 걷게 되어 다소 지루하다. 마지막으로 포르티요 언덕을 넘어 레온 시가지에 이르는 길로, 특히 레온에 들어서기 전의 시가지 외곽의 초입은 순례자에게 상당한 인내심을 요구한다.

만시야 데 라스 물라스를 나오기 위해 먼저 마을 끝을 지나는 에슬라 강 위에 있는 돌다리를 건너 왼쪽으로 내려가면, 로마 시대의 유적지가 남아 있는 마을인 비야모로스 데 만시야까지 도로와 평행하게 이동한다. 처음 아스토르가에 작지만 강건한 야모로스 데 만시야라고 불리는 마을이 세워졌는데 이후 로마가 이곳을 점령하면서 회색담과 벽돌로 만들어진 비야모로스 데 만시야라고 불리는 작은 마을로 바뀌었다. 마을에 도착하니 아직 너무 이른 시간이라 바나 카페는 문을 열지 않아 카페의 탁자에 앉아 가지고 있는 빵과 과일로 간단히 아침밥으로 대용하고 길을 떠난다. 비야모로스 데 만시야에서 다음 마을인 푸엔테 비야렌테까지는 약 1.5km의 짧은 거리다. 마을 중심의 프로세시오네스 거리를 지나면 자동차 도로 옆으로 길이 이어지며, 눈앞에 있는 포르마 강 위의 다리만 건너면 된다. 마을로 들어가는 이 다리는 까미노 데 산티아고에서 만나는 가장 훌륭한 다리 중 하나로 독특하게 휘어진 모양에 주의를 기울여야 한다. 푸엔테 데 비야렌테는 포르마 강변에 위치한 마을로, 오래된 병원이 있었는데, 이곳에서는 위중한 환자들을 오늘날의 앰뷸런스와 같이 노새로 레온으로 실어 날랐다고 한다.

레온주의 여러 다리 설명

비야렌테 다리 Puente de Villarente 는 까미노 데 산티아고에서 만나는 다리 중에서 가장 훌륭한 토목 공사를 보여주며 독특하게 휘어진 모양과 다리 길이가 눈에 띈다.

포르마 강을 건너는 비야렌테 다리

무려 20개의 아치로 이루어져 있는데 여러 번의 보수와 개축으로 각각의 모양이 다르다.

포르마 강변에 위치한 마을의 출구를 나와 도로를 지나쳐서 계속 걸으면 잠시 후 짧지만, 가파른 오르막길을 만나게 되며 이 언덕을 다 오르면 아르카우에하에 도착한다. 이 마을은 순례자에게 특별한 볼거리는 없어 마을 끝에 있는 공동묘지를 지나쳐 순례자는 부드러운 흙길에 지루함을 느끼며 계속 따라가면 다소 복잡한 공장지대가 나오고, 이 공장지대를 통과하면 포르티요 언덕의 정상이다.

이제 레온이 어렴풋이 보이나 아직도 2시간 정도를 더 걸어야 한다. 내리막을 내려와 푸엔테 카스트로에 도착한 순례자는 이미 레온에 들어온 것과 마찬가지다. 푸엔테 카스트로를 지나면 까미노 표시는 토리오 강의 다리를 지나 알칼데 미구엘 카스타뇨 거리를 지나서 레온 시가지로 인도한다. 레온 구시가지에 들어가면 먼저 만나는 것이 성벽이다. 이 성벽을 지나 복잡한 시내를 통과하면 레온 대성당이 나타난다.

푸엔테 카스트로로 들어가니 레온이라는 표시가 곳곳에 보인다. 길을 가다가 성당 같은 곳이 보여 들어가 보니 성당이 아니고 관광 안내소 같은 곳이다. 레온의 역사와 관광 명소를 안내하는 곳으로 레온의 지도와 관광 안내도를 얻고 잠시 쉬다가 길을 가니 길가에 자원봉사자인지 공무원인지 분간이 안 되는 사람들이 모여서 지나가는 순례자들에게 물도 주고 사탕을 주면서 "부엔 까미노" 하면서 인사를 한다. 뜻밖의 환대에 답례하니 한국에서 왔느냐고 물으며 반가워한다. 한국인에게 유독 친절했는데, 아마 한국인이 동양인의 절대다수라 환대하는 것 같았다.

성당 같은 관광 안내소 - 첨탑 위에 황새의 둥지

레온León은 카스티야 이 레온 자치지역 북서부 끝에 위치한 레온주의 중앙부로 평균 고도 838m의 메세타 고원지대에 자리 잡고 있는 레온주의 주도로, 1세기경 로마인들이 건설한 도시이며 당시의 원탑_{합계39기}을 갖춘 성벽이 아직도 남아 있다. 레온이라는 도시의 이름도 레기온Legion. 군단이라는 말에서 유래했듯이 68년 이 지역에 있던 로마 군대의 주둔지가 도시로 발전하는 데 기초가 되었다. 이후 이슬람 세력인 무어족의 지배를 받았으며 서고트족이 무어족을 몰아내고 아스투리아 왕국을 건설하고 레온을 수도로 삼았다. 10세기에 들어서는 레온 왕국914~1230년의 수도로 번성했으며, 카스티야 왕국과 병합하였다. 스페인의 초기 주교령이었고, 또 레온 왕국의 수도이자 종교회의가 열렸으며 산티아고로 가는 길의 주된 이정표가 된 도시이기도 했다. 역사적 사건이 넘쳐나는 레온은 풍성한 문화와 예술 유산이 많이 남아 있다. 역사적 건축물 중 대표적인 것으로는 16세기 후반에 완성된 레온 대성당Catedral de las León, 레알 바실리카 데 산 이시도로Real

Basilica de San Isidoro, 구스마네스 궁전Palacio de los Guzmanes, 콘데 루나 궁전Palacio del Conde Luna 등이 있고 스페인의 유명한 건축가 안토니오 가우디가 설계한 카사 데 보티네스Casa de Botines가 유명하며 시내 서북부에 산 마르코스 구 수도원의 성당이 있다.

현재 레온은 이베리아반도 북서부의 경제 중심지이며, 스페인 최고의 식도락을 전해 주는 도시다. 또 레온에서는 1년 내내 전통 축제와 행사가 열리기 때문에 까미노를 걷는 순례자 대부분은 레온의 풍요로운 매력에 흠뻑 빠져 하루 이상을 머물러 휴식도 하고 관광도 한다.

레온 구시가지로 들어가니 먼저 로마 시대의 성벽이 보인다. 성벽은 원래 이 구시가지를 둘러싸고 있는데 지금 보는 좌우의 성벽만으로도 그 규모가 엄청나다.

구시가지를 둘러싸고 있는 성벽

성벽을 지나니 아름다운 성당이 나타난다. 그 성당에 들어가 내부를 구경하고 대성당을 찾아서 길을 가니 사람들이 북적거리는 우메도 지구Barrio Humedo라는 거리가 나온다. 구시가지의 우메도 지구는 중세의 분위기가 물씬 풍기는 레온 구시가의 중심지로, 낭만적인 거리와 광장을 산책하기에 좋고, 포도주와 전통 음식을 즐길 수 있는 바와 선술집이 가득하다.

레온 대성당으로 가는 거리

드디어 거대한 성당이 눈앞에 나타났다. 성당 앞의 광장에는 엄청난 사람들이 성당 사진을 찍고 서로에게 이야기하고 떠들면서 성당의 위용에 감탄하고 있다. 성당을 자세히 보려면 가까이 가야 하지만 전경을 보려면 멀리 떨어져서 보아야 성당의 전경이 보인다. 사람들의 시각은 자신이 보는 관점에 따라 다르다. 레온 대성당은 아주 장엄하게 위용을 자랑하지만 화려함에서는 부르고스 대성당이 더 아름답다고 나는 느꼈다.

레온 대성당 전경

친구가 그린 그림 : 레온 대성당

13~16세기에 걸쳐 지어진 레온 대성당은 단순한 아름다움의 프랑스식 고딕 양식의 걸작이다. 늘씬한 탑과 우아한 이중 아치는 고딕 시대 거장의 대담함을 보여주고, 중앙 파사드에는 파리 노트르담 대성당의 석조 조각과 유사한 화려한 조각이 있다. 레온 대성당의 장관 중 하나는 넓이가 무려 1,700㎡에 달하는 성당 벽의 황

훌한 스테인드글라스가 만들어 내는 장면으로, 해가 질 무렵 화려하게 빛나는 스테인드글라스의 장관은 유럽 예술의 최고점을 보여 준다고 한다.

대성당 내부에는 아름다운 레온에서 가장 좋은 성상들을 소장하고 있는 대성당 박물관이 있다.

대성당의 외양이나 내부의 여러 유물에 대한 자세한 설명은 백과사전을 참조하기를 바란다.

레온 대성당 문 위의 장식

대성당 내부의 여러 모습

대성당 내부의 여러 모습

　대성당 내부를 구경하면서 이곳저곳을 다니니 내부 한쪽의 조그마한 성전에서 미사를 드리고 있었다. 뜻밖의 미사에 참석하여 영성체를 하고 다시 성당 내부를 구경하니 그 화려함에 계속 경탄했다. 성당 내부를 구경하고 내부의 뜰이 있는 곳으로 가니 박물관이 있다. 어디에서 무엇을 보든지 박물관은 반드시 보아야 한다는 나의 여행 철학에 따라 박물관으로 들어가려니 성당의 입장료와는 별개로 또 입장료를 내라고 한다. 동행하던 일행은 모두 들어가지 않아 혼자 들어가니 상상 이상으로 사람의 눈을 황홀하게 하는 여러 가지 종교적인 유물뿐만 아니라 현대의 그림들도 제법 보였다. 대성당을 방문하는 사람들은 꼭 박물관에 가 보길 권한다.

대성당의 회랑과 뜰

박물관 전경

박물관의 전시물

레온 대성당 앞에 도착한 시간이 오전 11시경이었는데 성당을 나오니 오후 1시가 넘었다. 오늘은 레온에서 걸음을 멈추고 내일 하루 쉬기로 하였기에 레온의 나머지 구경거리는 내일 다시 와서 보기로 마음먹고 오늘은 편히 지내기로 했다. 그리고 지금까지 약 20일의 대부분을 스페인식 음식을 먹었기에 좀 입맛에 맞는 음식을 편안하게 먹고 싶었다. 그래서 보편적으로 모두가 먹을 수 있는 중국식 음식점을 추천받아서 식당을 찾아가기로 하고 구글 지도에 의존하여 식당을 찾아가는 도중에 한국의 젊은이들을 만났다. 며칠을 보이지 않았던 태백의 젊은이도 있어 이야기하니 중간에 걷지 않고 차를 타고 이동했다고 하였다. 이 길을 걷는 것은 남에게 보이고 자랑하려고 걷는 것이 아니니 자신의 건강 상태를 철저히 살피고 거기에 맞추어 걸어야 하는 것이 올바른 일이다. 태백의 젊은이 외에도 안면이 있는 젊은이들이 제법 보이기에 이야기하니 그들도 우리가 찾아가는 식당에 간다고 하였다. 레온 시내를 제법 걸어가면서 신시가지를 구경하고 식당에 도착해서 보니 중국 음식점이 아니라 우리나라의 뷔페와 같은 식당이었다. 뜻밖의 뷔페에 우리는 만족하고 들어가니 진열해 놓은 음식이 완전히 우리나라의 뷔페와 같았고 생고기와 해산물은 쟁반에 담아 가면 직접 구워 주는 곳이었다. 우리 일행은 만족하면서 그동안 제대로 먹지 못한 한을 풀듯이 즐겁게 떠들며 배불리 먹었다. 디저트로 아이스크림과 과일이 있는 것도 좋았다. 특히 스페인에서 아이스크림은 엄청 비싼데 아이스크림 하나가 와인 한 병 값이다. 그래서 아이스크림 냉장고는 가게에서 자물쇠를 채워 놓은 곳이 많았는데 그런 아이스크림을 무제한으로 먹을 수 있다는 것만 해도 너무 행복하고 즐거웠다.

혹시 레온에 가는 사람은 이 집을 찾아가면 절대 후회하지 않을 것이다. 가격은 우리 돈으로 약 25,000원 정도이며 좋은 음식들은 우리 표현으로 가성비가 엄청 좋다. 위치는 레온 프라자를 찾아가면 2층에 있고, 식당 이름은 Wok Hui Feng이다.

뷔페 식당 Wok Hui Feng

　　배불리 먹고 즐겁게 이야기하고 일어서니 2시간이 훌쩍 지났다. 오늘은 레온 호텔에 숙소를 정하였기에 숙소를 찾아가니 약간은 외곽에 있는 호텔이지만 시설은 아주 좋았다. 처음으로 알베르게가 아닌 곳이기에 욕조에 물을 받아 몸을 담그고 쌓인 피로를 풀면서 편안하게 휴식을 취했다. 호텔은 새로 지은 것 같았는데 시설이 좋았다. 부대 시설은 제대로 갖추어지지 않아 불편했지만, 호텔이라 편안하게 휴식하면서 지나온 피로를 풀었다. 또 내일은 레온 시내를 구경할 것이라 마음도 여유로웠다.

레온에서의 하루

오늘의 길 : 레온 시내

오늘 하루를 쉬기로 하는 일정은 처음 이 길을 떠날 때부터 예정되어, 오늘은 정해진 길을 걷는 것이 아니라 마음 편하게 내가 가고 싶은 곳으로 가고 내가 하고 싶은 대로 할 수 있는 날이다. 그래서 레온 시내를 구시가지를 중심으로 구경하기로 한다.

아무런 시간의 제약이 없어 아침도 늦게 시작한다. 잠은 깼었지만, 자리에서 일어나지 않고 누워 있다가 천천히 일어나서 오늘의 하루를 시작하려고 숙소를 나선 시간이 오전 10시였다. 이 길을 걸으며 이렇게 아침을 늦게 시작한 날은 전혀 없었는데 오늘은 여유롭다. 숙소 옆에 있는 대학병원이 레온 시내버스 대부분의 종점이라 구시가지로 가기에 편했다. 그래서 먼저 버스를 타고 레온 대성당 쪽으로 가기로 하고 버스 정류장에 가서 노선도를 보니 상세히 설명되어 있어 버스 타기는 쉬웠다.

그런데 버스를 타고 가는 도중에 해프닝이 일어났다. 버스가 아주 좁은 길을 가는데 길 양쪽으로 주차가 되어 있어 간신히 버스가 지나갈 수 있었지만, 기사는 능숙하게 운행하다가 갑자기 차를 멈추었다. 길가에 승용차가 조금 튀어나온 주차를 하여 버스가 지나갈 수가 없었다. 경적을 울리고 경찰을 불러도 승용차의 주인이 나타나지 않아 제법 기다렸다가 버스에서 내려 걷기로 하였다. 여행지에서 겪는 황당한 일이었지만 그렇게 불쾌하지는 않았다.

도로를 막은 승용차

성벽과 성문

걸어서 구시가지로 가서 먼저 성벽과 성문을 통과하여 주변을 구경하면서 간 곳이 레알 바실리카 데 산 이시도르다. 레온에서 가장 중요한 건물인 레알 바실리카 데 산 이시도로 성당이 현재 위치한 장소는 고대 로마의 신전이 있던 자리이다. 원래의 교회는 10세기에 이슬람 군대의 장군 알만수르Al Mansur가 레온 지역을 정복한 이후 지역 전체가 황폐화되면서 교회도 파괴되었고, 현재의 교회는 11세기 초엽에 레온 왕국의 알폰소 5세Alfonso V가 재건축한 것으로 10세기와 11세기에 만들어진 바실리카와 박물관, 왕가의 무덤이 있다. 남쪽 두 입구의 조각은 툴루스와 산티아고 데 콤포스텔라의 조각과 유사하며 순례에 연관된 성당의 계열을 나타낸다. 서쪽 교회에 딸린 왕실 판테온Panteón Real에는 중세 시대 레온 왕국 11명의 왕과 많은 왕비와 왕족의 무덤이 안치되어 있다. 수많은 왕과 왕비의 무덤이 많고 10세기의 프레스코화로 장식되어 있기에 '로마네스크의 시스티나 성당Capilla Sixtina del Romanico'이라고 불린다. 200개가 넘는 주두는 아름답게 장식되어 있고, 고딕 양식 패널화도 보존되어 있고, 왕궁이던 현재 박물관에는 세례자 요한의 턱뼈를 비롯한 여러 성인의 유해가 보존되어 있다. 보물관과 도서관에는 도나 우라카의 성배Caliz de dona Urraca와 같은 보물들과 대리석 궤, 고사본, 행진용 십자가 등 가치를 따질 수 없는 진귀한 유물이 보존되어 있다. 1063년 성인 이시도로의 유골이 이 교회로 옮겨져 안장된 후 산티아고 데 콤포스텔라까지 가는 길목에 교회가 위치한다는 지리적 이점 때문에 많은 종교적 혜택을 누렸다. 처음에는 로마네스크 양식으로 건축했으나 이후 많은 부분을 보수하고 개조하면서 고딕 양식이나 르네상스 양식 등을 첨가하여 현재는 여러 건축양식이 섞인 복합 양식의 건축물이 되었다.

이시도르 성당 전경

성당에 들어가 내부를 구경하다가 조그마한 성전으로 가니 아침 미사를 집전하고 있었다. 우연히 내가 성당에 들를 때 미사를 하는 경우가 많아 하나의 축복이라 생각하고 미사에 참석하여 영성체를 하니 신자가 아닌 다른 사람들은 그냥 구경하고 있었다.

이시도르 성당 내부

이시도르 성당을 나와 가우디의 보티네스 건물로 가는 도중에 조그마한 공원이 있다. 무심코 지나가기 마련이지만 조금 주의를 기울여 보면 로마 시대의 관개수로를 볼 수 있다. 공원을 지나 조금 가면 유명한 보티네스가 나온다.

보티네스 주변 공원 - 프로타 카스티요 내부에서 발견된 로마 수로

안토니오 가우디 Antonio Gaudí가 카탈루냐 지방을 벗어나 조성한 소수의 건축물 중 하나인 카사 데 보티네스는 호화로운 저택을 원하던 기업가 시몬 페르난데스Simón Fernández의 의뢰로, 1892년 건축을 시작해 이듬해 완성되었다. 중세의 향기가 살아 있는 모더니즘 건축물로 첨두아치로 된 창문과 검은 돌판으로 이루어진 지붕은 고딕 양식의 분위기를 풍긴다. 가우디는 레온의 기존 건물들과 조화를 이루도록 이 건물을 중세풍으로 설계하면서 곳곳에 네오고딕 특성을 가미했다. 마치 중세 시대의 성을 연상케 하는 웅장한 건물은 전체를 4층으로 조성했으며 별도로 지하층과 다락 층을 두었다. 1950년에 대대적인 보수 작업을 했으나 가우디가 건물에 부여한 특성은 그대로 보존했다. 1969년에 스페인의 역사 기념물로 지정되었다.

보티네스의 전경

보티네스 건물 앞 광장에는 벤치에 앉아 책을 읽는 사람의 상이 있다. 관광객들은 대부분이 이 옆에 앉아서 포즈를 취하고 사진을 찍는다. 바쁘게 움직이는 여정에서 여유를 찾으며 한가로이 책을 읽고 싶은 마음의 표시인지도 모르겠다.

보티네스 광장의 책 읽는 사람상

보티네스로 들어가니 스페인의 유소년들이 체험 학습을 온 것 같이 많이 보였다. 무리를 지어 있는 어린이들이 귀여워 사진을 찍으려고 인솔한 선생님에게 허락을 구하니 안 된다는 대답이 돌아와서 아쉽지만 사진을 찍지 못하였다. 서양에서는 성인은 물론이고 어린아이도 초상권이 엄격하게 보호된다. 그러니 함부로 다른 사람의 얼굴을 사진으로 찍어서는 안 된다.

보티네스 안의 여러 전시물

보티네스를 나와 주변을 조금 거닐다가 아시안 마켓을 찾아가기로 하고 구글 지도에 의존하여 시내를 걸어가다가 우리나라의 다이소와 비슷한 곳을 발견하고 들어가니 선글라스가 진열되어 있다. 선글라스를 분실하였기에 적당한 가격이면 하나를 사려고 값을 물어보니 상상이하의 가격이었다. 우리 돈으로 5,000원 정도고 성능도 나쁘지 않아 하나 사서 옆에 있던 일행들에게 이야기하니 너도 나도 하나씩 산다. 모두들 싼 가격에 만족하며 웃고 떠들며 더 걸어가 아시안 마켓에 도착하니 우리나라의 식품들이 즐비하다. 여기서 한국 라면을 좀 사서 앞으로 끓여 먹기로 생각하고 라면을 구입하였는데 라면 값은 엄청나게 비쌌다. 하지만 한국에서 수입하여 판매를 하려면 그 정도는 받아야 되지 않을까? 하는 생각도 들었다.

아시안 마켓을 나와 또 제법 뜨거운 햇빛 아래를 걸어 시내를 가로질러 산 마르코스를 찾아갔다.

산 마르코스 San Marcos는 산 마르코스 광장 한쪽 면 전체를 차지하고 있는 대규모 건물로 조금 거리를 두고 바라보면 건물 전체가 황금빛

산 마르코스의 전경

으로 빛난다. 특히 건물 앞면 주 출입구 주변은 정교하게 제작한 수많은 조각상으로 유명하며 스페인 르네상스 양식 건축물 가운데 가장 중요한 것 중 하나로 손꼽힌다. 16세기에 건축한 유서 깊은 건물로, 처음에는 군대 시설로 조성했다가 이후 수도원, 병원, 감옥 등 용도가 여러 차례 변경되었다. 현재 일부는 호화로운 고급 호텔로 사용되고 있고, 일부에는 교회와 아담한 규모의 박물관이 있다. 이곳에는 플라테레스코 양식의 걸작인 파사드가 있다. 르네상스 양식 건축물이 단지를 이루는 주위

는 산 마르코스 단지로 불리는데 이 단지에는 성당과 교육 센터, 신학교, 감옥이 있었다고 한다.

성당에는 첨두아치로 된 아름다운 회랑이 있으며, 올리바레스 백작의 명령으로 스페인 바로크 시대의 대표적인 염세주의 문학가 프란시스코 데 케베도가 갇혀 있던 감옥을 볼 수 있다.

건물의 앞에는 호세 마리아 아퀴나José Maria Aquña가 조각한 순례자상이 있는데 메세타를 힘들게 걸어온 순례자가 신발을 벗어 놓고 십자가에 기대어 하늘을 올려다보는 모습이 인상적이다. 모두들 이 순례자상 옆에 앉아서 하늘을 바라보며 자신이 걸어온 길을 생각하고 또 앞으로 걸어갈 길도 생각한다.

광장에 있는 순례자상

신성한 은총의 어머니상

내부의 복도 - 기하학적 무늬로 돌을 깔았다.

내부의 여러 모습

산 마르코스를 구경하고 어제 갔던 뷔페에서 늦은 점심을 먹기로 하고 찾아갔다. 산 마르코스 광장에서 얼마 떨어져 있지 않은 뷔페에 가니 같은 길을 걷는 한국인들이 제법 보였고 그들도 모두 즐겁게 식사를 하고 있었다. 우리 일행도 당분간은 마주치기 어려운 음식들이라 모두 기쁘게 떠들면서 배불리 먹고 나와서 슈퍼에서 내일을 위한 사과와 자두 복숭아(납작 복숭아)와 바나나 등의 과일과 요플레와 빵을 장만하였다. 슈퍼에서 먹거리를 장만하고 조금 옆에 있는 버스 정류장으로 가서 버스를 타고 숙소로 돌아왔다.

숙소로 돌아와 쉬다가 간단한 저녁을 먹고 여유로움을 즐기고 있으니 같은 길을 걷는 대구의 부부가 자신들의 방으로 오라고 초청을 한다. 그 방에서 7명이 모여서 와인과 맥주를 마시며 떠들고 웃으며 까미노의 여러 이야기를 하며 즐겁게 시간을 보내고 각자의 방으로 돌아가 내일을 위해 잠자리에 들었다.

내일은 또 순례자의 모습으로 돌아가 길을 걸어야 한다.

레온 - 산 마르틴 델 까미노

오늘의 길 : 레온 - 산타아나 델 까미노 - 라 비르헨 델 까미노7.6km
- 발바르데 데 라 비르헨4.6km - 산 미켈 델 까미노1.4km
- 비야당고스 델 파라모7km - 산 마르틴 델 까미노4.5km

레온에서 하루를 푹 쉬고 오늘은 레온에서 산 마르틴 델 까미노까지 약 25km의 길을 걷는다. 레온에서 산 마르틴 델 까미노에 이르는 구간은 약 7시간을 걸어야 하지만, 길은 평탄하고 단조로워 어려움이 없다. 다만, 갈림길이 많아서 주의하며 걸어야 한다.

레온까지 꾸준하게 걸어온 순례자는 평원을 기대하지만 라 비르헨 델 까미노까지는 참고 견뎌야 한다. 라 비르헨 델 까미노는 1505년 성모가 발현한 곳으로 조용하고 평화로운 곳이다. 이곳에서 길을 따라서 약 3km 정도를 걷다 보면 순례자는 고속도로와 자동차 전용 도로가 복잡하게 얽혀 있는 곳을 지나게 된다. 이곳에서 길은 두 갈래로 갈라지므로 왼쪽으로 가지 말고 정면으로 이어지는 길을 따라 도로와 나란히 걸으면 비야당고스 델 파라모를 지나 산 마르틴 델 까미노에 도착할 것이다.

레온을 빠져나오기에는 많은 아쉬움이 남는다. 만약 내가 까미노 길을 걷지 않는 단순한 여행자라면 며칠을 머무르면서 차분하게 많은 곳을 천천히 돌아보아야 하는 도시였다. 하지만 나는 관광을 목적으로 이 도시를 찾은 것이 아니라 산티아고 까미노를 걷는 도중에 잠시 머문 도시였다.

아침 일찍 일어나 숙소를 나와 버스 정류장으로 가니 버스가 없다. 다시 숙소에 돌아와서 프론터의 직원에게 물어보니 오전 7시부터 버스가 다닌다고 해서 산 마르코스까지 걸어가기로 했다.

산 마르코스 옆의 다리

산 마르코스 단지에서 유유히 흐르는 베르네스가 강을 지나는 다리를 건너면 복잡한 시가지의 크루세로 지구까지 이어진다. 기찻길과 나란히 지나가서 십자가 광장에 다다르면 기찻길이 멀어진다. 이 광장을 지나가면 레온의 위성도시인 트로바호 델 까미노다. 전형적인 농촌 마을이었던 트로바호 델 까미노는 20세기 중반부터 레온의 인구가 지속적으로 늘어남에 따라 레온 근교의 베드타운으로 역할이 바뀌었으나 별 특징도 없어 그냥 지나친다. 도로를 건너면 오래된 포도주 저장고와 함께 불규칙적인 주택들과 공장지대가 어지럽게 보인다. 길을 가다가 보니 현대자동차 전시장이 보인다. 외국에 나가면 모두 애국자가 된다고 하는데 우리나라의 기업 표시를 보니 상당히 뿌듯하다. 조금 더 길을 따라가면 성모가 발현하였다는 라 비르헨 델 까미노에 도착한다.

전형적인 농촌 마을이었던 라 비르헨 델 까미노는, 조용한 마을로 까미노의 성모에게 봉헌된 까미노 성모 성당이 있다. 까미노의 성모는 여러 기도를 들어준다고 하는 이야기가 전해져 해마다 많은 가톨릭 신자가 이 마을을 찾는다고 한다. 라 비르헨 델 까미노 마을 입구에 있는 바에서 가볍게 아침을 먹고 길을 떠나니 특이한 모습의 성당이 나타난다. 외벽이 우리가 일반적으로 알고 있는 성당과는 다른 조각상이 장식하고 있는 바로 까미노의 성모 성당Santuario de la Virgen del Camino이다. 이 성당은 수사였던 프란시스코 코에요의 작품으로 현대적인 아름다움을 간직하고 있는 건물이다. 조각가 호세 마리아 수비락이 청동으로 만든 13개의 거대한 조각들은 성모 마리아와 열두 사도를 의미하고, 내부에는 '성모의 발현'으로 제작된 작가 미상의 16세기 성모상이 있다.

성당 외벽의 성모와 열두 사도상

까미노의 성모 성당의 성모상

이 성당의 성모 발현에 대한 이야기는 여러 가지가 있는데 그중 하나는 다음과 같다. 1505년 7월 2일, '엘리사벳의 성모 방문 기념 축제'에 벨리야 데 라 레이나의 목동 알바르 시몬 페르난데스가 가축을 돌보던 중 성모의 모습을 보았다. 그는 성모에게 다가갔고 성모는 그에게 말했다. "도시로 가서 주교에게 알리고 이곳에 내 조각상을 보관하기 위한 성전을 세우도록 하라. 그러면 내 아들이 이 땅의 번영을 위해 이곳에 나타날 것이다." 목동이 놀라서 대답했다. "성모님, 어떻게 하면 절 보낸 분이 성모님이라는 것을 그들이 믿겠습니까?" 그러자 성모 마리아는 목동의 새총과 작은 돌을 집어 들고 돌을 멀리 쏘아 보낸 후 말했다. "주교와 함께 돌아오면 이 돌이 거대한 바위가 되어 있을 것이다. 이것이 내가 너를 보냈다는 증거가 되리라. 돌이 떨어진 자리가 나와 내 아들이 나의 조각상을 보관하도록 결정한 곳이다." 목동이 주교에게 가서 사실을 말하고 주교와 함께 이곳으로 돌아오자 모든 것이 성모가 예언한 대로 일어났다. 주교는 이곳에 우미야데로 성당Ermita del Humilladero을 지었고, 이 성당이 1961년엔 현대식 성당으로 재건축되어 '까미노의 성모 성당'이라고 이름 붙여졌다.

길을 걷는 사람은 성당을 지나 라 비르헨 델 까미노 출구에 2개의 길을 가리키는 표지판을 만난다. 2개의 길 중 정면으로 향하면 발베르데 데 라 비르헨과 산 미구엘 델 까미노, 비야당고스 델 파라모를 거쳐 산 마르틴 델 까미노에 이르는 길이다.

이 길은 표지판의 정면에 있는 도로와 평행하게 만들어진 보행자 길이다. 도로와 나란히 걷다가 왼쪽으로 전진하여 도로 밑을 지나는 터널을 지나면 커다란 안테나가 있는 곳까지 평범한 오르막을 오른다. 이어서 도로와 나란히 이어지며 물푸레나무가 아름다운 발베르데 데 라 비르헨에 도착한다.

산티아고 300km 표시
- 이제 60%는 걸었다.

원래는 발베르데 델 까미노Valverde del Camino였으나 이름이 바뀐 발베르데 데 라 비르헨의 주변은 우아한 물푸레나무와 상큼한 초원이 가득하다. 이 마을의 집들은 아담한 성당 주위에 모여 있고, 성당의 첨탑 위에는 우리나라에서는 보기 어려운 황새들이 둥지를 틀고 새끼를 낳아 기르는 모습이 곳곳에 보인다. 길을 가는 일행이 "왜 황새가 성당의 첨탑에만 둥지를 틀까?" 하고 말하니, 다른 일행이 "하느님과 가까운 곳이라서."라는 답을 해서 잠시 웃었다.

10세기부터 존재했다고 전해지는 이 작은 마을의 끝에서 왼쪽으로 이어지는 길을 따라 약 1.5km 가면 산 미겔 델 까미노에 도착한다.

산타 엔그라시아 교구 성당
- 첨탑의 황새 둥지

스물셋째 날

산 미겔 델 까미노는 작은 마을이나 화려한 성당과 수도원이 있어 순례자들이 많이 찾아온다. 그래서 산 미겔 델 까미노에는 순례자를 위한 휴식처가 많이 있다. 이곳에서 카페에 앉아 쉬고 있으니, 길에서 만났던 많은 한국인이 지나가기도 하고 잠시 머물기도 하면서 인사를 한다. 우리와 생장에서부터 같이 출발한 한국인 모녀 중에 딸만 보여 웃으면서 "엄마와 헤어졌느냐?" 하니 명랑하게 웃으며 따로 걷는다고 한다.

이제 산 마르틴 델 까미노까지는 11km 정도가 남았다. 이곳에서 비야당고스 델 파라모까지는 1시간 반가량이다. 비야당고스 델 파라모는 '라 마탄사La Matanza'라고도 알려져 있으며 드넓은 초원 위에 세워졌다. 기차역 부근은 전투왕 알폰소 1세와 그의 아내 도냐 우라카가 1111년경에 벌인 전투가 일어난 장소로, 마을의 중심부에 있는 산티아고 성당의 현관에 새겨져 있는 전투 장면은 산티아고 성인이 나타났던 클라비호 전투가 아니라 이 부부 사이의 전투를 묘사한 것이라고 하는데 가 보지는 못하였다.

도로를 따라 난 길

비야당고스 델 파라모 마을의 중심을 통과하여 운하와 도로 사이로 이어진 직선 도로를 따라 1시간 정도를 걸으면 산 마르틴 델 까미노에 도착한다. 산 마르틴 델 까미노 마을을 가까이 두고 걷고 있으니 비가 오기 시작한다. 세차게 오는 비가 아니기에 그냥 맞으며 길을 가니 계속해서 비가 온다. 가랑비에 옷 젖는다고 방수가 안 되는 옷으로는 감당하기가 조금 어렵다. 그러나 내가 입고 있는 옷은 어느 정도 방수가 되는 옷이라 그냥 계속 걸어 산 마르틴 델 까미노 마을 입구에 있는 알베르게에 도착하니 오후 1시가 지난 시간이었다. 비에 젖은 옷을 갈아입고 몸도 씻고 알베르게의 식당에 가니 점심시간이 끝났다고 주문을 받지 않는다. 하는 수 없이 숙소로 돌아와 잠시 쉬고 마을의 슈퍼에 가니 슈퍼도 문을 닫아 놓고 오후 5시에 문을 연다는 종이가 붙어 있었다. 슈퍼 앞에서 배회하다가 시간이 되니 주인이 멀리서 차를 타고 와서 문을 열었다. 슈퍼에서 내일을 위한 여러 가지 식품을 사고 알베르게로 돌아오니 저녁을 먹을 시간이었다. 알베르게 식당에 미리 주문하였기에 시간이 되어 식당으로 가니 맛있는 파에야를 아주 풍성하게 탁자마다 주고, 스페인의 가장 유명한 음식인 돼지고기를 훈제한 하몬도 주었다. 사실 이 하몬은 점심때 식당에서 주인에게 이야기하면서 조금 맛본 것인데 주인이 잊지않고 서비스로 내주어 감사한 마음으로 맛있게 먹었다.

저녁을 먹고 그 자리에서 가볍게 맥주를 한잔하면서 오늘 길을 같이 걸은 사람들과 여러 이야기를 하고 잠자리로 돌아와서 누우니 잠이 오지 않았다. 그래서 조용히 나와서 알베르게를 돌아보니 조금은 특이한 장식을 하고 있었고, 마당에는 닭들이 놀고 있는 모습이 보였다. 한참을 혼자 앉아 멍을 때리다가 내일을 위해 잠자리에 들었다.

알베르게 장식　　알베르게 마당의 닭

산 마르틴 델 까미노 - 아스토르가

오늘의 길 : 산 마르틴 델 까미노 - 푸엔테 데 오르비고6.8km **- 오스피탈 데 오르비고**1.1km
- 비아레스 데 오르비고2.2km **- 산티바네스 데 발데이글레시아스**2.5km
- 산 후스토 데 라 베가7.6km **- 아스토르가**3.8km

오늘은 산 마르틴 델 까미노에서 아스토르가까지 약 24km의 길을 걸어야 한다. 두 갈래로 나뉜 까미노 길은 오르비고 다리를 건너기 전에 하나로 합쳐지지만, 마을의 출구에서 다시 나뉜 길은 산 후스토 데 라 베가를 가기 전, 성 토르비오의 십자가에서 하나로 합쳐져 아스토르가로 이어진다.

이제는 습관적으로 시간이 되면 일어나 짐을 챙기고 간단히 요기하고 길을 떠나는 시간은 인적이 없는 시간이다. 서양 사람들은 거의 아침을 늦게 시작하니 새벽같이 길을 걷는 사람은 순례자뿐이다.

어둠의 산 마르틴 델 까미노 거리

산 마르틴 델 까미노의 출구 파라모 운하를 지난 순례자는 도로의 오른쪽으로 나란히 이어지는 길을 걸어야 한다. 길을 걸으면 오르비고라는 이름이 붙은 여러 마을을 만난다. 그중에 가장 아름답고 인상적인 오스피탈 데 오르비고의 다리까지는 8km 정도로 약 2시간이 소요된다. 넓은 농경지와 들판, 시원하게 뻗어 있는 물푸레나무의 그늘이 순례자를 맞아 주며 이윽고 길은 마을의 초입이 보이기 시작하면서 도로와 멀어진다.

도로 옆을 따라 걷는 사람들

버드나무가 울창한 오스피탈 데 오르비고Hospital de Órbigo는 오르비고 강의 다리를 사이에 두고 2개의 마을로 나뉘어져 있다. 오스피탈 데 오르비고는 레온 지방 리베라 델 오르비고 지역에 있는 소규모 자치단체로, 중세 시대 오르비고 강가에 있던 산타 마리아 성당을 중심으로 작은 마을이 형성됐다. 당시 이 마을 명칭은 푸엔테 델 오르비고였는데 16세기 말 푸엔테 델 오르비고에서 강 건너편에 순례자를 위한 산 후안성 요한 예루살렘기사단이 병원지금의 성당을 짓고 이 근처에 '오스피탈 데 오르비고'란 마을이 형성됐다. 이 마을은 산티아고 순례길에서 반드시 거쳐야 하는 곳으로 오스피탈 데 오르비고는 농업과 목축업이 주축을 이루고 지금은 관광산업이 부상하고 있다고 한다. 13세기에 세워진 오르비고 강 다리의 원이름이 푸엔테 델 오르비고인데, 1434년 수에로 데 키뇨네스Suero de Quinones가 이 다리에서 파소온로소paso Honroso, 마상창시합를 열어 파소온로소 다리라고도 불리며, 다리 중간에는 아직 당시의 사건을 설명하는 이야기가 새겨져 있다. 명예로운 걸음의 다리Puente del Passo Honroso는 여러 시대에 걸쳐 만들어진 19개의 아치로 가장 오래된 것은 13세기의 아치다. 이 다리는 아치의 보존 상태가 아주 좋아 지나는 나그네들이 사진을 찍기에 여념이 없다. 강에 비해 다리 크기가 엄청나게 커 보이지만 바리오스데루나 저수지를 건설하기 전까지 오르비고 강은 꽤 큰 강이었다고 한다. 여러 차례 보수 작업이 이뤄졌으며 1939년 국가 유적으로 지정됐다. 이 다리는 까미노 데 산티아고에서 가장 긴 다리이며, 스페인에서 가장 유명한 기사도 정신이 발휘된 곳이다.

명예로운 걸음의 다리

이 다리의 이름에 얽힌 이야기는 다음과 같이 전해진다.

후안 2세 시절, 기사 수에로 데 키뇨네스는 연인인 도냐 레오노르 데 토바르에 대한 사랑의 표시로 매주 목요일 목칼을 차고 다니기로 기묘한 약속을 했다. 그리고 만약 약속을 어기면 300개의 창을 부러뜨리거나 오르비고 강 위의 다리에서 한 달 동안 결투하기로 했다. 수에로 데 키뇨네스는 목칼을 차고 다니는 약속을 지키는 데 지쳐서 싸움을 허락해 달라고 왕에게 요청하고, 유럽 전역에 있는 여러 명의 기사에게 자신이 목칼을 벗을 수 있게 도와 달라는 편지를 썼다. 이에 수많은 기사가 싸움에 참가해서 그의 편에 서기도 했고, 그와 맞서 싸우기도 했다. 1434년 7월 10일부터 8월 9일까지 7월 25일 성 야고보의 축일을 제외하고 약속대로 한 달간 창 싸움이 이어졌다. 수많은 창이 부러졌고 기사 중엔 부상자도 있었고, 한 명은 사망하기까지 했다. 마침내 결투가 끝나고 수에로 데 키뇨네스는 목칼을 벗었다. 그 후 그는 자유의 상징인 도금한 은 족쇄를 성 야고보에게 바치기 위해 산티아고로 순례를 떠났고, 산티아고 대성당에는 그가 바친 족쇄가 보존되어 있다. 이 결투 중에 사망한 한 명의 기사는 가톨릭식 무덤에 잠들 수 없었다고 하는데, 그 이유는 가톨릭이 이러한 종류의 결투를 인정하지 않기 때문이라고 한다. 수에로 데 키뇨네스는 24년 뒤 이 다리 위에서 또 결투하다가 다른 기사의 손에 죽었다. 이곳에서는 약속을 지키기 위해서 수에로 데 키뇨네스가 벌인 결투를 기리는 축제가 매년 6월의 첫 번째 주말에 열린다. 이때는 도시 전체를 중세식으로 꾸며 놓고 중세식 시장을 열고, 마을 사람들이 중세 복장으로 축제를 즐긴다고 한다.

다리를 건너면 바로 옆에 카페가 있다. 길을 걷는 사람은 대부분 이 카페에 앉아 음료와 빵을 먹으며 다리를 감상한다. 카페에 들어가니 자리를 잡기가 어려웠는데, 카페 밖 베란다에도 좌석을 마련해 놓아서 그곳에 앉아서 경치를 즐기니 길을 걸으면서 만났던 많은 사람이 보인다. 앞에서 여러 번 이야기했던 한국인 모녀와 한국의 젊은이들, 외국인들이 즐겁게 아름다운 경치를 구경하고 있다. 그중에서 한 젊은 여자가 말을 걸어와 이야기하니 인천에서 와서 혼자서 이 길을 걷고 있다고 한다.

쉬고 나서 다시 길을 시작하는 마을에 보이는 세례자 요한 성당Iglesia Parroquial de San Juan Bautista은 예루살렘의 성 요한 기사단에 속해 있던 성당으로 현대에 재건축되었다. 오늘날도 파사드에서 찬란히 빛나는 기사단의 십자가를 볼 수 있다.

마을의 출구에서 길은 양쪽으로 갈라지는데 재미있게 길을 구분해 놓았다. 직진하는 길에는 우는 얼굴에 Road(도로 따라가는 길)이라 표시되었고, 오른쪽 길은 웃는 얼굴로 Way로 표시하여 마을 길임을 알리고 있다. 진짜 까미노를 걷기 위해서는 오른쪽으로 이어지는 길을 선택해서 가면 구시가지와 소박한 들을 지나는 아름다

세례자 요한 성당

운 길로 이어지는 중간에 오른쪽으로 산 펠리스 데 오르비고로 이어지는 길을 지나

치면 비야레스 데 오르비고에 이르기까지 북서쪽으로 길이 이어진다. 이 길을 걸으며 오스피탈 데 오르비고 마을의 카페에서 만났던 인천에서 온 젊은 여성과 함께 걷게 되어 많은 이야기를 하였다. 그녀는 30대 초반으로 회사에 다니다가 그만두고 무언가를 찾아보기 위해서 이 길을 걷기로 하였다고 말하며 자신에 대해 많은 이야기를 하였다. 이 길에서 만난 젊은이는 대개 직장을 그만두고 길을 걷는다고 하였는데, 우리가 젊었을 때는 상상도 못 하는 행동이었지만 그들의 용기가 너무 부러웠고 도전이 너무 고마웠다. 젊을 때 자신을 찾아 떠나는 순례길은 그들을 크게 성장시킬 것이라는 생각이 들었고 그들을 위해 마음속으로 기도해 주었다.

다음 마을인 비야레스 데 오르비고Villares de Órbigo는 레온주에 있는 자치시로 산티아고 순례길의 영향 덕분에 의미 있는 종교 시설이 다수 존재하며, 오르비고 강둑이 자치단체 영내에 위치하여 농업이 발달하여 전통적으로 풍요로운 지역으로 발달했다. 이 주변 마을 이름에 오르비고라는 강 이름이 모두 들어 있는 점에서 알 수 있듯이 마을과 강은 필연적인 관계이다. 오르비고 곳곳에 운하와 댐이 건설되어 비옥한 평야를 위한 관개시설로 활용되고 있고, 마늘, 부추, 고추가 주로 재배되며 품질이 좋다고 잘 알려져 있다.

마을의 길을 따라가니 중간에 여러 나라의 국기를 걸어 놓은 가게가 보인다. 우리나라 사람들에게는 상당히 알려진 가게로 한국어 표기도 많고 주인이 간단한 한국어를 구사하고 아주 단순한 한국 물품도 있었지만 잠시 들렀다가 지나쳤다.

비야레스 데 오르비고에서 산 후스토 데 라 베가에 이르기까지 끊임없는 샛길들이 있지만 노란 까미노 표시만 충실하게 따라가면 된다. 비야레스 데 오르비고에서 산티바네스 데 발데이글레시아스까지는 약 2km다. 계속 걸어 마을에 들어서 나무 사이로 이어지는 돌길을 따라 언덕을 올라가서 계속 길을 따라 내려가면 산티바네스 데 발데이글레시아스에 도착하고, 거기에서 시작된 평원은 언덕을 지나 레온 산과 텔레노 산으로 이어진다. 계속해서 길을 가면 포도나무와 밀밭이 넘실대고 버드나무와 소나무, 떡갈나무가 우거진 숲을 따라 부드럽게 이어진 길을 본다. 중간의 내리막 너덜 지대를 조심해서 지나면 이 길의 끝에는 성 토르비오의 십자가가 있고, 이 부근에서 아스토르가가 보인다. 계곡을 따라 내려가면 아스토르가에 들어가는 순례자들이 잠시 쉬어갈 수 있는 산 후스토 데 라 베가에 도착한다.

고원 길을 계속해서 걸어가니 중간에 여러 종류의 과일이 진열되어 있고 지나가던 순례자들은 자리에 앉아서 먹고 싶은 과일을 가져와서 먹는다. 과일을 먹고 난 뒤에 자신이 내고 싶은 만큼 기부하는 가게로, 옆에는 이 과일 가게를 관리하는 사람이 있어 부족한 과일은 계속 보충해 주었다. 우리가 스페인 마켓에 가면 가장 저렴한 것이 과일이다. 그래도 이곳에서는 기부라는 단어가 사람에게 묘하게 작용하여 자신이 먹은 과일값을 후하게 지불한다. 옆에는 수공예로 팔찌를 만드는 사람이 있었다. 그도 가격을 정하지 않고 주는 대로 받으며 원하는 사람에게 즉석에서 매듭으로 팔찌를 만들어 주었다. 그 정성이 더 갸륵해서 팔찌를 하나 사고 과일값을 지불하고 쉬다가 다시 길을 갔다.

길가의 순례자들을 위한 음식 - 기부제이다.

산 후스토 데 라 베가는 순례자와 관광객에게 완벽한 시설을 제공하는 아스토르가 인근의 마을이며 국도의 샛길에 있다. 성인 후스토와 그의 형제였던 성인 파스토르가 이 마을에서 출생하여 마을의 이름을 따왔다.

토르비오의 십자가

마을 입구에 있는 산토 토리비오 십자가 Crucero de Santo Toribio는 5세기의 아스토르가의 주교였던 성 토리비오와 연관이 있다. 성 토리비오는 억울한 누명을 쓰고 아스토르가에서 추방당했다. 그는 아스토르가로 향하는 높은 언덕에 앉아 신발의 먼지를 털어 내며 "아스토르가 소유라면 먼지도 가져가지 않겠다!"라고 말했다고 한다. 세월이 흘러 주교가 누명을 썼다는 것을 알게 된 아스토르가 사람들은 이 언덕에 그를 기리는 십자가를 세웠다. 이 십자가는 성 토리비오와 성모를 상징하는 석조 작품으로 이 십자가가 세워진 이후

작은 성당이 생겼고 많은 순례자가 이곳을 찾기 시작했다. 십자가가 세워진 언덕에서는 아스토르가를 한눈에 볼 수 있고, 전망이 좋아 레온 산을 배경으로 투에르토 강이 또렷하게 보인다. 마을의 출구에서 순례자는 철재로 만들어진 다리로 투에르토 강을 건너 얼마 후 오른쪽으로 내려가 도로와 나란히 걸어 공장지대를 지난다. 길은 오래된 중세 시대의 다리로 이어지고 다리를 건너 가파른 길을 올라 태양의 문으로 통과하면 아스토르가 구시가지가 나온다.

멀리 보이는 아스토르가

아스토르가는 레온 들판과 산간지대의 중간 지역 평균고도 868m의 고지대에 자리하며 투에르토 강 Río Tuerto이 도시 한가운데를 통과한다. 아스토르가에서는

기원전 2750년의 주석으로 만든 인공물이 발견되었고, 기원전 1300~700년의 청동기시대 유물도 발견되었다. 철기시대인 기원전 275년 아스토르가에는 켈트족이 살았고, 이후 고대 로마의 성채가 세워졌고 기원전 14년에는 로마 황제 아우구스투스Augustus가 이름을 붙인 아스투리카Asturica라는 도시가 아스토르가의 기원이며, 당시의 대규모 목욕탕 유적이 아직도 시내에 남아 있으며, 산티아고 순례길의 프랑스길과 은의 길이 교차하는 지역이다.

로마 시대 아스토르가는 가톨릭이 크게 성행했다. 야고보와 사도 바오로가 아스토르가에서 설교했다는 설이 있으며 3세기에 주교관이 있었다고 전해진다. 스페인에서 가장 먼저 주교구가 설치된 지역이며, 아스토르가 주교는 유럽에서 가장 오래된 종교 직책이었다. 11세기 산티아고 순례길의 주요 기착지였지만, 아스토르가는 종교적으로 쇠락했다가 성당 건축은 15세기에 다시 시작됐다.

1528년 에르난 코르테스가 멕시코에서 카카오콩을 스페인으로 들여와서 아스토르가는 유럽의 초콜릿 발상지로 아스토르가산 초콜릿을 유럽 전역에서 볼 수 있다. 아스토르가 초콜릿 박물관에는 16세기의 핫초코 머그잔이 보관돼 있다. 현재 도시 곳곳에 이와 같은 역사적 건축물을 비롯해 많은 관광 명소가 자리 잡고 있는데, 그중 대표적인 것으로는 안토니오 가우디가 설계한 주교궁El Palacio Episcopal과 산타 마리아 대성당Catedral de Santa María, 고대 로마 시대에 조성한 성벽Wall of the Town 등이 있다.

아스토르가 구시가지의 입구 공립 알베르게가 오늘의 숙소다. 길을 걸으면서 공립 알베르게와 사립 알베르게를 비교해 보면 대체로 공립 알베르게가 시설이 좋은 것 같다. 일찍 도착해서 샤워하고 일행과 시내를 구경하려고 나가니, 숙소 앞에 조그마한 산 프란시스코 광장이 있고, 거리를 건너서 수리하고 있는 산 바르톨레메라는 오래된 성당이 보여서 가 보니 문을 닫아 놓아 들어가지를 못했다. 시내를 걸어가니 여러 옛 건물이 보이고 여러 동상을 비롯한 조형물도 보인다.

스물넷째 날

목마른 순례자상

거리를 걸어가니 사람이 많이 있는 마요르 광장이 있다. 마요르 광장에는 바로크 양식의 아름다운 파사드, 클라비호 전투의 군기가 있는 아스토르가 시청Ayuntamiento과 쌍둥이 탑, 도시의 상징인 시계탑이 눈에 띈다. 시계에는 독특한 복식을 입은 두 사람이 망치로 종을 치는 모습이 있다. 콜로사와 후안 산쿠다라는 두 인물로, 이 시계는 정시는 알려 주지만 15분, 30분, 45분은 알려 주지 않는다. 그 이유는 이 시계를 만든 장인이 인색한 도시 주민들을 비웃으며 '시간은 알려 주지만 15분은 알려 주지 않겠다.'라고 결심했기 때문이라고 한다. 번잡한 광장을 지나 시내를 걸어가니 좌우에 초콜릿 가게가 엄청나게 많이 보여서 유럽 초콜릿의 발상지라는 말이 과언이 아니라는 것을 알 수 있다. 아쉬운 것은 초콜릿 박물관이 문을 닫아 놓아서 구경할 수가 없었다는 것이다. 계속 시내를 걸어가니 주교궁과 대성당이 모여 있는 광장이 나타난다.

시청

사자와 독수리상
- 도시의 수호자들을 기억하는 기념비

산타 마리아 대성당은 아스토르가에서 가장 중요한 건축물이자 로마네스크와 고딕, 바로크 양식이 혼합된 최고의 성당이다. 로마네스크 양식의 대성당을 확장하면서 고딕 양식이 되었는데, 아직도 로마네스크 양식의 요소가 남아 있다. 성당의 제단부는 고딕 양식, 파사드는 바로크, 위엄의 성모상은 12세기, 스테인드글라스와 주제단화는 16세기의 작품이다. 성당 내부의 아름다운 위엄의 성모상은 스페인 로마네스크 양식에서 가장 아름다운 성모상이다. 합창단석의 조각 중엔 카드놀이를 하면서 파이프를 물고 있는 사람이 있는데, 이 조각은 콜론Colon, 콜럼버스이 처음으로 아메리카 대륙에 도착한 지 불과 25년 후에 만든 작품으로 유럽인들의 흡연 습관을 보여 준 최초의 작품이라고 한다.

산타 마리아 대성당

옛 로마의 성터 위에 건립된 주교궁은 안토니오 가우디가 설계한 환상적인 현대 건축물로 원래 주교의 거처로 건축되었으나 오늘날엔 까미노 박물관으로 사용된다. 주교궁을 보면 디즈니의 만화 영화에서의 궁전이 바로 생각난다. 환상적인 궁전의 모형이 이 궁전에서 가져간 것은 아닌지 의문이 들 정도로 닮았다. 그런데 주교궁이 문을 열지 않아 안을 볼 수가 없어 안타까웠다.

주교궁

산타 마리아 대성당 내부를 구경하려니 입장권을 구입해야 했다. 누차 이야기했지만, 나의 취향이 박물관이나 미술관은 꼭 구경하는 것이라서 입장권을 구입하여 안으로 들어가 내부를 보고 또 박물관을 구경하면서 레온이나 부르고스에 못지않은 곳으로, 스페인에서 최초의 주교령이 이곳이었다는 것이 허언이 아니었다는 것을 깨닫게 되었다. 대성당 옆에 종탑이 특이한 산타 마르타 성당이 있다. 이슬람이 지배하던 시절 마르타라는 이름의 여인을 개종시키려 했으나 그녀는 순교하였다고 한다. 이후에 이슬람이 물러나고 마르타는 아스토르가의 수호성인의 칭호를 얻었고 그녀의 이름을 딴 성당과 수도원이 스페인 여러 곳에 지어졌다.

산타 마리아 대성당의
여러 문위의 장식

산타 마리아 대성당의 내부와 박물관

주교궁과 대성당

　　주교궁과 대성당을 구경하고 시내를 배회하면서 가게에 들러 초콜릿을 사서 일행과 나누어 먹고 광장으로 가니 많은 한국인이 햄버거를 먹고 있다. 맛집이라는 곳으로 상당히 번잡한 곳이었지만 나는 전혀 관심이 없었다. 나도 먹는 것을 좋아하여 한국에서는 찾아도 다니지만 내 여행의 철학은 기회가 되면 그 지방의 특색 있는 음식을 먹는 것이다. 그래서 이곳에서 가장 중요한 초콜릿을 맛본 것이었다. 사실 아스토르가는 대표하는 두 음식이 있다고 한다. 하나는 코시도 마라가토Cocido Maragato인데 이것은 9가지 정도의 고기와 가르반소Garbanzos, 병아리콩 요리와 수프 등이 나오는 전통 음식으로 특이한 점은 보통 식사와 반대 순서 즉 고기를 먹고 그 다음에 나머지 곁들인 음식을 먹는다는 점이다. 두 번째는 버터가 들어간 과자 만테카다Mantecadas다.

시내를 배회한 뒤에 알베르게에 돌아와 저녁을 라면으로 해결하기로 의견을 모아 레온에서 구입한 라면을 가지고 엄청난 양을 끓이니 냄새가 온 주위에 퍼져 한국인들은 모두 군침을 다신다. 라면으로 포식하고 쉬고 있으니 낯익은 반가운 얼굴들이 들어온다. 한국인 모녀와 인천에서 온 젊은 여성, 한국의 여러 젊은이가 이곳에서 오늘을 쉰다고 하여 서로의 안부를 물으면서 이야기하고 저녁을 해결한다. 이 공립 알베르게가 규모가 엄청나게 커서 우리나라 사람뿐만 아니라 다른 외국인도 많이 보였다.

저녁을 먹고 자리에 돌아오니 할 일이 없다. 그래서 침상에 누워 있다가 잠이 들었다. 잠을 자다가 깨어 소리를 들으니, 비가 엄청나게 내리고 있다. 날씨의 변화가 아주 심하여 날이 맑았다가 금방 비가 오기도 한다. 일어나서 밖으로 나가니 대구에서 온 동생 같은 사람이 혼자 앉아서 고독을 삼키고 있어 가까이 가서 여러 이야기를 하다가 내일을 위해서 잠자리에 든다.

아스토르가 - 폰세바돈

오늘의 길 : 아스토르가 - 무리아스 데 레치발도6.5km **- 산타 카타리나 데 소모사**4.6km
- 엘 간소4.1km **- 라바날 데 까미노**7km **- 폰세바돈**5.5km

오늘의 길은 아스토르가를 출발하여 폰세바돈까지 가는 약 28km로 대개 해발 1,000m가 넘는 고원을 걷다가 마지막인 폰세바돈을 올라가는 길은 해발 1,500m 정도 되는 고지대로 올라가는 길이다. 이제 오랫동안 걸었던 메세타 고원이 끝나고 레온의 산맥들이 펼치는 새로운 풍경이 나타난다. 과거 이 고장은 마라가테리아로 불렸는데 짙은 황토밭과 기후는 사람들을 폐쇄적으로 만들어 이 지방의 사람들은 같은 지방의 사람끼리 혼인하는 풍습을 가지고 있다고 한다. 라바날 델 까미노는 그런 마라가테리아 마을의 포근한 정취가 살아 있는 마을이며, 베네딕토회의 작은 수도회 미사에서는 황홀한 그레고리안 성가를 들으며 기도할 수도 있다. 길을 걷다 보면 까미노 프란세스에서 가장 높은 폰세바돈을 멀리서 볼 수 있다.

시청 앞 광장

일찍 길을 떠나 어제 거닐었던 거리와 광장을 지나니 북적거리던 거리는 인적 없이 적막하며 길을 떠나는 순례자들의 모습만 보인다. 길을 걸어 주교궁 주위에서 어제 보지 못한 로마 성벽을 보려고 잠시 발길을 돌려 오른쪽 밑으로 내려갔다. 원래 아스토르가는 성벽으로 둘러싸인 곳인데 중간중간 성벽이 끊어지고, 도시에 남아 있는 로마 성벽은 로마인들이 회반죽과 돌로 지은 성벽을 13세기에 보수한 것으로 제대로 된 성벽을 보려면 주교궁 아래에 있는 성벽을 보아야 한다.

성벽 위에 지어진 주교궁의 모습

로마 성벽

성벽 아치

로마의 문 표시

로마 성벽을 보고 대성당 뒤로 돌아가 다시 까미노 길에 합류하여 길을 걸어 아스토르가 산타 마리아 대성당을 지나 표시를 따라 걸으면 도시 출구에서 현대식으로 지어진 교회를 만난다. 고딕과 로마네스크 양식이 대부분인 옛 성당만 보다가 현대식 건물인 교회를 보니 새삼 새롭다. 마드리드와 아 코루냐를 연결하는 도로를 건너 친절한 까미노 표시를 따라 계속 직진하여 오래된 에세 오모 수도원을 만나면 발데비에하스에 도착하게 된다. 발데비에하스는 작은 마을로 에세 오모 수도원 이외에는 특별한 볼거리도 없어 마을을 지나 공장지대를 지나서 만나는 세 갈래로 갈라진 길 중 오른쪽으로 이어지는 길을 가면 헤르가 강의 다리 앞에서 다시 만난다. 다리를 건넌 왼쪽으로 무리아스 데 레치발도로 이어지는 길로 간다.

Ermita del ECCE Homo

무리아스 데 레치발도는 작은 마을로 17세기에 만들어진 마라가테리아 전통 양식의 소박한 집과 산 에스테반 성당과 같은 건축물이 있지만 그냥 지나서 간다. 마을을 등지고 이어지는 길은 약 4km에 걸쳐서 완만한 오르막길로 산타 카타리나 데 소모사까지 순례자를 인도한다. 길을 가는 도중에 조그마한 성당에서 세요를 찍어주고 있었다. 이 길을 걸으면서 작은 성당에서는 세요를 찍고 꼭 기도 초를 밝히며 약간의 헌금을 하고 지나가는 것이 일상이 되었다.

산타 카타리나 데 소모사는 덤불과 키 작은 떡갈나무, 목장으로 둘러싸여 있는 조그마한 마을이다. 소모사는 라틴어로 '산 밑'이라는 뜻으로, 마을 끝에는 순례자들이 반드시 거쳐 가는 이라고 산이 있다. 이 마을도 마라가테리아 전통 건축물이 있고 종탑이 있는 성당도 있고, 마요르 광장에는 마라가테리아 지방의 유명한 탐보릴레로Tamborilero, 작은 북 연주자인 아킬리노 파스토르의 흉상이 있다.

길가에 피어 있는 애니시다

마라가테리아의 전통적 마을 풍경

이 길을 가는 도중에 갑자기 비가 온다. 가랑비 정도가 아니라 제법 굵은 비가 오기에 길을 걷는 사람들은 우의를 입고 길을 걷느라 상당히 불편해한다. 이제부터 비가 제법 오는 지방으로 들어서는 것이다.

마을의 레알 거리를 지나면 마을 끝에서 십자가상을 만나고 길들이 만나는 지점에서 200m 정도 도로를 걷다가 오른쪽의 길을 약 1시간 정도 오르면 멀리 폰세바돈의 모습이 보이고 엘 간소에 도착한다. 스페인어로 간소는 거위 혹은 조금 모자란 사람을 의미한다는데, 어떻게 이런 이름이 붙었는지는 알 수 없다. 제법 오던 비는 그치고 파란 하늘이 보이니 마음이 상쾌해진다. 기상의 변화가 너무 심하다.

길가의 목장

엘 간소 입구에서 거리를 따라 마을을 통과하여 라바날 델 까미노까지는 오르막과 내리막이 계속 반복된다. 송전탑을 지나면 순례자의 앞길에 레게리나스 계곡의 시내가 지나고 평화스럽게 보이는 평원과 순례자의 쉼터로 안성맞춤인 100년은 넘어 보이는 커다란 떡갈나무는 마을이 가까워졌다는 것을 알려 주는 표지판이다.

서고트식 이름을 가진 마을의 기원에 대해서는 1700년경에 홍수가 나서 원래 있던 주거지가 모두 파괴되었고, 헤르가 강변에 현재의 마을이 재건되었다는 것 이외에는 정확히 기록된 것이 없다.

라바날 델 까미노는 수많은 전설과 역사가 존재하며, 중세부터 순례자들이 찾아오는 마을로 오늘날까지도 많은 순례자가 이곳을 찾으며, 마을 밖의 떡갈나무 숲은 순례자들에게 근사한 그늘과 휴식을 제공한다. 마을의 성모 승천 성당Iglesia Parroquial de la Asuncion은 12세기 로마네스크 양식의 건축물로 성당의 전면에는 앞으로 구부러진 형태의 로마네스크 창문 3개가 보존되어 있다.

이 성당은 폭풍우가 마을로 다가오면 신도들이 성당에 모여 성 바르바라에게 도움을 청하며 성당의 종을 치면 폭풍우가 마을을 비켜가서 해를 입지 않는다는 기적이 전해진다. 어

성모 승천 성당

느덧 긴 시간이 흘러 시장하여 같이 길을 걷는 동행과 간단히 식사하기로 하고 카페에 들어가 점심을 먹고 쉬다가 다시 길을 간다.

폰세바돈을 가는 도중에 길가에 한글로 사람 이름이 명기된 돌을 보았다. 처음에는 이 길에서 흔히 보이는 자신의 이름을 명기한 것으로 생각하고 지나려고 했으나 같이 가던 일행이 우리 이름이 쓰여 있다고 하여 자세히 살펴보니 생장에서 같이 출발한 사람들의 이름이 모두 표기가 되어 있다. 우리 무리를 인솔하는 사람이 기념으로 오늘 써 놓은 것으로 작은 정성이지만 사람을 감동시키기에 조금도 손색이 없었다. 나중에 폰세바돈 숙소에 도착하여 이 이야기를 하니 아무도 그 돌을 보지 못했다고 하여 안타까웠다. 내가 사진을 찍어 놓았다고 하니 카톡으로 보내 달라는 사람들이 많았으나 카메라로 찍은 사진이라 공유할 수가 없었다.

길가에 순례길에 동행한 사람들의 이름 표시

아주 작지만 쾌적한 마을 라바날 델 까미노에서 폰세바돈까지 5.5km는 언덕을 올라간다. 마을 출구에서 1km 정도를 걸어가면 자동차 전용 도로가 나오며 까미노는 도로와 나란히 폰세바돈까지 이어진다. 약 1,500m의 언덕을 넘어가지만, 경사가 심하지 않은 완만한 길로, 언덕을 오르면 큰 나무들은 점차 사라지고, 세찬 바람을 맞으며 언덕의 정상을 향해 가야 한다. 중간에 사람이 거의 살지 않는 황량한 마을의 벽돌집이 늘어선 길을 지나 너덜 지대를 걸어가서 계곡을 따라 올라가면 폰세바돈이 나온다. 오래전부터 버려진 집으로 가득했던 이 마을은 순례자의 수가 증가하며 점점 회복하기 시작해서 여러 알베르게가 생겼다. 산속에 있는 작은 마을이지만 중세 레온의 왕 라미로 2세가 10세기에 회의를 개최했던 곳이고, 수도원이 만들어지기도 했다. 그 후 11세기에 수도원장이었던 가우셀모가 순례자를 위한 병원을 세웠고, 그의 이름을 따서 병원과 성당, 수도원의 이름을 바꾸었다. 하지만 분수와 종탑 이외에는 현재 남아 있는 것은 없다.

오후 2시경에 알베르게에 도착하여 중간에 비를 맞은 몸을 씻고 세탁도 한 뒤에 휴식하면서 많은 사람과 이야기했다. 이제 길을 걸은 날도 많이 지나고 있기에 조금씩 피로도 느끼기 시작한다. 중간에 만난 사람들이 보이지 않다가 보여서 이야기해 보면 몸이 불편해서 차를 타고 한두 구간을 지났다는 사람도 있다. 이 길을 걷는 것이 자기 건강을 해치면서까지 걸어야 하는 것은 아니기에 자기 몸의 상태를 잘 살펴서 걸어야 한다.

폰세바돈이 제법 높은 곳에 있어서 이곳에 오는 도중에 보는 경치는 장관이었다. 평원이 아니라 산 언덕길을 걸었기에 멀리 보이는 경치는 지나온 평원에서는 좀처럼 보기 어려운 풍경이었다.

알베르게에서 보는 풍경

폰세바돈 - 폰페라다

오늘의 길 : 폰세바돈 - 철의 십자가2.2km **- 만하린**2.3km **- 엘 아세보**7km
- 리에고 데 임보로스3.4km **- 몰리나세카**4.7km **- 캄포**4.3km
- 폰페라다3.4km

오늘은 폰세바돈을 출발하여 산티아고 까미노 길에서 가장 유명한 철의 십자가를 지나 폰페라다까지 가는 약 27km의 길로, 철의 십자가를 지나면 계속 내려가는 길이다. 내리막길이라 쉬운 것 같으나 길은 올라가는 것은 힘이 들지만 내려오는 것은 어렵기도 하고 위험하기도 하다. 길을 걷는 것이 우리가 인생을 사는 것과 비슷하다. 자신이 어떤 곳에 오르기 위해 노력하면 힘들지만 도달할 수 있다. 하지만 그 위치에서 내려오는 것은 나의 의지가 아니기에 아쉽고 안타까운 마음이 들어 더 힘들다. 그래서 내려올 때 더 조심하고 주의해야 한다.

아침에 일어나니 내가 늦게 일어난 것이 아닌데 벌써 사람들이 떠나고 있다. 날이 갈수록 사람들의 출발 시간이 더 빨라져서 왜 그렇게 서두르는지 도무지 이해되지 않는다. 인생을 살아가는 것과 마찬가지로 빨리한다고 더 잘되거나 크게 이루는 건 아니라는 것을 이 길에서 아직 느끼지 못한 것 같아 안타까운 마음이다.

해 뜨는 모습

폰세바돈에서 언덕을 오르며 뒤를 돌아보니 해가 떠오른다. 하루의 시작을 알리는 평범한 해돋이지만 오늘은 뭉클해진다. 이름도 모르는 무성한 나무들 사이의 오르막을 오르면 철 십자가상이 있는 평평한 지역에 다다른다. 이 부근이 평평한 이유는 오랜 기간 순례자들이 주변의 돌멩이를 주워 십자가 주위에 쌓아 두었기 때문이라고 한다. 그래서 철 십자가 주위에는 돌멩이가 거의 없으므로 원하는 순례자는 자신의 소망을 담은 돌멩이를 미리 준비하는 것이 좋다.

폰세바돈에서 언덕의 정상에 올라가면 산티아고 까미노 길에서 가장 상징적인 기념물 중 하나인 철 십자가La Cruz de Ferro가 있다. 십자가는 단순한 형태로 오래되어 녹이 잔뜩 슬어 있고, 5m 정도 높이의 지주에 올라가 있다. 원래 이 정상에는 선사 시대의 제단이 있었고 로마 시대에 길과 교차로의 신이자 죽음의 신인 메르쿠리우스를 모시는 사제들의 제단이 있었다. 로마 여행자들은 메르쿠리우스에게 자갈을 제물로 바쳤고 이 풍습은 갈리시아인들에게 그대로 전해져서 당시 그들이 카스티야를 여행할 때도 자갈을 제물로 바쳤다고 한다. 그 후 가우셀모 수도원장이 이곳에 첫 번째 십자가를 세우면서 중세의 순례자들은 십자가에 경배하며 고향에서 가져온 돌을 봉헌했다. 하지만 현대의 순례자들은 고향의 돌을 가져왔던 옛날의 관습을 바꿔서 자신의 물건이나 사진, 쪽지, 기념물 등을 봉헌한다. 한 달이 가까운 시간 동안 까미노 길을 걸으면서 수많은 십자가상을 보았지만, 단순한 모양의 철 십자가상은 커다란 의미로 다가온다. 이곳에는 1000년의 긴 세월 동안 순례자들의 사연이 적힌 돌멩이들이 가득 쌓여 있다. 끝나지 않은 순례자의 소망들은 앞으로도 크게 쌓일 것이지만 조금은 의아스럽다. 이 길을 걷는 사람은 모두 이기적인 욕심을 버리고 자신을 찾아 떠나는 것 아닌가? 그런데 아직도 현실적인 욕망을 버리지 못하고 무언가로 채우기를 기원하는 것일까?

철의 십자가

친구가 그린 그림 : 철의 십자가

　　철의 십자가 주변에 조그마한 기도소가 있지만 문을 열어 놓지 않아서, 많은 사람이 돌멩이에 자신의 기원을 담아 십자가 주위에 놓고 머리에 성호를 긋고 기도한다. 또 많은 사람은 하늘을 향해 솟아 있는 십자가를 가리키며 마음속으로 무언가를 빈다. 그리고 신앙심이 깊거나 간절한 소망을 가진 사람은 주변의 벤치에 앉아 제법 오랜 시간을 기도한다. 하지만 사실 이 길을 걸으면서 조그마한 성당에 들어가서 보는 십자가나 성모상, 그리고 길가의 작은 십자가들을 볼 때 감동한 일도 많았다.

　　철의 십자가상에서 오르막과 내리막을 약 30분 내려가면 폐허가 된 오래된 마을, 만하린이 순례자를 맞아 준다. 만하린에서 순례자가 다시 커다란 안테나가 서 있는 언덕의 정상에 오르면 마침내 아름다운 풍경이 한눈에 들어오며 길고 위험한 내리막길이 이어지는데 이 길은 순례자들에게 육체적 시련을 준다. 끝나지 않을 것 같은 길고 가파른 내리막길은 무릎과 허벅지와 모든 근육에 무리를 줄 수도 있다. 7km 정도 가파른 내리막을 조심해서 내려오면 소박한 꽃으로 장식된 테라스가 인상적인 아름다운 마을 엘 아세보에 다다른다.

멀리 보이는 산의 여러 풍경

  엘 아세보는 자연이 선사하는 아름다움을 그대로 간직한 마을로, 이라고 골짜기에서 내려가는 곳에 있고, 돌과 석판 지붕으로 만든 전통 집에는 그림처럼 아름다운 테라스에서 아름다운 경관을 보며 발을 뻗고 쉴 수도 있고, 목재로 만든 테라스에서는 돌계단을 통해 마을의 예쁜 길로 내려갈 수도 있다. 엘 아세보는 오랫동안 가톨릭 왕에 의해 세금과 군대 징집을 면제받았다. 대신 그들은 산티아고 순례자들이 가는 산속 길이 눈으로 사라졌을 때 골짜기에 길을 표시하는 말뚝 400쌍을 박아놓는 의무가 있다고 하는데, 이 사실은 얼마나 엘 아세보가 산티아고 순례길에서 중요한 위치에 있는지를 증명해 주는 징표다.

검은 지붕의 그림 같은 마을

엘 아세보의 산 미겔 교구 성당Iglesia
Parroquial de San Miguel은 전원풍의 건축물
에 로마네스크 양식의 산티아고상이 보존
된 성당이다. 이 성당의 조각상에는 사도 야
고보에게 나타나는 전형적인 특징인 조개
껍데기와 표주박이 보이지 않는다. 성당에
들어가려고 하니 문이 잠겨 있어 바깥에서
잠시 쉬고 있으니, 자전거로 순례를 하는 사
람들이 와서 사진을 찍으며 휴식한다.

산 미겔 교구 성당

엘 아세보에서 1시간가량 내리막길을
내려오면 리에고 데 암브로스가 보인다. 이
마을은 울창한 밤나무 숲 사이에 있는 전형적인 산속 마을로, 순례자들은 숲에서 더
위를 식히고 샘 옆에서 휴식을 취할 수 있다. 이 마을에는 아직 아름다운 전통 시골
건축이 많이 남아 있는데, 목재로 만든 발코니는 엘 아세보와 비슷하다. 마을을 나
가는 길에는 메루엘로 시내 위에 16세기의 다리가 있고, 마을에 조그마한 산 세바
스티안 예배당이 있다. 현대에 지은 것 같은 예배당 건물이 상당히 정감이 가서 들
어가니 일반적인 성당과는 조금 다르게 보이는 조그마한 제단이 있고, 옆에는 기도
초를 밝히도록 해 놓았다. 그곳에서 기도 초를 밝히고 잠시 기도하고 나와서 다시
길을 계속 가니 가파른 돌길을 따라 내려와야 했다. 길은 다소 험하였으나 주변을
돌아보면 경치는 감탄할 만하였다.

산 세바스티안 예배당

마을을 나와서 시내를 지나는 메루엘로 강을 16세기에 만든 돌다리로 건너면 이제 몰리나세카까지는 4km 정도다.

몰리나세카는 까미노 프란세스에서 중세의 외관과 분위기를 가장 잘 보존하고 있는 마을로 마을 입구에 아름다운 순례자의 다리가 있다. 설명에 의하면 순례자는 이 다리를 건너 마을의 중심부에 도착한다고 한다. 그리고 이 다리는 여러 차례 확장이 이루어졌는데 최종 확장은 1980년에 이루어졌다고 한다.

순례자의 다리

마요르 거리에는 중세에 만들어진 다리와 문장이 있는 전통 건축과 발보아의 저택, 16세기에 만들어진 순례자 병원 등이 모여 있다. 또한 다리가 있는 곳에 자연을 그대로 활용한 수영장이 있어서 몰리나세카는 자연스럽게 산티아고 가는 길에 손꼽히는 명소가 되었다. 몰리나세카에는 포도주, 사과Manzana Reineta, 고추Pimiento, 소시지Botillo, 육포Cecina, 배Pera의 여섯 가지 음식이 이 마을을 대표한다고 하고, 이 마을의 음식점에서는 여러 음식을 즐길 수 있다. 또 순례자의 피로를 풀 수 있는 술로는 비에르소 포도주나 지역에서 빚는 아구아르디엔테Aguardientes, 증류주의 일종가 있다고 한다.

몰리나세카 마을

마을 입구에서 안구스티아스 성모의 성소 Santuario de la Virgen de las Angustias가 맞이한다. 18세기의 건축물로 이 성소의 문은 금속 덮개로 단단히 덮여 있는데, 그 이유는 순례자들이 이 성소의 나무 문에 돌을 던지면 순례 도중 행운이 따른다는 미신으로부터 나무로 만든 현관을 보호하기 위해서라고 하는데, 현관문의 설명에는 조금 다르다. 하지만 나무 문을 보호하기 위해서 철판을 덮었다는 결과는 같다.

안구스티아스 성모의 성소

몰리나세카의 예스러운 거리를 지나 십자가상을 지나니 현대식으로 조성된 건물이 보인다. 가까이 가니 호텔과 식당을 겸하고 있는 곳으로 바깥의 테이블에는 이 길을 걷는 서양인들이 앉아 음식을 먹고 있어 시간도 점심때가 되어서 같이 길을 걷는 동행에게 점심을 먹고 가자고 하여 나는 햄버거를 시켰는데 우리가 일반적으로 먹는 햄버거가 아니라 무슨 요리와 같았다. 빵 안의 소고기는 너무 커 하나의 스테이크 같았다. 점심을 먹으면서 1시간 정도 휴식을 하고 난 뒤에 다시 길을 갔다.

몰리나세카를 지나 길을 걸으면 나무에 매달려 있는 체리를 수도 없이 본다. 길가에 주인도 보이지 않는 나무라 지나가면서 비교적 잘 익은 열매만 따 먹으니 제법 상큼한 맛이 입맛을 돋우었다. 이곳에서 단조로운 길을 걸어가면 있는 마을 캄포는 순례자의 발길을 잡는 특별한 건축물이나 이야기가 없는 평범한 농촌 마을이다. 마을을 나와서 도로의 왼쪽으로 걸으면 멀리 폰페라다와 파하리엘 산이 보이는 이 구간은 엘 비에르소의 가운데를 관통하는 긴 내리막길이 이어지는 길이다. 몰리나세카에서 폰페라다까지는 약 8km로 마스카론 다리를 건너 폰페라다에 오후 3시경에 도착한다.

폰페라다 입구의 마스카론 다리

폰페라다Ponferrada는 마치 황금빛 갑옷을 입은 기사가 백마를 타고 나올 것 같은 템플기사단의 성이 인상적인 산간 도시로 레온주Provincia de León 서부에 위치한 실 강이 지나는 까미노 프란세스 길의 주요 도시다. 행정구역상 비에르소 지구 Comarca de El Bierzo 최대의 도시이자 행정 중심지이며 평균 고도 544m의 고지대에 자리 잡고 있다. 로마 제국 시대부터 광업의 중심지로 성장했으며 도시 기반이 확립된 시기는 11세기로 현재 도시의 중심지는 로마 시대 이전의 주거지 위에 세워졌다. 현재의 도시 이름은 '철로 된 다리'를 뜻하는 라틴어인 '폰스 페라타Pons Ferrata'에서 유래된 이름인데, 라틴어로 폰은 다리, 페라타는 철을 뜻하며, 1082년 아스토르가의 주교 오스문도Osmundo가 산티아고 데 콤포스텔라 순례자들이 실 강과 보에사 강을 안전하게 건널 수 있도록 건설한 고대 다리를 철재로 보강한 것에서 유래한다.

페르난도 2세는 순례자들의 안전을 지키기 위해서 이 도시를 템플기사단에 맡겼고, 폰페라다는 산티아고로 가는 순례자들을 보호하고 돌보는 역할을 수행했기 때문에 도시에는 템플기사단의 성벽이 세워졌다. 한때 스페인 석탄 산업의 중심지였으나 1980년대 말에 들어서 많은 광산이 폐광되면서 광업이 쇠퇴했으며, 현재 산티아고 순례길이 활성화된 덕분에 관광업이 발달하고 농업, 포도주 산업 등이 주산업이 되었다. 폰페라다는 아름다운 풍경, 역사로 가득한 땅으로 비에르소 지방의 음식을 맛보기에 가장 좋다고 한다.

폰페라다에는 역사적 건축물을 비롯한 많은 관광 명소가 자리 잡고 있는데, 그 중 대표적인 것으로는 1178년 레온의 페르난도 2세가 순례자 보호를 위해 템플기사단을 이곳에 설치하면서 이들이 주둔하며 머문 템플라리오스 성Castillo de los Templarios은 현재 복원돼 있다. 또 유서 깊은 시청사, 중세 시대에 건축한 산 안드레스 성당Iglesia de San Andrés 등이 있다.

마스카론 다리를 건너 숙소인 알베르게에 들어가 땀으로 제법 젖은 몸을 씻고 구경을 나가서 숙소에서 조금 가니 템플기사단의 성이 우뚝 서 있는 모습을 본다.

템플기사단의 성

중세 시대의 영화나 드라마에 흔히 등장하는 붉은색 십자가가 표시된 흰색 겉옷이 상징인 템플기사단Ordre des Templiers은 십자군 전쟁 때 성지 순례자 보호를 목적으로 설립된 종교기사단으로 본래 명칭은 '그리스도와 솔로몬 성전의 가난한 기사들Pauperes commilitones Christi Templique Solomonici'이며, '성전 기사단' 또는 '성전 수도회'로도 불린다. 1118년 성지 수호를 제창한 프랑스의 기사 위그 드 파양스Hugues de Payens 아래 9명의 기사가 모여, 성 요한 기사단의 예를 모방하여 아우구스티누스회의 회칙을 지키며 살 것을 맹세하였다. 예루살렘의 보두앵 2세Baldwin II는 예전에 솔로몬 왕이 건립한 예루살렘 성전이 있던 지역에 그들의 거처를 주었는데, 여기서 이 단체의 명칭이 유래했다. 클레르보 수도원장 베르나르의 후원에 의해 트로아교회회의1128년에서 새로운 형식의 기사수도회로서 인가되고, 1129년 로마 가톨릭교회로부터 공인받으면서 기사단은 빠르게 성장하였다. 단원은 대부분 십자군 전쟁의 격전지에서 활동하였고, 비전투 단원들은 금융업으로 엄청난 재산을 축적하고 많은 요새를 건설하였다. 하지만 성전 기사단의 비밀 입단식에 대한 루머가 만들어지면서 이단으로 의심을 받았고, 이후 1307년에 이르러 기사단에 큰 빚을 진 프랑스 왕 필리프 4세가 왕권 신장의 수단으로 이들을 이단으로 간주하여 프랑스 각지에 있는 3,000여 수도원의 회원을 모두 체포하고 재산까지 몰수한 뒤 고문을 통해 거짓 자백을 강요하고 화형에 처하는 이단 심문을 6년간 단행하였다. 교황 클레멘스 5세의 항의로 별도 조사를 하였으나, 1312년 클레멘스 교황은 결국 굴복하여 기사단에 해산령을 내려 이 기사단은 결국 해체되고 재산도 요하네스기사수도회로 승계되었다. 최초의 기사수도회로서 십자군 전쟁에 많은 공헌을 한 이 기사단은 다소 신비스러운 집단으로 평가받았고, 오늘날에도 그들의 후예가 비밀 결사로 존재한다는 의혹이 제기되고 있고, 세계적인 베스트셀러였던 댄 브라운Dan Brown의 소설 『다빈치 코드The Da Vinci Code』 등에 등장한다.

산티아고 데 콤포스텔라를 향하는 순례자를 보호하는 임무를 부여받아 1178년에 건축된 성은 돌로 만들어진 거대한 암호이자 템플기사단의 비밀스러운 기호가 숨어 있다고 전해진다. 당시 기사들은 세 겹의 성벽에서 세 번의 맹세를 해야 했고, 성벽에 있는 12개의 탑은 별자리를 의미했다. 기사단의 가장 중요한 보물인 성배와 성궤에는 전통에 따라 후세의 기사들에게 전달하는 메시지가 숨겨져 있다고 전해진다. 또한 템플기사단의 기도문 속에는 이 두 보물의 위치를 알려 주는 비밀스러운 메시지가 숨겨져 있다고 전해진다.

폰페라다에서는 매년 7월 중순 여름의 첫 번째 보름달이 뜰 때 중세의 템플기사단을 기리며 밤을 보내는 축제를 벌인다. 중세의 복장을 한 사람들이 템플라리오 광장부터 성채까지 행진하고, 템플기사들에게 성배와 성궤를 헌납하는 모습을 재현한다.

성벽을 보고 성안을 구경하려고 성안으로 들어가는 다리를 건너니 시간이 아직 되지 않아서 들어갈 수가 없다는 표시가 붙어 있었다. 어쩔 수 없이 주변을 잠시 구경하니 중세에 세워진 17세기의 바로크 양식으로 재건축된 산 안드레스 성당Iglesia de San Andres이 눈에 보인다.

성 앞의 중세 성직자상

산 안드레스 성당

성당으로 올라가는 길에는 중세 성직자 복장을 한 상이 서서 있고, 성벽의 하천을 따라 호프가 줄을 지어 있었다. 바쁜 것도 없어 안산의 채선생과 맥주를 한잔하기로 하고 주문했는데, 가격이 조금 이상했다. 실내와 실외의 맥주 가격이 조금 달랐는데 실외가 가격을 더 지불해야 했다. 주변 경치를 즐기는 조망권 가격이라고 생각하며 바깥에서 한가로이 맥주를 마시다가 우리 일행을 불렀다. 지체 없이 달려온 일행들과 가볍게 맥주를 한잔하고 시내를 구경하러 올라갔다. 성벽 옆으로 난 길을 따라 올라가면 이 도시의 대표적인 성당 엔시나 바실리카 성모 성당Basilica de Nuestra Senora de la Encina을 만난다. 이 성당은 르네상스 시대에 지어진 라틴 십자가 평면의 성당으로 1573년 로마네스크 양식 성당이 있던 자리에 다시 지어졌고, 성당의 내부에는 13세기 고딕 양식의 그리스도상이 있고, 16세기에 만들어진 비에르소의 수호성인인 엔시나의 성모상이 있다. 수많은 순례자와 신자가 이 성당을 찾는

이유는 이 성당이 떡갈나무의 성모와 템플기사단
의 전설과 깊은 관련이 있기 때문인데, 성당의 떡
갈나무의 전설을 대략 살펴보면 다음과 같다.

어떤 템플기사단원이 성의 대들보로 쓸 나무를
구해 오라고 나무꾼에게 명령했다. 대들보로 사용할
큰 나무를 얻기 위하여 숲으로 들어간 나무꾼은 이
상한 빛을 보았고, 그 빛은 신비스러운 광채를 뿜고
있는 떡갈나무로 그를 인도했다. 나무꾼의 말을 듣
고 숲으로 간 기사는 커다란 떡갈나무 구멍에 성모
상이 있는 것을 발견하게 되었다. 템플기사단은 이

엔시나 바실리카 성모 성당

성모상을 위해 성전을 짓고 엔시나의 성모를 이 지역의 수호성인으로 삼았다. 당시 나
무를 자르는 과정에서 성모상이 안고 있던 아기 예수의 다리 부분이 도끼에 상처를 입게
되었고, 그 이후로 폰페라다의 사람들은 항상 성 모자에 기도를 올린다고 한다.

엔시나 바실리카 성모 성당 내부

성당 앞의 템플기사상

성당을 나와 슈퍼를 찾아가면서 마을의 이곳저곳을 구경하니 이 마을의 오래된 전통을 가지고 있는 옛 성벽이나 광장 그리고 성문 등이 곳곳에 보였다.

시청　마을의 모습

스물여섯째 날

　　시내를 구경하고 슈퍼에서 내일을 위한 먹거리를 장만하고 알베르게로 돌아와 저녁을 먹고 잠시 있다가 저녁 미사에 참석하려고 알베르게를 나서니 같은 길을 걷고 있던 여인이 함께 가자고 하여 조금 일찍 나가서 템플기사단 성을 구경하자고 했다. 성으로 가니 저번에 왔을 때 닫아 놓았던 성문을 열어서 안으로 들어가 한 바퀴 돌면서 구경하였다. 12~13세기에 지어진 템플기사단의 성은 8,000㎡ 정도의 면적에 일정하지 않은 형태로 총안과 방어용 망루, 맹세의 탑 등이 있다. 외부에서 보는 성은 매우 장엄하고 견고한 모습으로 사람을 압도하지만, 내부는 너무 단조롭다.

성을 구경하고 성당으로 가서 저녁 미사를 마치니 순례길을 걷는 사람들을 위해 따로 모아서 사제가 강복해 주며 기념품을 주셨다. 이 길을 걸으며 미사에 참석하면 성당 대부분은 순례자들을 위해 강복을 해 준다. 그것만으로도 이 길을 걸으면서 받는 축복이라 생각하며 감사의 기도를 드린다.

미사를 마치고 알베르게로 돌아오니 벌써 오후 9시가 지났다. 이 길을 걷는 평소에 비하면 상당히 늦은 시간이었다. 그래서 오늘의 하루를 정리하고 내일을 위해 잠자리에 든다.

단조로운 구조의 템플기사단 성 내부

템플기사단 성에서 보는 폰페라다

폰페라다 - 비야프랑카 델 비에르소

오늘의 길 : 폰페라다 - 콜룸브리아노스4.5km **- 푸엔테스 누에바스**3km
- 캄포나라야2km **- 카카벨로스**5.7km **- 피에로스**3km
- 빌투일레 데 아리바 - 비야프랑카 델 비에르소7km

　　오늘은 폰페라다에서 비야프랑카 델 비에르소까지 약 25km를 걷는다. 오늘의 길
은 크게 특징적인 마을이나 유적이 있는 길이 아니나 중간에 길을 걸으며 여러 추억에
남는 일도 있었고, 마지막 도시에서는 색다른 경험을 하게 만든 날이었다.

　　오늘도 일찍부터 떠난 길은 템플기사단의 성 옆에서 어제 오후에 모두 지나갔
던 성 안드레스 성당, 엔시나 바실리카 성모 성당이 있는 광장으로 이어지고 계속하
여 렐로흐 거리를 통해서 시청 광장으로 이어진다. 시청 광장에서 길을 가려니 가게
를 정리하던 한 여인이 길을 가르쳐 준다. 우리가 가려는 길이 아니고 아래로 가라
고 해서 그 길을 따라가니 예스러운 마을을 지나 시내를 벗어나게 한다.

멀리서 보는 템플 기사단의 성

폰페라다 도시
를 관통하는 실 강
변을 따라 공원을
지나 아무런 구경거
리도 없이 우리나라
의 빌라 단지 비슷
한 집들이 늘어서

있는 주거지역을 걸으면 콤포스티야에 도착한다. 주거용 단지를 계속 걸으면 축구장이 보이고, 십자가상이 있는 작은 성당 건물을 지난다. 여러 포도밭을 지나고 도로를 걸어가면 토레노와 비야브리노를 지나는 도로와 베가 데 에스피나레다를 지나는 도로가 교차하는 콜룸브리아노스에 도착한다. 마을을 지나가니 아직 시간이 일러 카페는 아무 곳도 문을 열지 않았고 큰 볼거리도 없어서 그냥 지나친다.

콜룸브리아노스를 지나가며 멀리 보이는 산 에스테반 성당Iglesia Parroquial de San Esteban은 18세기에 만들어진 건축물로 전원 분위기를 풍기며 주변의 포도밭과 아름답게 어울린다.

콜룸브리아노스에서 갈라지는 길 중 오른쪽으로 이어지는 까미노 표시를 따라 걸으면 부드러운 언덕에 숨어 있는 농가와 과수원을 지나고 푸엔테스 누에바스에 도착한다. 마을의 출구에는 공동묘지가 있으며 마을 외곽을 따라 조금 걸으면 캄포나라야에 도착한다. 캄포나라야에서 카

콜룸브리아노스 표시
- 왼쪽에 첨탑이 보이는 산 에스테반 성당

카벨로스는 6km 정도로, 이 길은 지친 발걸음을 가볍게 만들어 주는 부드러운 흙길이며 완만한 오르막길과 내리막길이 반복된다. 이 길을 걸으면서 길가의 체리를 엄청나게 따 먹었다. 제철이 되어 익어 가는 체리는 우리나라에서 먹는 것과는 다른 신선한 맛이었다. 주인도 없는 나무의 체리를 따 먹으며 걸으니, 체리를 파는 아저씨가 있었다. 나는 공짜로 따 먹었기에 미안한 마음이 들어서 한 봉지를 사니 1유로라고 하여 놀랐다. 같이 걷던 동행과 우리나라에서는 최소 20,000원은 받을 정도라 이야기하면서 고맙게 사서 마음껏 먹었다. 그러다가 길을 조금 더 가면서 보니 자동차가 한 대 오면서 길을 가는 사람들 옆에 멈춘다. 멀리서 보며 무엇인가 의

문이 들었는데 우리 앞에도 멈추
면서 차 안의 젊은 운전자가 체리
를 나누어 준다. 차에 체리를 싣
고 가면서 까미노 길을 걷고 있
는 사람들에게 격려의 표시로 체
리를 나누어 주는 것이다. 그 인
정이 너무나 고맙게 느껴져서 이

체리를 파는 마을 주민

길을 걷는 의미를 또 달리 생각했다. 베풂과 나눔은 내가 가진 가장 풍부한 것을 함
께하는 것이라는 걸 알게 해 주었다.

별 특징이 없는 길을 그냥 걸으니 카카벨로스에 도착한다. 카카벨로스는 순례
자를 위한 여러 편의 시설이 있는 곳이며, 역사적 사건과 흥미로운 전설이 많은 마
을로 비에르소 지방의 특성이 살아 있는 매력적인 마을이다. 온화한 날씨로 비에르
소 포도주의 중심지이고, 낙천적이고 유머가 넘치는 마을 사람들은 카드놀이를 즐
기며, 이 마을에서 타로가 시작되었다는 이야기도 전해진다.

포도밭의 와이너리 표시

카카벨로스의 바에서 커피를 한잔 마시며 쉬다가 마을을 질러가면 보이는 산
타 마리아 데 라 플라사 성당Iglesia de Santa Maria de la Plaza은 16세기에 재건된 성당
으로 우아한 로마네스크 양식을 보여 준다. 성당 안으로 들어가려니 문을 닫아 놓
았는데 문 사이로 제단이 보였다. 그래서 그 사이로 사진을 찍었는데 제단의 예수

님이 다소 몽환적으로 보여 더 좋은 느낌이었다.

카카벨로스에서 로마네스크 양식의 소박한 성당 건축물 이외에는 볼 것 없는 피에로스로 가는 도중에 조그마한 마을을 지나는데, 이곳이 포도주의 고장임을 보여 주는 옛날의 포도를 짜는 기구가 전시되어 있다. 예전의 우리나라 디딜방아와 유사한 모습으로 '포도를 짜내고 와인 생산에 사용될 포도즙을 얻는 데 사용되는 전통 건물과 장치'라는 설명이 붙어 있다. 피에로스 가까이 가니 스페인의 규모로 볼 때 강과 같은 제법 큰 개울이 흐르는 위에 그림 같은 집이 지어져 있다. 집 아래로 운하와 같이 물이 흐르는 구조를 보고 누구인지 복 받은 사람의 집이구나 하는 생각이 든다.

산타 마리아 데 라 플라사 성당

제단의 예수님

포도즙을 짜는 도구

물 위의 아름다운 집

피에로스에서 순례자는 아스팔트 길로 올라섰다가 포도나무 사이의 흙길로 들어가 조금 길지만 경치가 아름다운 길로 우회하여야 한다. 이제 순례자는 발투일레 데 아리바라고 불리는 작은 마을을 통과하면 산티아고 데 콤포스텔라에 도착하지 못하는 순례자를 위해서 축복과 대사를 펼쳤던 비야프랑카 델 비에르소의 산티아고 성당까지는 얼마 남지 않았다. 라 비르헨 도로 끝에 포도밭과 체리나무 소나무 숲이 있고, 이곳을 지나면 비야프랑카 델 비에르소가 갑자기 눈앞에 나타난다. 비야프랑카 델 비에르소에는 아름다운 초원과 숲이 많으며 그림 같은 포도밭이 광활하게 펼쳐져 있다.

끝없이 펼쳐지는 포도밭

오래된 전통 집, 기념품 가게, 순례자를 대하는 친절, 맛있고 다양한 요리 등이 이 마을의 자랑거리인 비야프랑카 델 비에르소의 산티아고 성당에서는 병이 들거나 지쳐 순례할 수 없는 사람들은 산티아고 데 콤포스텔라에서 받는 축복과 대사를 받을 수 있게 했다.

끝없이 이어지던 포도밭을 지나 비야프랑카 델 비에르소에 가까이 가니 궁전은 아니면서 저택의 모퉁이에 탑을 세워 궁전의 위용을 나타내는 16세기 초 벽돌과 돌로 지은 마르케스 후작의 궁전Castillo Palacio de los Marqueses이 보인다.

마르케스 후작의 궁전

비야프랑카 델 비에르소의 아구아 거리Calle del Agua는 산티아고 가는 길의 특성을 많이 지니고 있는 전형적인 까미노 거리로, 많은 옛 건물을 볼 수 있다. 마을에서 나가는 길에 있는 누에보 다리 근처에는 15세기부터 한 가족이 운영해 온 오래된 여관이 있다.

마을의 입구에 성벽이 가로막고 있고, 옆에는 산 프란시스코 성당이 약간 높은 언덕 위에 있다. 까미노 길은 성안으로 들어가는 것이 아니라 성벽 주변을 돌아 구시가지로 향한다. 오래된 수도원 터에 남아 있는 산 프란시스코 성당Iglesia de San Francisco은 13세기 로마네스크 양식 현관이 남아 있고, 15세기 고딕 양식 성당의 2개의 탑은 17세기에 만들어진 것이다. 수도원은 13세기 초반 여왕 도냐 우라카가 자신이 소유하던 저택을 기증하여 설립되었다.

산 프란시스코 성당

구시가지로 들어가니 거리에 아주 삼엄하게 경찰과 군인들이 총을 들고 경비를 서고 있다. 오늘 이 도시에 스페인 국왕이 방문한다는 이야기를 들었는데 바로 이 거리를 지나가 산타 마리아 성당에서 국왕이 참석하는 행사가 있었던 것이다. 시간이 좀 지난 뒤에 산타 마리아 성당에 가서 보니 산티아고와 비야프랑카 델 비에로스가 6월부터 11월까지 영혼의 이어짐이라는 의식을 거행한 것을 알 수 있었다. 나는 직접 국왕을 보지 못했으나 일행 중에 국왕을 본 사람이 메신저에 사진을 업로

드해 두어서, 그 사진을 보았다.

국왕이 행사를 마치고 가서 조금은 조용해졌지만, 여전히 많은 사람이 북적이는 거리의 식당에 앉아 점심을 순례자 메뉴로 먹고 있으니 많은 성직자가 지나가는 모습도 보이고 수많은 사람이 거리를 오가는 모습도 보인다.

거리의 모습

점심을 먹고 알베르게에 찾아가니 오늘의 숙소인 알베르게는 우리에게 너무 잘 알려진 곳이다. 원래는 산 니콜라스 엘 레알 수도원Convento San Nicolas el Real으로, 17~18세기에 만들어진 수도원 건물 내부에는 수도원의 설립자가 아메리카 대륙에서 가져왔다고 하는 '희망의 그리스도Cristo de la Esperanza'가 보존되어 있고 현재는 자연사 박물관으로 활용되고 있는 곳이다. 그리고 건물 일부는 조금 개조하여 알베르게로 사용하고 있는 곳으로, 이 알베르게가 왜 우리에게 잘 알려졌는가 하면 한 예능 프로그램에서 방영한 '스페인 하숙'의 배경이었던 곳이다. 그래서 우리나라 사람들은 조금 동경을 가지고 찾아가는 곳이지만 냉정하게 말하면 방송은 어디까지나 보여 주기 위한 것이다. 하루를 이곳에서 머문 우리 일행들은 대부분이 우리가 거쳐 온 다른 알베르게에 비해 시설이 뒤떨어진다고 말했다. 이 수도원 앞에서 오른쪽으로 돌아가면 스페인 하숙에 나오는 입구가 있고 여기를 통해서 알베르게로 들어간다. 물론 다른 입구로 들어가도 마찬가지지만, TV에 방영된 입구로 일부러 들어갔다.

산 니콜라스 엘 레알 수도원

'스페인 하숙' 입구

　　알베르게에서 잠시 휴식한 뒤에 저녁도 먹고 일대를 구경하기 위해 까미노를 함께 걷는 네 명이 광장으로 가서 저녁을 먹고 거리를 통과하여 우리가 머무는 곳을 지나 올라갔다. 올라가니 큰 성당이 나타나는데 바로 오늘 국왕이 행사를 치른 클루니아코의 산타 마리아 성당Colegiata de Santa Maria de Cluniaco이었다. 성당으로 가니 행사의 현수막도 걸려 있고 표지도 있었다. 그리고 많은 관광객이 나오면서 무어라고 말하는데 알아들을 수는 없지만 아마도 성당 문을 닫아 내부에는 들어가지 못한다는 것 같았다. 이 성당은 16세기 후반의 고딕 양식 건축물로 미완성된 상태로 남아 있다고 한다. 그리고 내부에는 바로크 양식의 다양한 봉헌화와 성가대석을 볼 수 있다고 하지만 보지를 못했다.

클루니아코의 산타 마리아 성당

성당을 보고 그 옆으로 가니 강이 나타나고 내일 가야 할 길 위에 다리가 있었다.

누에보 다리

다리 위에서 시가의 여러 건물을 보고 옛날 집이 즐비하게 늘어서 있는 골목길을 지나 숙소로 돌아오니 제법 시간이 늦었다. 모두가 잠자리에 들 시간이라 침상에 누우니 잠이 쉽게 오지 않는다. 잠자리에 누워 오늘 하루를 생각해 보니 수많은 사람을 만나고 헤어졌다. 항상 같은 길을 걷기에 자주 보는 한국인 모녀, 한국의 젊은이들, 대만인과 일본인 그리고 많은 서양인과 만나면 인사하고 또 언제 헤어졌는지도 모르고 길을 걷다가 다시 만나면 인사한다. 언제 모르는 사람들을 이렇게 오래 만남과 헤어짐을 계속해 왔던가. 아마도 없었을 것이다. 그리고 체리를 팔던 아저씨, 차를 타고 가면서 길을 걷는 사람들에게 체리를 나누어 주던 젊은이, 이 모든 사람에게서 인간의 따뜻함을 느낀 하루였다.

누에보 다리에서 보는 시가의 여러 모습

비야프랑카 델 비에르소 - 라 라구나 데 카스티야

오늘의 길 : 비야프랑카 델 비에르소 - 페레헤5.5km - 트라바델로5km
- 라 포르텔라 데 발카르세4km - 베가 데 발카르세2.8km
- 라스 에레리라스 베가 데 발카로세3.6km - 라 파바3.4km
- 라 라구나 데 카스티야2.4km

오늘은 비야프랑카 델 비에르소에서 라 라구나 데 카스티야까지 대부분이 산길
인 약 26km를 걷는다. 지나가는 조그마한 마을은 별 특이한 것이 없기에 그냥 길
을 가면서 지나친다. 중간에 자전거를 타고 가는 순례자들을 위한 도로와 걷는 사람
들의 길이 교차하는 경우가 있는데 도로를 따라가지 말고 산으로 길을 가야 한다.

스페인 하숙 건물

오늘도 역시 사람들은 새벽같이 길을 떠난다. 모두가 떠나기에 우리도 짐을 챙
겨 두고 밖의 뜰에 나가 잠시 아침 요기를 하고 길을 나서니 아직 어두운 시간이다.
어제 갔던 산타 마리아 성당을 지나 다리를 건너 비야프랑카 델 비에르소를 떠나는
순례자는 카스티야에서 갈리시아로 이어지는 까미노를 따라 발카르세의 계곡 마을

을 지나게 된다. 도로 왼쪽으로 좁은 길을 따라 1시간가량을 걸으면 밤나무 숲이 둘러싼 마을 페레헤가 나온다.

중세풍의 작은 마을 페레헤는 중세에 오 세브레이로의 수도원장과 비야프랑카 델 비에르소의 산타 마리아 수도원이 분쟁을 벌인 곳이었다. 분쟁의 시작은 페레헤에 오 세브레이로의 수도원장이 순례자를 위한 병원과 성당을 세우려고 했고 비야프랑카의 수사들은 자신들이 페레헤에 대한 권리를 갖고 있다며 반대했다. 이 분쟁은 레온 왕 알폰소 9세와 교황 우르바노 2세가 끼어들면서 싸움이 더 격해졌다. 결국 비야프랑카 델 비에르소가 이기게 되어 병원 건축의 독점권을 차지하게 되었다. 중세에 페레헤 주민은 세금과 군대 징집을 면제받았는데, 그 이유는 여왕 도냐 우라카가 페레헤의 한 허름한 호레오에서 출산했기 때문이라고 한다.

작은 마을이라 그냥 지나 약 5km를 걸으면 트라바델로에 도착한다. 트라바델로는 바위투성이의 좁은 계곡에 있는 지형 때문에 중세에 부패한 귀족들이 순례자를 약탈했던 장소로 악명이 높았다. 그들은 순례자를 보호한다는 말로 통행료를 걷었고, 이를 거부하는 순례자들에게는 강도로 돌변해서 순례자의 발길이 뜸해졌다. 순례자들이 두려워하던 트라바델로에는 지금은 없는 아욱타레스 성에 도둑과 강도의 은신처가 있었는데, 알폰소 6세와 템플기사단이 이곳을 토벌하여 오랜 악습이 사라지게 되었다고 한다. 트라바델로에는 검고 넓적한 돌로 지붕을 올린 전통 가옥과 페레헤보다 근대적인 건축물들이 시원한 계곡 사이에 자리를 잡고 있다.

마을을 통과하여 까미노 표시를 따라 걸어 여러 조그마한 마을을 지나면 포르텔라 데 발카르세가 나온다. 작은 문이라는 뜻이 있는 이 마을의 이름은 발카르세 계곡으로 들어가기 위해서는 작은 문과 같은 좁은 길을 지나야만 했기 때문에 이러한 이름이 붙여졌다고 한다. 마을을 떠나 도로를 벗어나면 지저귀는 새소리와 바람소리만이 귓가에 들리고, 시원한 밤나무의 그늘과 함께 목장 지대를 지나 발보아

계곡과 발카르세 계곡이 만나는 곳에 자리 잡은 암바스메스타스에 도착한다. 나타나는 마을들이 아주 조그마하고 별다른 특징도 없어서 그냥 걸어서 계속 지나쳐서 암바스메스타스를 뒤로하고 30분만 꾸준히 걸으면 베가 데 발카르세에 도착한다.

지나는 마을

이 주변의 마을에는 발카르세라는 이름이 모두 붙어 있는데 발카르세 계곡을 옆에 두고 살아가는 사람이 모인 곳이라는 의미다.

발카르세 계곡에서 가장 큰 마을인 베가 데 발카르세는 2개의 요새 유적과 성 때문에 전설이 가득한 중세에 온 것 같은 느낌을 주는 마을이다. 10세기 아스토르가의 영주였던 사라신 백작의 성이었던 사라신 성Castillo de Sarracín은 마을의 남쪽, 밤나무 숲 사이 경사에 위치해 있었는데 현재는 모두 형체를 알기 힘든 석재와 검은 돌기와만 남았다. 한편 베이가 성은 11세기에 돈 네사노 구데스테이스라는 봉건 영주의 소유였다. 그는 주민들에게 과도한 세금을 부과하고, 순례자들에게 보호비로 통행료를 요구해서 알폰소 6세에 의해 처벌을 받았다.

베가 데 발카르세의 바에서 잠시 쉬고 길을 계속 가서 아름다운 발카르세 계곡의 마을 라스 에레리아스 베가 데 발카르세로 들어가기 위해서는 왼쪽으로 이어지는 길을 따라가야 한다. 이곳에서 순례자가 마을을 나와 작은 다리를 건너면 피카르디 고개가 시작된다. 알페스 데 라 파바, 말 라 파바라고도 부르는 산길을 오르면 제법 숨이 차다. 도로의 오른쪽으로는 자전거 순례자를 위해 아스팔트로 포장된 길이 보이며 사람을 유혹한다. 그러나 오를수록 가파른 산길을 마주하며, 또 밤나무 숲이 보이는 이 언덕길은 고생만큼 충분한 가치를 지니고 있다. 길을 가면서 내려다보는 경치는 힘들여 산길을 가는 보답을 한다. 그러니 길이 조금 힘들어도 보도 순례자는 원래의 길을 걷는 것이 좋다. 다시 조그만 개울을 따라가다 다리를 건너 커다란 밤나무 숲 사이로 이어지는 급한 오르막길을 약 30분 동안 오르면 라 파바 마을에 도착한다.

산길에서 보는 경치

라 파바는 전통적인 목축업에 종사하는 작은 마을로 순례자를 위한 바가 있다. 이 바의 이름은 엘 울티모 리콘 데 엘 비에르소El Último Rincón de El Bierzo, 엘 비에르소의 마지막 모서리인데, 외로운 산촌의 분위기를 읽을 수 있는 장소다. 예전에는 이곳에 바가 하나밖에 없었다고 하나 지금은 제법 많은 바가 길손들을 맞이한다. 제법 산길을 올라왔기에 이 바에서 쉬면서 주스를 한잔 마시고 있으니 길을 걸을 때 보이지 않던 한국인이 많이 보였다. 의문이 들어서 어디로 왔는지 물어보니, 자전거 길을 따라 아스팔트를 걸어왔다고 하였다. 여러 이야기를 나누고 쉬고 있으니 같은 길을 걷는 한국인들이 이 바의 라면이 맛있다고 추천한다. 점심때가 되어 같이 길을 걷는 일행과 여기서 라면을 먹기로 하고 시키니 한 그릇에 우리 돈으로 7,500원 정도를 달라고 한다. 라면은 한국 라면으로 계란을 넣고 완전히 한국식으로 끓인 것으로 별미라 맛있게 라면을 먹고 쉬다가 다시 길을 간다.

라파바 마을

라 파바를 떠나 제법 호흡을 어렵게 하는 아이가 산의 비탈진 오솔길을 따라 2.5km 정도를 올라가면 레온 지방의 마지막 마을인 해발 1,000m 이상 되는 초원 위에 높은 산들이 병풍처럼 둘러 있는 라 라구나 데 카스티야에 도착한다. 눈앞에 펼쳐진 산꼭대기와 그늘진 계곡이 펼쳐지는 라 라구나 데 카스티야는 언덕을 오르는 순례자들에게 편안한 휴식처같이 느껴진다. 라 라구나 데 카스티야는 알베르게 도 하나밖에 없는 아주 조그마한 마을로 주변에 아무런 시설이 없어 알베르게에서 모든 것을 해결해야 한다. 알베르게는 비교적 좋은 시설이고 넓은 마당은 햇빛이 잘 들어 세탁하고 빨래를 말리기는 그만이고, 알베르게 안에 식당과 조그마한 슈퍼도 갖추고 있어 번잡함을 피하고 조용하게 머물기는 좋은 곳이다. 숙소에 도착하면 하는 일상적인 행동을 끝내고 바로 가니 새로운 한국인들이 보인다. 레온에서 출발했다는 60살이 되어 보이는 사람과 그의 일행과 이야기를 나누고 있으니 한국인 모녀 중에 딸만 혼자서 들어온다. 엄마와 잠시 떨어져 걷는다고 하며 해맑게 웃는 모습이 아주 건강했다. 저녁을 먹고 그 자리에서 가볍게 맥주를 한잔하면서 일행과 이야기 하고 있으니, 주인이 와서 여러 이야기를 한다. 약간의 한국어를 아는 주인은 한국인이 많이 온다고 하며 친근하게 이야기하면서 저번에 우리가 식당에서 얻어 마신 술과 비슷한 술을 특별하다며 한 잔을 준다.

이제 길고 길었던 메세타 고원지대를 벗어나 산이 많은 지역으로 들어간다.

라 라구나 데 카스티야 주변 풍경

스물여덟째 날

라 라구나 데 카스티야 - 트리아카스테야

오늘의 길 : 라 라구나 데 카스티야 - **오 세브레이로**2.5km - **리냐레스**3.2km
- 오스피탈 데 콘데사2.5km - **파도르넬로**2.4km - **폰프리아**3.8km
- 오 비두에도2.4km - **피요발**3km - **파산테스**1.5km - **트리아카스테야**2.3km

오늘은 라 라구나 데 카스티야에서 트리아카스테야까지 약 26km의 길을 가야 한다. 지나는 길은 계속해서 해발 1,200m 정도의 산길을 걸어야 하며 피요발부터 내리막으로 가는 길이다. 그리고 이 길에서는 조금만 걸어도 마을이 나오기에 적당히 자신의 걸음에 맞추어 휴식을 취할 수가 있는 장점이 있다.

오늘도 일찍부터 길을 떠나니 비가 조금씩 오기 시작한다. 출발할 때부터 비를 만나는 일은 이번 여정에서 처음이다.

이제 오래 걸어온 레온을 지나는 길로, 라 라구나 데 카스티야에서 조금 가면 순례의 마지막 지역인 갈리시아 지방으로 들어서게 된다. 라 라구나 데 카스티야에서 길을 따라 마을을 나오면 머리 위로 보이는 가파른 언덕 너머에 오 세브레이로가 있다. 이제 괴로운 오르막은 끝나고, 레온과 루고의 환상적인 풍경을 까미노에서 가장 높은 곳에서 내려다보는 최고의 선물을 즐길 수 있을 것이다. 내가 걷는 오늘은 비가 와서 멀리 보는 풍경이 또렷하지 않아 만족스럽지는 않지만, 비안개에 덮인 풍경은 또 다른 몽환적인 감흥을 준다.

운무에 덮인 산 풍경

스물아홉째 날

　오 세브레이로로 올라가는 중간 지점에 갈리시아 표지석이 있다. 이제부테 레온을 벗어나 갈리시아로 들어가는 것이다.

갈리시아 표지석

　옛 이름이 갈레키아Gallaecia인 갈리시아 Galicia는 스페인 북서부의 지방으로 북쪽과 서쪽은 대서양에 접하고 남쪽은 포르투갈에 접한다. 칸타브리아산맥의 서쪽 끝에 해당하며, 중앙부를 미뇨 강이 서쪽으로 흘러 대서양으로 들어간다. 산맥의 서쪽 가장자리가 함몰되어 많은 리아Ria, 길고 좁은 쐐기형 후미가 형성되었고, 리아스식 해안의 이름은 여기에서 유래한 것이다. 어업이 성하며, 전반적으로 산이 많고 경작지가 적어서 농업은 부진하다. 기원전 3~2세기 고대 로마인이 정복했고 8세기까지 이슬람이 지배했으며, 이들이 사용하는 갈리시아어는 원래 라틴어에서 파생한 것으로 스페인어보다 포르투갈어에 가깝고 중심 도시는 산티아고 데 콤포스텔라다.

순례의 마지막 지역인 갈리시아 지방에서 처음으로 만나는 오 세브레이로는 성체와 성배의 기적으로 유명한 마을이다. 성당의 종소리가 들리는 듯하고 향기로운 포도주 냄새가 우리를 유혹하는 길을 따라 걸으면 전통적인 건축물인 파요사가 있는 마을에 도착한다.

오 세브레이로에서 일어난 기적은 까미노 순례자 사이에서 잘 알려져 있다. 날이 궂은 어느 날 한 순례자가 마을에 도착하여 성당에 미사를 보러 갔다. 신부가 미사를 집전하며 빵과 포도주를 축성하고, 빵과 포도주가 그리스도의 몸과 피로 변할 것이라고 하자 순례자는 기도를 올리며 성체의 신비가 실제로 일어나게 해 달라고 빌었다. 미사를 집전하던 사제가 하늘에 성체를 바친 후 경배하고 눈을 뜨자 성체는 고기 한 조각으로 변해 있었고, 성배에는 포도주가 피로 변하여 가득 차 있었다. 이 기적은 유럽 전체에 널리 알려졌고 수많은 참배객이 이 성당을 찾아와서 크리스털로 장식한 주전자와 은으로 만든 유물함을 봉헌했다. 그런데 욕심 많고 고집 센 이사벨 여왕은 기적의 성배와 성체를 담은 접시를 탐냈다. 여왕의 명령으로 군인들은 성배를 바쳐야 했는데, 성배를 등에 실은 노새가 라 파바로 내려가는 길목에서 한 발짝도 움직이지 않았다. 결국 성배는 다시 오 세브레이로의 성당에서 현재까지 보관되고 있다.

또 오 세브레이로는 한 인간의 열정이 만들어 낸 기적이 있다. 오 세브레이로의 교구 신부인 돈 엘리아스 발리냐는 까미노 데 산티아고를 부활시키는 일에 자신의 인생을 바친 사람으로, 노란색의 페인트로 칠해진 화살표 표시를 처음 만들었으며, '까미노의 친구 협회'를 설립하고 강화한 인물이다. 그의 헌신적이고 열정적인 노력이 없었더라면 까미노 데 산티아고는 소수 신앙인의 순례길로만 남고, 현재와 같은 대중적인 인기를 끌지는 못했을 것이다. 한 사람의 노력이 까미노를 부활시키는 기적을 일으킨 것이다.

오 세브레이오에 도착하니 비가 제법 많이 왔다. 수많은 순례자가 반드시 들른 다는 이 마을은 로마 시대 이전부터 존재했던 소박한 전통을 보여 주고, 아름다운 자연경관을 간직하고 있다. 더욱이 오 세브레이로 근교에는 오스 안카레스 산맥이 펼쳐져 울창한 숲을 가로지르며 시원하게 흐르는 개울이 있고, 2,000m에 달하는 고지엔 곰 같은 야생동물이 산다고 한다. 오 세브레이로의 산타 마리아 라 레알 성 당Iglesia de Santa Maria la Real은 오래된 아스투리아스 왕국의 라미레스 양식이 남아 있는 로마 시대 이전의 건축물로 3개의 신랑에 궁륭으로 덮여 있는 지붕과 종탑으 로 이루어져 있다. 성당의 내부에는 12세기에 만들어진 성모상과 로마네스크 양식 인 전설의 성체 접시와 성배, 페드로 2세가 산티아고로 순례하는 동안 봉헌했던 유 골함이 보관되어 있다는데 너무 이른 시간이라 성당 문은 굳게 닫혀 있어 안으로 들 어가지 못했다. 이 길을 걸으면서 시간이 맞지 않아 보고 싶은 것을 보지 못해 안타 까운 때가 적지 않았지만, 관광을 목적으로 하는 여행이 아니기에 감수하면서 지나 가는 일이 허다했다.

비에 젖은 성당의 모습

베네딕토 수도회에 대한 감사문
- 829년부터 이곳을 통과하는
순례자들을 보호하고 돌봄에 감사

비가 제법 세차게 와서 바에 들어가 비를 피하면서 커피를 한잔 마시고 쉬다가 비가 그칠 때까지 기다릴 수 없어서 다시 빗속을 걸어서 길을 떠난다.

오 세브레이로에서 트리아카스테야에 이르는 22km는 포이오 언덕을 오르는 것을 제외하면 그리 힘들지 않은 길이다. 이 길은 갈리시아 지방의 특색을 잘 나타내 주는 곳이며 비옥한 땅과 목장, 시원한 샘물이 흐르는 길이다. 그러나 오 세브레이로에서 출발한 지 얼마 되지 않아서 갈리시아를 지나는 까미노에서 가장 높은 해발 1,335m의 포이오 언덕이 기다리고 있다. 하지만 정상의 고원에 오르면 멀리 그림같이 펼쳐지는 풍광을 감상할 수 있으며, 포이오 언덕의 정상 뒤로 트리아카스테야까지는 내리막으로 이어진다.

오 세브레이로를 출발하여 내리막으로 내려가지만 비는 계속해서 와서 시야를 가려 걷기는 매우 불편하다. 오 세브레이로에서 출발하여 소나무 숲 사이로 이어지는 길을 따라 내려오다 보면 오른쪽으로 리냐레스로 내려가는 길이 나온다.

리냐레스는 오 세브레이로에서 약 3km 떨어진 곳에 있는 마을로 고속도로와 인접하여 있는 바와 몇 개의 건물이 전부다. 그런데 비가 많이 와서 바는 닫혀 있고 잠시도 비를 피할 곳이 없어, 그냥 비를 맞으며 걷는다. 조금 가면 성 로케 언덕의 유명한 순례자 조각을 만난다. 이곳에는 조각가 아쿠냐가 만들어 놓은 바람을 뚫고 걸어가는 거대한 순례자의 동상이 계곡 아래를 내려다보고 있다. 그런데 비가 계속해서 와서 조각상으로 가지도 못하고 옆을 지나치며 사진을 찍었는데 만족스럽지 않았다. 비가 오고 운무도 짙어서 사진에서 보듯이 모든 것이 흐릿하게 보인다. 아쉽지만 자연의 변화

순례자 조각상

에 우리가 무엇을 할 수 있고, 또 이런 아쉬움이 어디 이곳에서만 있었던가? 엄청나게 많은 아쉬움을 겪으면서 모든 것이 이 길을 걸으면서 느끼고 깨닫는 한 과정이라는 생각이 든다.

여기서 피요발까지 걸으며 보는 마을들은 큰 특징이 없는 작은 마을이다. 순례자의 동상이 있는 산 로케의 언덕에서 오스피탈 데 콘데사까지는 30분 정도 걸린다. 현재는 자취도 없으나 9세기 이 마을에는 가톤 백작의 부인 에힐로 백작 부인이 순례자를 위한 병원을 만들어서 콘데사Condesa, 백작라는 단어가 사용되었다고 전해진다. 이곳에서 조금만 가면 포이오 언덕의 산자락에 있는 파도르넬로에 도착한다. 파도르넬로에서 포이오 언덕의 정상으로 오르는 길은 짧으나 매우 가파르고 험하며, 중세의 포이오 언덕에는 성 후안 기사단의 기사령이 있다고 알려져 있다. 정상에 올라온 순례자에게 포이오 언덕은 또 다른 축복을 선사한다. 다음 마을인 폰프리아까지 순례자는 도로와 나란히 이어지는 고원지대를 통과하며 눈에 보이는 아름다운 경치를 카메라에 담는다고 하지만, 오늘은 비가 많이 내려서 아무것도 보이지 않는다. 폰프리아 성당에는 '소이 데 폰프리아Soy de Fonfria, 난 폰프리아 출신이다'라는 문구가 새겨져 있는 은으로 도금된 성작이 보관되어 있다. 그런데 이 성작의 기원이 언제이며 새겨진 문구가 무슨 뜻인지는 알려지지 않았다.

중간 마을에서 비도 피할 겸 카페에 들어가 잠시 쉬면서 뜨거운 커피와 빵으로 요기하며 몸을 녹였다. 비가 계속해서 와서 몸의 체온이 좀 떨어진 것도 같았다. 폰프리아를 지나고부터 약 1km 정도 지난 지점부터 가파른 내리막을 걸어야 한다. 폰프리아에서 다음 마을인 오 비두에도까지는 약 2.5km로 길은 두 갈래로 갈라지는데 도보 순례자들이 선택하는 왼쪽의 길은 오르비오산의 아름다운 풍경과 트리아카스테야를 멀리 조망할 수 있는 매력적인 길이다. 오 비두에도 마을을 통과하여 칼데이론 산 중턱의 목축지 사이를 지나는 길은 상당히 가파르며 계곡을 지나야 한다. 여기에서 아름다운 오르비오 산의 풍경을 감상하기 좋으며 트리아카스테야가 멀리 내다보이는 피요발까지 상당히 가파른 내리막을 내려가야 한다.

스물아홉째 날

비가 오는 도중에 본 마을

　피요발은 아주 작은 마을로, 여기에서 트리아카스테야까지는 1시간도 걸리지 않는다. 피요발을 지나니 비가 그치기 시작한다. 뒤를 돌아보니 산 위에는 아직 구름이 잔뜩 덮여 있다. 지나온 곳은 고산지대라 비가 오고 산에서 내려오면서 날이 개는 것 같았다. 오전 내내 비를 맞으며 걸었기에 구름 사이를 뚫고 비치는 햇빛이 반갑다. 햇볕이 따뜻하게 내리쬐는 평화로운 숲을 걷다 보면 도로를 만나고, 도로를 건너 돌담에 둘러싸인 오솔길을 따라 한참을 걸으면 이 길은 중간에 있는 작은 마을인 파산테스와 트리아카스테야와 거의 붙어 있는 라밀까지 이어진다. 마을의 이름에서 유추할 수 있듯이 중세의 트리아카스테야는 3개의 성이 있을 정도로 번성한 마을이었으나 현재 남아 있는 유적은 하나도 없다. 10세기에 만들어졌다고 알려진 이 마을은 13세기 알폰소 11세에 의해서 재건되고 부흥했다고 전해진다. 트리아카스테야 마을의 입구에는 1993년 산티아고의 해에 만들어진 4층의 근사한 알베르게가 있고, 마을 사람들은 친절하게 순례자를 환대한다. 종일 비를 맞아 추위와 피곤함에 지쳐 트리아카스테야 입구의 알베르게에 숙소를 정하고 비에 젖은 몸을 씻고 라면을 끓여 점심을 먹었다.

오래된 고목

점심을 먹고 날이 개어 시내를 돌아다녔다. 제법 오래된 건물이 눈에 많이 보였고 순례자들을 위한 카페와 바가 즐비하게 늘어 서 있었다. 그중에 한 식당에서 한글로 쓴 메뉴판을 길가에 세워 놓았다. 얼마나 많은 한국인이 오기에 메뉴판을 한글로 써 놓았을까? 하는 의문이 아니라 감탄하게 했다. 시내를 한 바퀴 돌아보고 돌아와 잠시 쉬다가 저녁을 먹으러 갔다. 다른 사람들은 한국어 메뉴판이 있는 식당으로 갔지만 우리 무리 네 명은 상당히 괜찮은 알베르게 아래층에 있는 식당으로 갔다. 거기에서 오늘의 메뉴를 시키고 갈리시아에 들어온 기념으로 폴포Pulpo, 문어와 가리비에 고급 와인으로 알려진 알바리뇨를 시켜서 떠들면서 저녁을 맛있게 먹었다. 우리가 저녁을 먹고 있으니 길을 가면서 만났던 한국인들도 제법 들어온다. 특히나 젊은이들이 제법 들어와서 나름대로 저녁을 즐기는 모습이 보였다.

오늘은 길을 걸으면서 아무것도 보지 못했다고 해도 과언이 아니다. 비가 너무 와서 주변의 경치도 제대로 보지 못했는데 작은 마을에서 무엇을 찾아서 볼 엄두가 나지 않아 그냥 지나치고 걸었다. 하지만 하루의 길을 다 걸었을 때 비가 멈추어 날씨가 화창해진 것은 행운이다. 그리고 만찬을 즐기며 한 잔의 와인으로 하루를 끝내는 것도 다 행복이라고 생각되었다.

트리아카스테야 - 사리아

오늘의 길 : 트리아카스테야 - 루시오3.8km **- 렌체**1.7km **- 사모스**4.3km **- 산실 - 몬탄**
- 푸렐라6.5km **- 핀틴**1.3km **- 칼볼, 루고**1.4km **- 아구이아다**0.5km
- 산 마메데, 루고1.3km **- 사리아**3.4km

오늘은 트리아카스테야를 출발하여 사리아까지 약 25km의 길을 걷는다. 트리아카스테야에서 사리아로 가는 두 길은 모두 까미노 프란세스에서 가장 아름다운 길이다. 산실로 가는 오른쪽 길은 아름다운 숲과 계곡을 지나 사리아까지 19km 정도로 약 6시간 걷고, 왼쪽 길은 아름다운 산 훌리안과 산타 바실리사 왕립 수도원이 있는 사모스를 지나는 길로 검은 돌로 지붕을 얹은 시골집과 강가의 숲길을 걸으며 갈리시아 지방의 매력적인 풍경을 감상하지만 25km 정도로 1시간 이상을 더 걷는다. 이 길은 갈리시아를 통과하는 까미노에서 가장 중요한 산 훌리안과 산타 바실리사 왕립 수도원이 있음에도 개발의 논리에 밀려서 숲은 벌목되고, 길은 아스팔트로 포장되고 수도원 근처까지 공장지대가 침범했다. 그럼에도 불구하고 아직 이 길은 순례자의 마음을 끄는 아름다움을 간직하고 있다. 그래서 많은 사람은 왼쪽 길을 선택해서 사모스로 간다.

일어나니 일찍 떠나는 사람들은 벌써 떠나고 있다. 그렇게 급하게 서두르지 않아도 되기에 나와 같이 길을 걷는 일행과 간단하게 아침을 먹고 떠나기로 하고 식당에 가니 몇 사람이 간단한 아침을 먹고 있다. 간단한 식사를 하고 평상시에 비해 조금 늦게 알베르게를 나와 마을 출구로 가니 어제 와 본 곳에 2개의 까미노 표지석이 있다. 여기서 사모스로 가기 위해 왼쪽으로 발을 옮긴다.

마을 출구의 2개의 표지석

마을 출구의 산티아고 십자가와 순례자상

　　트리아카스테야에서 오리비오 강을 따라 걷는 길은 더 길지만 완만한 평지라서 편하다. 트리아카스테야를 통과하는 도로를 따라 오리비오 강 다리를 넘어서 피카카예 산의 울창한 숲을 편안히 걸어 루시오 마을을 지나 다음 마을인 렌체로 이어지는 오르막길을 걷는다. 렌체는 주민 수가 아주 작은 마을로 바는 아직 문을 열지 않아 그냥 지나친다. 길은 부드러운 오르막과 내리막을 반복하며 작은 언덕을 오르면 산 마르티뇨 도 레알이 보이고 오리비오 강 작은 다리를 건너면 산 마르티뇨 도 레알로 들어간다. 오래된 시골 가옥들 사이를 지나 마을을 통과하면, 도로의 아래를 지나는 터널을 지나 로우사라 계곡으로 이어지는 길 주위에 오래된 돌담이 늘어서 있는 좁은 오솔길로 들어가 오우테이로 이 폰타오 성당을 지나 내리막길을 내려가면 사모스에 도착한다.

사모스로 내려가는 길에서

사모스를 제외하고는 지나는 마을들은 휴식처도 없고, 특별한 유산도 없어 모두 그냥 지나친다. 사모스는 오랫동안 순례자의 발길이 끊이지 않았던 도시답게 순례자들에게 친절한 도시다. 갈리시아를 지나는 까미노 프란세스에서 가장 아름다운 건축물 중에 하나인 산 훌리안과 산타 바실리사 왕립 수도원을 간직한 사모스를 둘러싸고 있는 로우사라 자연보호구역은 산과 깊은 계곡, 시원한 개울과 짙은 초목 등으로 특별한 아름다움을 보여 주는 곳인데, 원래의 의미와 형태를 잃은 채 건조한 아스팔트로 포장되어 안타깝다.

수도원 전경

산길을 내려가니 큰 건축물이 보인다. 이 길로 걸어온 순례자들은 모두 이 건축물을 보려고 온 것이다. 우리가 베네딕토수도원이라고 알고 있는 산 훌리안과 산타 바실리사 왕립 수도원Real Abadia de los San Julian y Santa Basilisa 건물로, 이 수도원은 중세부터 현재까지 많은 순례자가 꼭 보기를 원하는 곳으로 알려져 있다. 그 이유는 이 수도원이 건축물로도 대단한 아름다움을 가지고 있지만, 무엇보다 수사들이 부르는 환상적인 그레고리안 성가를 들을 수 있기 때문이라고 한다. 그리고 신앙이 깊은 순례자라면 이 아름다운 수도원에서 운영하는 알베르게에 묵을 수도 있다. 사모스 수도원이라고도 불리는 이 수도원의 기원은 6세기까지 거슬러 올라가지만 현재 남아 있는 수도원 건물은 대개 16, 18세기에 건축된 것이다. 2개의 회랑이 있는데,

고딕 양식으로 지어진 하나의 회랑에는 16세기에 만들어진 네레이다스 분수Fuente de las Nereidas가 있고, 신고전주의 양식으로 만들어진 다른 회랑에는 페이호 신부 Padre Feijoo의 동상이 있다. 팔각형의 쿠폴라가 씌워진 감실과 거대한 바로크 양식 성당, 미완성으로 남은 거대한 파사드도 바로크 양식의 봉헌화도 눈여겨 볼만하다.

이 수도원에서 철학을 가르쳤던 페이호 신부는 수도원의 환경을 다음과 같이 묘사했다. "이 수도원은 은둔하기에 적당하며 울창한 산속에 파묻혀 있습니다. 구석구석이 닫혀 있는데다가 억눌려 있기 때문에 수직으로 위를 쳐다보지 않으면 별을 볼 수 없습니다." 베니토 제로니모 페이호 신부는 스페인 계몽주의의 가장 유명한 석학으로 말년을 이 수도원에서 보냈으며, 그가 죽은 다음 그의 저서에서 나오는 저작권 수입으로 수도원을 재건했다고 한다.

멀리 보이는 수도원 전경

수도원의 문장

수도원 정문

수도원 외부

수도원 주위를 한 바퀴 돌면서 수도원의 외부를 구경하고 수도원으로 들어가려니 아직 시간이 되지 않았다며 문을 열지 않았다. 문에 고지해 놓은 것을 보니 10시, 11시, 12시에 문을 연다고 되어 있다. 10시부터가 아니라 매 시간 문을 연다고 하니 조금의 의아하지만 같이 간 일행과 시간이 되기를 기다리기로 했다. 약 1시간을 기다려야 되지만 이곳을 보기 위해서 이 길을 걸어왔는데 포기할 수는 없었다. 그래서 주변의 카페에 가서 커피와 빵을 시켜서 먹으며 여러 이야기를 하면서 시간을 보내고 수도원으로 갔다. 수도원 입구 옆 건물에 기념품 가게가 있어 구경하고 있다가 무언가 의아해서 보니 입장권을 팔고 있었다. 그래서 급히 구입하니 10시가 되자 안내인이 나와 인솔을 한다. 그리고 그 안내인이 안내하는 동선을 따라가야만 하였다. 조금이라도 동선을 벗어나면 불호령이 떨어지고 심지어는 퇴장을 시킨다고 한다. 수도원을 구경하는 도중에 한 사람이 옆에 닫아 놓은 문을 열고 안을 구경하려고 하니 엄청나게 화를 내며 야단을 친다. 수도사들의 비밀을 지키기 위한 것으로 공개하는 곳만을 안내하는 것이어서 1시간에 한 번만 안내인이 관람객을 모아서 안내하는 것이었다. 그런데 스페인어로만 안내하여 한 마디도 알아들을 수 없었고 안내 팸플릿도 없어서 그냥 따라다니며 구경만 한다.

수도원 내부의 여러 모습

수도원 내부 성당의 여러 모습

이 수도원에 있는 네레이다스의 분수에는 괴물의 모습을 하고, 거대한 가슴을 가진 여성의 조각상이 있다. 언젠가 한 신심 깊은 베네딕토회 신부가 이 조각상이 수사들에게 나쁜 영향을 미친다고 분수를 없애자고 주장하여, 수사들은 분수를 해체하여 수도원 밖으로 옮기기 시작했다. 그런데 처음에는 무겁지 않던 분수의 조각상은 점점 무거워져서 나중에는 기구를 써도 들어올리기 어려웠다. 결국 분수를 옮기는 것이 불가능하다는 것을 깨닫게 된 수사들은 이 분수를 원래 있던 모습 그대로 두었다고 한다. 약 1시간이 걸린 수도원 관람은 시간이 아깝지 않게 보람찬 구경이어서 이곳을 지나가며 시간이 없다고 그냥 지나간 사람들이 너무 불쌍하게 여겨질 정도였다. 꼭 이 길을 지나는 사람들은 시간을 맞추어서 아니 시간을 기다려서라도 내부를 구경하기를 권한다.

페이호 신부의 동상

네레이다스의 분수

수도원을 나와 길을 돌려 원래의 사모스 길이 아니라 산실로 향하여 길을 걷는다. 길을 걷는데 철조망이 쳐 있고 그 철조망에는 수많은 나무 십자가가 달려 있다. 길을 가는 순례자들이 신에게 자신의 간절한 기원을 담아 걸어 놓은 것이다. 무슨 소망을 걸었는지는 모르겠으나 그들의 정성이 갸륵하게 느껴졌다.

길가에 달아 놓은 십자가

산실의 주거지를 왼쪽에 두고 약 30분 길을 오르면 해발 896m의 리오카보 언덕의 정상에 오르게 된다. 이곳에서 순례자는 아름다운 오리비오의 언덕과 계곡을 감상할 수 있을 뿐만 아니라 사리아도 희미하게 볼 수 있다. 언덕을 내려가면서 갈리시아 지방 특유의 소의 분뇨 냄새가 진동하는 목장 지대와 시내를 넘어서 오래지 않아 몬탄에 도착한다. 몬탄에서 아그레로 강의 다리를 건너 왼쪽으로 이어지는 길을 따라 가면 푸렐라, 핀틴, 칼볼 루고, 아구이아다 등의 작은 마을들이 이어 나오고, 아구이아다 마을에서 트리아카스테야에서 사모스를 지나는 길과 합류한다. 이제 포장된 길을 따라 산 마메데 루고 등 여러 작은 마을을 지나 사리아에 도착한다.

사리아로 오는 도중에 마을이 아닌 곳에 바가 있었다. 제법 오래 걸어서 그 바에 들어가 맥주를 한 병 시켜 마셨다. 같이 간 일행이 과일을 꺼내니 외부 음식은 먹을 수 없다며 제지했다. 그냥 맥주를 마시고 있으니 길을 걷는 한국인들이 들어왔다. 그래서 외부 음식은 먹을 수 없다고 알려 주고, 화장실을 사용하려니 0.5유로를 내라고 한다. 자기 바의 손님에게도 화장실 사용료를 받는다는 것이 우리의 상식으로는 상당히 의아스러웠다. 계산하고 나오려니 주인이 돈을 더 내라고 한다. 무슨 말인지 알아들을 수가 없어 맥주 두 병 값을 지불하니 돈을 탁자에 던지며 화를 내기에 말도 잘 통하지 않아 다툴 수도 없고 해서 1유로를 더 주고 나왔는데 아마도 화장실 사용료를 더 내라고 한 것 같았다. 하지만 말이 통하지 않는 외국인인데 주인 여자의 행동은 이해가 되지 않았다. 이 길을 걸으면서 스페인 사람들의 친절함에 고마워했는데 한순간에 그 고마운 마음이 다 사라지는 것 같아 안타까웠다. 물론 그 한 사람의 행동이 스페인 사람 모두를 대표하는 것은 아니지만, 이 행동을 보고 우리도 자신의 행동에 대해 다시 돌아볼 필요가 있으며 조심해야 한다는 것을 깨닫게 되었다.

사리아 가는 길 주변의 풍경

아스팔트 길을 따라가니 사리아 시내가 나온다. 상당히 큰 규모의 사리아의 중심지 길에는 외양이 아름다운 각종 상점이 있고, 신시가지를 벗어나 구시가지 쪽으로 가면 유명한 막달레나 수도원과 사리아 백작의 성곽 유적을 만날 수 있다. 고딕 양식의 살바도르 성당을 지나니 강가의 도로에는 수많은 선술집, 그리고 유명한 폴포를 전문으로 요리하는 역사적으로도 널리 알려진 풀페리아Pulperias, 문어 요리 전문 식당가 있다. 이곳에서 순례자의 눈은 아름다운 거리와 여러 예술 작품으로, 코와 혀는 향기롭게 자극하는 맛있는 음식을 즐길 수 있을 것이다.

사리아에 사람이 살았던 것은 로마 시대 이전으로 거슬러 올라가지만, 도시의 역사가 시작된 것은 산티아고 순례길이 강화된 이후부터다. 12세기 후반에 알폰소 9세가 마을을 세웠다고 전해지는데 아이러니하게도 알폰소 9세는 산티아고 순례 도중 창궐한 전염병 때문에 사리아에서 사망했고, 그의 순례를 기리기 위해서 그의 영묘는 산티아고 데 콤포스텔라의 대성당에 안치되었다.

알베르게에서 라면을 끓여 점심을 대강 먹고 시내의 슈퍼에 가서 내일 먹을 먹거리를 장만하고 돌아와서 쉬다가 저녁에 미사에 참석하러 갔다. 알베르게에서 조금 아래에 있는 성당에 가니 외부에는 버스가 여러 대 있고, 체험 학습을 하러 온 것 같은 학생들로 가득 차 있었다. 일반적인 미사가 끝나고 사제가 순례자들을 따로 모아서 축성해 주면서 순례길의 안전을 빌었다. 이 길에서 어느 성당에 가든지 순례자들을 위해 따로 강복과 축성해 주는 모습을 보고 스페인이 얼마나 순례자들을 대우하고 아끼는지를 알 수 있었고, 그들의 종교적인 믿음과 헌신을 느꼈다.

Crucerio Santa Marina 성당

Crucerio Santa Marina 성당 내부

　　미사를 마치고 알베르게로 돌아와서 잠시 쉬다가 우리 일행은 또 모여서 하루의 피로를 풀기 위해서 간단한 맥주 파티를 연다. 걸을 때는 따로 떨어져서 자신을 찾으며 걷다가 저녁이 되면 모여서 또 하루를 보낸 것을 감사히 여기며 사소한 이야기를 한다. 우리가 여태 살아온 사회에서 이렇게 어떤 목적이나 자신의 이익을 추구하지 않고 단순한 마음으로 소박하게 맥주를 한잔 마시는 일이 얼마나 있었을까?

사리아 - 포르토마린

오늘의 길 : 사리아 - 바르바델로4.5km - 렌테 루고0.8km - 페루스카요3.9km
- 모르가데 루고2.8km - 페레이로스 루고1.1km - 아 파로차5.6km
- 빌라차1.3km - 포르토마린2.5km

오늘은 사리아에서 포르토마린까지 약 22km 남짓한 길을 걷는다. 사리아에서 포르토마린까지 걷는 길에서 순례자는 산티아고 데 콤포스텔라까지 100km가 남았다는 표지석 때문에 조그만 흥분으로 가슴이 뛸 것이다. 이 표지석 앞에서 순례자는 기념사진을 찍고 스스로가 걸어온 길과 앞으로 걸어갈 길을 생각하며, 이제 이 여정의 목적지가 눈앞에 보이는 것 같은 행복한 기쁨을 즐길 것이다. 사리아에서 오늘 지나는 루고 지방은 까미노에서 가장 쾌적한 구간으로 비옥한 땅과 향기로운 과수원이 펼쳐진다. 페레이로스를 지나면서 포르토마린까지의 내리막 외에는 특별하게 힘든 길이 없으며 떡갈나무와 밤나무 숲속의 그늘을 편안히 걸을 수 있다.

역시 바쁘게 움직이는 한국인들은 오늘도 늦게까지 잠을 자지 않고 새벽같이 일어나 준비하고 동도 트기 전에 길을 떠나니, 같은 숙소에 머무는 외국인들도 우리나라 사람들의 일과에 맞추어 길을 떠나는 사람이 많다. 신시가지 숙소에서 길을 떠나 구시가지로 발을 옮기니 적막 속에서 막달레나 수도원Convento de la Magdalena이 나온다. 사리아의 구시가지 언덕 위에 위치해 도시와 근교의 멋진 풍경을 감상하기에 좋은 막달레나 수도원은 이사벨 여왕 시대에 만들어진 고딕 양식 성당으로, 플라테레스코 양식 문과 고딕에서 르네상스로 넘어가는 양식의 회랑이 있다.

막달레나 수도원

　　막달레나 수도원을 지나 도시에서 1km 정도를 걸어 강을 건너 과수원과 목장 사이의 평화로운 숲길로 작은 마을을 지나 완만한 아스팔트 오르막길을 오르면 수도원의 유적이 남아 있는 바르바델로로 사리아의 출구에서 약 1시간이 걸린다.

　　바르바델로는 수도원 때문에 오 모스테이로O Mosteiro, 수도원라고도 불린다. 중세 시대에 수도원을 중심으로 번성했지만 지금은 오래된 수도원의 유적에 로마네스크 양식의 성당과 요새의 부분만 남아 있다. 갈리시아 지방의 로마네스크 양식의 전형적인 성당은 강인해 보이는 탑과 팀파눔과 주두의 부조가 돋보이고, 성당 안에는 순례자 산티아고의 상이 있다. 팀파눔에는 어떤 남자가 장미와 십자가로 둘러싸인 채 팔을 펼치고 있는 장면이 새겨져 있는데, 이 장면이 템플기사단의 입회자가 로사크루스에 둘러싸여 있는 모습이라고 한다.

바르바델로 산티아고 성당

이 길을 걸으며 만나는 작은 마을에는 루고라는 명칭이 마을 뒤에 붙어 이곳이 루고 지방임을 알리고 있는 루고Lugo주는 스페인 갈리시아 자치지방에 있는 주로 주도는 루고이다. 북쪽으로 비스케이만에 접하며, 내륙에는 칸타브리아산맥이 동서로 달리고, 서남부를 흐르는 미뇨 강 유역에는 규모가 작은 마을들이 교구를 중심으로 넓게 분포한다. 대체로 산이 많고 경작지가 적어서 축산이 중요한 산업이며, 철, 구리 등 지하자원이 풍부하다. 18세기 이후 새로운 일을 찾아 신대륙으로 나가는 사람이 많았고, 제2차 세계대전 후에는 유럽의 산업 국가로 이민 가는 사람이 많았다고 한다.

산티아고의 조각상이 있는 성당을 지나면 바르바델로에서 렌테까지는 약 1km 정도로, 마을 출구에서 오르막을 걸어가면 멀리 아름다운 오르비오 산의 봉우리들이 눈에 보이고 렌테에 도착한다. 조금만 더 가면 드디어 순례자는 산티아고 데 콤포스텔라까지 100km가 남았다는 표지석을 만난다. 100km가 주는 의미가 무엇인지는 모르겠지만 잠시 먹먹해진다. 이제부터 걸어갈 길은 걸어온 길에 비해서 아무것도 아니어서, 이제는 다 왔다는 안도감에 빠진 많은 순례자가

산티아고 100km 표지석

이 표지석에서 서로 사진을 찍어 주며 수고했다고 칭찬한다. 잠시 사진을 찍고 휴식한 뒤 모르가데까지 걸어가면 페레이로스로 이어지는 오르막길이 나온다.

여기서 페레이로스까지는 사람이 거의 살지 않는 여러 마을을 통과한다. 페레이로스에서 오늘의 목적지인 포르토마린까지는 약 9km가 남아 있으며 여러 작은 마을을 지난다. 작은 마을의 바에서 휴식한 후에 다시 길을 가서 빌라차에 다다르

면 강 맞은편으로 벨레사르 댐 때문에 도시 자체를 온전히 이동했다고 알려진 포르토마린이 보인다. 여기서 두 갈래의 길이 나타나면 어느 쪽으로 가도 비슷한 거리로 같은 곳에서 마주치며, 아스팔트 포장 길을 따라 내려가 긴 다리를 건너면 포르토마린에 도착한다.

멀리 보이는 포르토마린

　　과거 로마인들이 미뇨 강 위에 다리를 놓았을 때부터 포르토마린은 강가에 있는 마을이어서 전략적으로 중요한 위치였다. 이런 이유로 마을의 다리는 남편 알폰소 1세와 맞섰던 도냐 우라카의 명령으로 파괴되었고, 이 다리는 산티아고 대성당을 건축한 마테오 데우스탐벤의 아버지이자 '순례자 페드로'로 불렸던 페드로 데우스탐벤에 의해 재건되었다. 1946년에 스페인 역사예술단지로 지정되었지만, 포르토마린 역시 근대화의 물결을 막을 수는 없었다. 1963년 포르토마린은 벨레사르 저수지를 건설하면서 강의 왼쪽에 있는 성 베드로 마을과 오른쪽에 있는 성 요한 마을을 이어 주며 중세부터 순례자들이 건너오던 아름다운 다리는 수몰되었지만 산 니콜라스 요새 성당, 산 베드로 성당의 파사드, 마사 백작의 집, 베르베토의 궁전 등 역사적으로 중요한 건물의 일부가 새 도시로 자리를 옮겨 보존될 수 있었다. 그래서 새로운 포르토마린은 과거와 현재의 조합이 잘 이루어진 매력적인 곳이 되었다. 새로 몬테 데 크리스토 언덕 위에 만들어진 포르토마린은 미뇨 강에서 이 마을을 바라보면 환상적이라고 한다. 역사적인 건축물 외에도 포르토마린에는 여러 곳의 관광지가 있으며 강, 계곡의 길에서 여러 개의 다리와 풍차 등을 보며 산책을 즐길 수도 있다.

미뇨 강을 건너 몬테 데 크리스토 언덕 위에 만들어진 포르토마린으로 올라가는 제법 높은 계단을 올라가 문을 통과하면 신시가지가 펼쳐진다. 새로 만들어진 도시답게 새로운 건물이 늘어서 있고 도시는 편리하게 조성되어 있다. 길을 따라 조금 올라가니 오늘의 숙소인 알베르게가 길가에 있다. 알베르게에 들어가니 바로 옆에 슈퍼가 있어 편리했다. 슈퍼에 가서 내일을 위한 먹거리와 저녁을 위해 약간의 주류를 구입하고 거리로 나가니 어제 사리아에서 본 스페인 학생이 무리를 짓고

포르토마린 올라가는 입구

있다. 그들도 여기서 오늘 하루를 마치고 머무르는 것이다. 거리를 따라 조금 올라가니 산 니콜라스 요새 성당Iglesia Fortaleza de San Nicolas이 나온다.

산 니콜라스 요새 성당은 예루살렘의 성 요한 기사단이 12세기 말에 설립한 로마네스크 양식 성당으로 망루가 있는 벽과 건물의 높이가 요새로 사용되었음을 짐작하게 한다. 특히 장미창과 산티아고 데 콤포스텔라의 대성당과 매우 비슷한 외양의 정문 장식이 아름답다. 이 정문을 장식하고 있는 24명 인물상은 산티아고 대성당을 건축한 거장 마테오 데우스탐벤Mateo Deustamben의 작품이라고 알려져 있다. 수태고지 장면을 조각한 부분을 보면 성모와 천사 사이에 다산과 불멸을 상징하고 가톨릭의 삼위일체를 의미하는 3개의 솔방울이 있다. 주두 장식에는 왕관을 쓴 사람 머리에 새의 몸통을 한 동물의 부조를 볼 수 있는데 이것은 마테오 데우스탐벤의 아버지이자 까미노의 가장 훌륭한 건축가 페드로 데우스탐벤Pedro Deustamben의 작품이다.

산 니콜라스 요새 성당

　원래 성당 건축의 규칙은 제단이 있는 곳이 동쪽이나 예루살렘을 향해 있고 파사드가 서쪽을 향하는 것이다. 그러나 돌을 하나씩 옮겨 성당을 재건하는 과정에서 원인은 알 수 없으나 이 규칙이 지켜지지 않았다. 결국 성당의 제단과 파사드의 방향이 잘못되었는데 이 때문에 다른 성당에서 느낄 수 없는 독특한 빛의 향연을 만끽할 수 있다고 한다. 성당 외부를 돌아보고 안으로 들어가려니 문을 닫아 놓아서 들어갈 수 없었다. 문 앞에 보니 오후 7시에 미사를 한다고 붙어 있다. 그래서 그 시간에 맞추어 미사에 참석하고 내부를 구경하기로 하며 주변을 보니 여러 건물이 눈에 띈다.

　성당 외부에 산 니콜라스의 십자가Cruceiro de San Nacolas가 서 있다. 이 길을 걸으며 숱하게 많은 십자가를 보았는데 이 십자가는 '하늘로부터의 용서'를 뜻한다. 즉 죄를 용서받기 위해서 이 십자가를 세운다는 것이다. 그리고 또 다른 의미는 까미노에 가는 순례자를 보호한다는 뜻도 있다고 한다. 갈리시아

산 니콜라스의 십자가

만 해도 약 12,000개 정도가 있다고 하니 얼마나 많은 죄를 용서받기를 원했으며, 순례자를 보호하려는 의지가 강했음을 짐작할 수 있다.

산 니콜라스 요새 성당 주변 광장에는 수몰된 옛 마을에서 가져온 것으로 완전한 것도 있고 일부만 복원한 여러 조형물이 있다. 그중 의회로 사용하고 있는 건물은 12세기에 만들어진 로마네스크 양식의 산 베드로 성당Iglesia de San Pedro 일부를 복원한 것으로, 여기에는 성당의 문을 포함한 정면 부분만 옮겨져 남아 있다.

의회

성당 내부는 나중에 보기로 하고 우리 일행 네 명은 저녁을 먹으러 식당으로 갔다. 이곳의 여러 음식 중에서 츌레톤Chuleton이라는 스페인식 왕갈비가 유명하다고 작년에 이곳을 거쳐 간 아들이 미리 알려 주어서 4인분을 시키니 티본스테이크와 같은 거대한 갈비를 구워온다. 고기가 담긴 그릇이 달구어진 쇠그릇이라 계속 익히면서 고기를 잘라 먹게 하였고 판이 식으면 다시 갈아 주었다. 가격에 비해 양이 많고 맛도 있어서 오랜만에 소고기를 맛있게 먹고 떠들면서 와인도 마신다. 주변을 보니 한국인이 눈에 많이 띈다. 모두 즐겁게 저녁을 끝내니 어느새 저녁 미사를 할 시간이다.

츌레톤

천주교 신자도 아닌 일행이 나와 같이 성당에서 미사를 보는 것이 보편화된 행동이 되어 미사에 참석하니, 길을 걸으며 만난 사람들이 미사에 참석하고 있다. 반갑게 인사하고 이제 얼마 남지 않은 길을 무사히 걷기를 서로가 빌어 주었다. 미사가 끝나니 순례자들을 위해 특별히 강복이 있고 세요를 성당에서 찍어 주었다.

미사를 마치고 주변을 조금 배회하다가 숙소로 돌아와 하루의 피로를 가볍게 풀기 위해서 맥주를 한잔하면서 이런저런 담소를 나누고 잠자리에 든다.

산 니콜라스 요새 성당 내부

오늘도 많은 사람을 만나고 또 헤어졌다. 특히 캐나다에 살면서 거의 매년 이 길을 걸어 17번째 길을 걷는다는 한국인, 불편한 다리를 끌고 쉬지 않고 자신의 길을 걷고 있는 대만의 여인, 그리고 불편한 다리를 지팡이에 의존하여 길을 걷고 있는 서양인, 그들 모두는 무엇 때문에 이 길을 걷고 있는지를 알 수가 없지만 그들 자신만의 동기가 있고 얻음이 있을 것이라는 생각이 들며 '나는 왜 이 길을 걷고 있는가?' 하는 의문이 다시 들었다.

포르토마린 – 팔라스 데 레이

오늘의 길 : <u>포르토마린</u> - **곤사르**8.5km - **오스피탈 다 크루즈**3.5km - **벤다스 데 나론**1.5km
- **리곤데**3.2km - **아이레세**1km - <u>포르토스</u>2km - **팔라스 데 레이**5.5km

오늘은 포르토마린에서 팔라스 데 레이까지 비교적 안정적인 약 25km를 걷는다. 그러나 리곤데까지 약 15km는 고도를 300m 이상 올라야 하는 길이니, 초반에 오버페이스를 하지 않도록 주의하여 속도를 조절해야 한다. 순례자는 치즈로 유명한 벤다스 데 나론을 지나고 리곤데의 라메이로스 십자가상을 만난다. 팔라스 데 레이에 도착하기 전 약 10km는 아스팔트 길과 나란히 난 흙길을 걷는다.

포르토마린 거리

포르토마린을 떠나는 순례자는 미뇨 강의 지류인 토레스 강 위를 지나는 좁은 다리를 건너 강가에서 산언덕으로 난 길을 따라 올라간다. 길은 밤나무와 유칼립투스 나무가 만들어 주는 시원한 그늘을 따라 이어지며 오솔길로 변한다. 포르토마린에서 곤사르까지 약 9km는 순례자를 힘들게 하는 오르막이 이어진다. 강을 지나 언덕을 오르는 지점에서 같이 길을 걷던 일행 중에 길을 잘못 들어 다른 길로 갔다는 사람이 있다. 표시가 여러 개 있어 다른 길로 가 강을 계속 따라갔다는 것이다.

물론 뒤에서는 다시 만나겠지만 우회하는 길이라 다시 돌아와서 같이 길을 걸었다.

갈리시아 지방을 걷다가 이상한 모양의 건축물이 다양한 형태로 집에 있는 것을 보았다. 처음에는 무엇인지를 몰라 일행이 모두 추측하며 궁금해했는데 알고 보니 호레오Hórreo였다. 기록에 따르면 13세기부터 있었다는 호레오는 곡물을 저장하는 일반적인 헛간으로 대부분은 갈리시아에 존재하고 프랑스, 영국 제도, 스칸디나비아에도 유사한 곡물 창고가 있다고 한다. 호레오는 저장된 곡물을 설치류로부터 보호할 목적으로 돌이나 땅에 기둥을 세워 건축하며, 대부분 직사각형과 정사각형 모양을 가지고 있다.

호레오 - 곡물 저장 창고

곤사르는 샘물이 흐르는 아름다운 떡갈나무 숲과 시원한 그늘이 있어서 순례자들이 휴식을 취하기에 좋다. 옛날 켈트인이 살던 흔적과 예루살렘 성 요한 기사단의 역사를 보여 주는 것은 거의 남아 있지 않고, 오늘날엔 소박한 로마네스크 양식의 성당 주변에 아담한 시골집뿐이다. 곤사르를 지나 1km가량 가면 나오는 카스트로마이오르의 산타 마리아 성당Igrexa de Santa Maria de Çastromaior은 곤사르의 교구 성당과 비슷한 건축양식을 보이는 소박한 로마 시대 이전의 건축물이다.

카스트로마이오르 성당

곤사르에서 약 3km 떨어져 있는 오스피탈 다 크루즈로 가는 길은 경사가 심한 오르막이며 주위는 적막하다. 오스피탈 다 크루즈는 마을의 이름에서 알 수 있듯이 순례자를 위한 병원이 있었던 곳으로, 아주 작은 마을이다. 이 마을 출구에서는 까미노 표시가 잘 보이지 않아서 당황하기 쉬우나 다리를 넘어서 오우렌세에서 루고로 들어가는 도로를 건너면 금방 벤타스 데 나론에 도착하게 된다. 다음 길이 경사가 급한 해발 756m의 리곤데 언덕이라 이 언덕을 오르기 위해서는 벤타스 데 나론에서 휴식을 가지는 것이 좋다.

마그다레나 성당

이상하게 이 길에서는 마을의 표시가 거의 보이지 않는다. 이제까지 길을 걸을 때 마을이 가까우면 마을의 표시가 보여 이정표의 구실을 하였는데, 오늘의 길에서는 마을 표시가 없어 어느 마을을 지나는지도 모르고 길을 걷는다. 어느 마을인지를 모르겠으나 조그마한 성당이 있어 들어가니 눈이 먼 관리인이 지나가는 순례자에게 세요를 찍어 주고 있다. 세요를 찍기 위해서 그 관리인의 손을 잡고 자기의 크렌디시얼에 맞추어 순례자들은 도장을 찍는다. 그리고 작은 돈을 헌금한다. 모두가 마음이 너그러워진 것 같다.

리곤데로 가는 길에 몬테로사Monterrosa라는 작은 마을을 지나는 길에 지금까지 걸어오며 본 일이 없었던 아이들이 보인다. 마을의 나무에 모여서 놀고 있는 아이들이 보여서 사진을 찍자고 하니 웃으며 포즈를 취해 준다.

마을 아이들

어디에서나 아이들은 쉽게 사진의 모델이 되어 주는데, 어른들은 꼭 아이들을 찍지 못하게 한다. 어른들이 가진 선입견이 무섭다. 몬테로사를 조금 지나 휴식하려고 바에 들어가니 한 무리의 스페인 사람들이 모여서 빵과 음료를 먹으며 휴식하고 있었다. 아마도 순례하고 있는 것 같아 보이는 그들은 음식을 함께 가지고 다니면서 쉼터에서 나누어 먹고 또 나머지는 다시 가지고 길을 떠나고 있었다. 그중에 한 사람이 음식을 나누는 사람에게 말하더니 나에게 빵을 나누어 주어 고맙게 얻어먹었다. 참으로 순박하고 여유로운 사람들이었다. 자신이 먹을 음식을 나누는 것은 쉽지 않은 행동이다.

아름다운 문장이나 특이한 파사드로 장식된 전통 집이 모여 있는 마을 리곤데는 미뇨 강과 우야 강의 발원지이며 우요아 산과 시몬 산이 만나는 곳이다. 아이레세는 상당히 가까우며 여기에서 파요타 산으로 이어지는 길을 올라야 한다. 이어서 인적이 없는 포르토스가 나오고 아스 로사리오 언덕을 오르면 팔라스 데 레이가 저 멀리에 보인다. 팔라스 데 레이에 가까운 곳에 Meson A Brea라는 작은 마을이 있고, 그곳을 지나면 팔라스 데 레이로 들어간다.

아 우요아 지역의 중심 도시인 팔라스 데 레이는 선사 시대의 고인돌, 로마 시대 이전의 성벽, 로마 시대의 건축물, 성과 수도원, 아름다운 자연경관이 모여 있는 곳이며, 또 까미노 데 산티아고와 관련된 흔적도 많이 남아 있다. 팔라스 데 레이라는 이름은 '왕의 궁전El Palacio de un Rey'이라는 의미로, 이곳에는 서고트의 왕 위티사가 그의 아버지 에히카의 치세 동안 갈리시아 지방의 총독을 맡아서 살던 궁전이 있었기 때문에 이렇게 명명되었다.

Igrexa de Santiago de Lestedo

　　팔라스 데 레이에 들어가는 길은 상당히 멀다. 길을 따라가니 도시의 시설물이 여러 곳 보이고 공원을 가꾸는 사람들도 보인다. 조금 더 가서 관광 안내소가 보여서 세요를 찍으러 가니 안내인이 어디에서 왔는지를 물어 한국에서 왔다고 하니 고개를 끄덕이며 도장을 찍어 주었다. 그곳에서 제법 걸어가니 오늘의 숙소인 알베르게가 보인다.

맑은 하늘

숙소에 머무르다가 슈퍼에서 고기와 채소 등을 사서 저녁을 만들어 먹고 쉬다가 저녁 미사에 참석하러 간 성당은 크지는 않았지만, 상당히 많은 사람이 미사에 참석하고 있었다. 신부님이 하시는 말은 알아들을 수가 없지만 의식은 한국과 같으므로 따라 하고 있으니 어떤 의미인지 모르겠으나 눈물이 났다. 무언가 성령의 힘이 깃든 것인지 아니면 이제 다 왔다는 안도감에서인지 모르겠으나 미사를 끝내고도 잠시 앉아 마음을 다스렸다. 미사를 마치고 나오니 같이 길을 걷고, 함께 미사를 보았던 한국의 여성분이 말하기를 자기도 미사 도중에 눈물이 나서 주체할 수가 없었다고 이야기하였다. 같은 느낌을 받은 동류의식으로 걸어 오면서 서로 많은 이야기를 하고 숙소에 와서 잠자리에 들었다.

Iglesia de San Tirso de Palas de Rei

하루를 보내는 시간은 항상 일정하다. 물리적인 시간은 하루를 24시간으로 구성해 놓았고 우리는 그 시간에 맞추어 생활하고 있다. 하지만 사람은 항상 동일한 하루를 사는 게 아니다. 오늘도 많은 사람을 길에서 만나고 헤어지고 하였다. 항상 길을 가며 보았던 대만의 여인은 오늘도 다리를 쩔뚝이며 길을 갔다. 다리는 불편하지만 조금도 머뭇거리지 않고 걷는 힘은 도대체 어디에서 나오는 것일까? 아무 말도 알아들을 수 없는 성당의 미사에서 눈물이 나는 것은 무엇 때문이었을까? 우리가 생각하는 범위 밖에서 일어나는 일이 많은 날이었다.

팔라스 데 레이 - 아르수아

오늘의 길 : 팔라스 데 레이 - 산 수리안3.4km - 아 폰트 캠파나1.1km - 카사노바 루고1.2km
　　　　 - 오 코토 아 코루나2.8km - 오 레보레이로 아 코루나0.7km - 멜리데5.6km
　　　　 - 오 라이도3.2km - 보엔테2.5km - 아 카스테녜다2.2km - 리바디소 다 바이소3.1km
　　　　 - 아르수아3km

오늘은 팔라스 데 레이에서 아르수아까지 약 30km의 길로 까미노의 여정에서 거리가 긴 일정 중의 하나고 또 계속 오르막과 내리막이 반복되어 발걸음은 무거울 것이다. 그래서 중간에 머물고 싶은 유혹이 크지만, 아르수아까지 참고 가야 한다. 이 길에서 순례자는 루고 땅을 지나 코루나 땅을 밟게 되어 변화된 풍경과 지방색을 느낄 것이다.

팔라스 데 레이 거리

아침 일찍부터 길을 나서는 시간이 너무 이르나 오늘은 제법 먼 길을 걸어야 하기에 평소보다 조금 더 일찍 출발한다.

팔라스 데 레이의 순례자 거리 샘터에서 오른쪽으로 빠져 도로를 건너 라구아 연못을 지나면 산 수리안으로 내려가는 아스팔트 길로 바뀐다. 유칼립투스 나무와 소나무가 터널처럼 드리워진 시원한 내리막길을 내려가면 팜브레 강을 만나고, 시멘트로 만들어진 평범한 다리를 건너 인적이 없는 아 폰트 캄파니에 도착하고, 곧 루고 지방의 마지막 마을 카사노바에 도착한다.

빽빽한 떡갈나무 숲 가운데 목가적인 루고 지방의 마지막 마을 카사노바를 지나면 오래된 로마 가도가 나오며 이 길을 2km 정도 오솔길을 걸어 내려가 포르토 강을 건너면 코루나 지방이 나온다.

라 코루나La Coruña는 헤라클레스가 거인 헤리온을 물리친 세상의 끝이면서 전설적인 켈트인들의 왕이었던 브레오간이 태어난 마법 같은 스페인 북서부의 갈리시아 지방의 주로, 북부와 서부는 대서양에 면하고 남부는 포르투갈과 접해 있다. 주도는 라 코루나로 고대부터 항구도시로 발전했으며, 곳에는 2세기 로마인이 세운 것으로 현재 남아 있는 유일한 로마식 등대인 토레 데 헤르쿨레스Torre de Hercules, 헤라클레스의 탑가 있다. 라 코루나는 대부분 산지로 연안은 리아스식 해안이며 비가 많이 온다. 라 코루나 지방은 산티아고로 가기 위해 순례자가 발걸음을 내딛는 마지막 지방으로 주요 도시는 코루나와 까미노의 최종 목적지인 산티아고 데 콤포스텔라다.

완만한 경사로를 걸어 우요아 강가의 작은 마을인 캄파니야를 지나 유칼립투스가 우거진 아스팔트를 지나 코루나 지방의 첫 번째 마을인 오 코토에 도착한다. 오 코토에서 오래된 로마 길을 걸어가면 코루나 지방의 아름다운 전원 마을인 레보레이로에 다다른다.

레보레이로라는 이름은 캄푸스 레부라리우스Campus Levurarius라는 라틴어에서 파생되었다 하는데, 이 말은 '산토끼의 들판'이라는 뜻으로 이 지역에서 산토끼가 많이 살았기 때문이라고 한다. 작은 마을 레보레이로는 라 코루나의 아름다움을 잘 보여 준다. 이곳의 깨끗한 로마 가도는 지친 순례자를 반겨 주고, 양옆의 집과 오래된 십자가상은 매력적인 풍경을 자아낸다. 마을을 나와서 돌로 포장된 길과 과수원, 세코 강의 작은 다리를 건넌다.

서른셋째 날

로마네스크에서 고딕 양식으로 넘어가는 시기의 아름다운 건축물로, 첨두아치 문의 팀파눔에는 아름다운 성모의 모습이 조각되어 있으며 성당의 내부에는 16세기에 만들어진 그림과 요염한 성모로 알려진 중세 시대의 성모상이 있는 산타 마리아 데 라스 니에베스 성당La Iglesia de Santa Maria de las Nieves의 건립에는 다음과 같은 전설이 있다. 전설에 따르면 원래 성당 자리에 낮에는 신비로운 향이 풍기는 샘물이 솟아 나왔고, 밤에는 신비로운 빛이 퍼져 나왔다고 한다. 마을 사람은 기적이라 생각하고 그 주변을 파자 아름다운 성모상이 나왔다고 한다. 사람들은 성모상을 마을의 성당으로 옮겼으나 다음 날 성모상은 원래의 장소에서 발견되었다. 계속해서 성당으로 옮겨도 샘 옆에 성모상이 나타나는 것을 보고, 사람들은 이 샘터에 새로운 성당을 짓기로 했다. 그리고 샘터에서 발견한 성모상과 똑같이 생긴 성모상을 만들어 마을 성당의 팀파눔에 놓기로 했다. 그 후 성모상은 움직이지 않고 제단 뒤에 계속 자리 잡았다. 레보레이로 사람들은 아직도 어두운 밤에 아무도 없을 때 성모가 샘물에 나타나 목욕하고 머리를 빗는다는 전설을 믿고 있다. 성당 앞에는 카베세이로Cabeceiro라는 특이한 형태의 집이 있다. 카베세이로는 '가난한 이들의 호레오'라고 부르는 전통적인 창고 구조물로, 기둥 위에 버드나무 가지로 엮은 커다란 광주리를 올리고 짚으로 덮은 형태로 전통적으로 식량을 보관하기 위해 사용했다. 현재 레보레이로에 남아 있는 것으로는 이 외에는 찾아보기 힘들다고 한다.

산타 마리아 데 라스 니에베스 성당과 카베세이로

레보레이로의 바에서 휴식하고 길을 떠나니 비가 오기 시작한다. 비가 많이 오는 고장이라는 실감이 나게 비가 자주 온다. 오는 비를 맞으며 길을 계속 가니 비가 한여름에 우리나라에서 오는 폭우와 같이 쏟아지는데, 피할 곳이 없다. 하는 수 없이 비를 맞으며 모두 우의에 의존하여 길을 걷는데 앞도 보이지 않고 우의도 별 소용이 없다.

레보레이로 출구의 십자가상을 지나 길을 따라 세코 강을 건너 푸렐로스 강 방향으로 내려와 로마네스크 양식의 다리를 건너 완만한 오르막을 2km 정도 가면 코루나로 들어가 처음으로 만나는 도시인 멜리데에 도착한다.

로마네스크 양식의 로만 브릿지

멜리데에는 코루나 지역에서 가장 위풍당당한 성과 오래된 광장이 있으며, 주요 산업은 관광객과 순례자를 위한 서비스로 이 지역의 경제에 중요한 역할을 한다. 멜리데는 까미노 프란세스와 까미노 데 오비에도Camino de Oviedo가 만나는 곳으로 중세의 순례자들은 오비에도의 산 살바도르 대성당Catedral de San Salvador에 있는 카마라 산타 Camara Santa의 유물을 경배하기 위해 이 길을 걸었다고 한다. 멜리데의 산 베드로 성당은 14세기에 순례자를 위한 상티 스피리투스 병원이 들어서면서 만들어진 부속 성당으로 고딕 양식의 요

멜리데의 산 베드로 성당

소와 바로크와 신고전주의 양식이 추가되고 증축되어 산 베드로 성당이 만들어졌다. 현재 정확히 주인을 알 수 없는 중세 시대의 무덤과 봉헌화 등이 보존되어 있다.

비가 계속 와서 바에서 그치기를 기다렸다가 조금 후에 다시 걷기를 시작하는데, 비가 많이 와서 걷기에만 몰두하느라 주변도 제대로 보지 못하고 지나왔다.

우의를 입고 걷는 사람들

제법 시간이 지나 비는 조금 적게 오지만 계속해서 오기에 비를 맞으며 걸어가니 곳곳에 갈리시아의 곡식 창고인 호레오가 다양한 형태로 보인다. 멜리데를 뒤로하고 카타솔 강을 지나는 다리를 넘어 유칼립투스 나무가 울창한 길을 지나면 순례자 쉼터가 나오고 오 라이도에 도착한다. 다시 길을 가서 완만한 오르막을 오르면 멜리데에서 약 5.5km 떨어진 보엔테가 나온다. 보엔테를 지나 계곡을 거쳐 오르막을 오르면 언덕의 끝에 산티아고 대성당의 석회를 만들기 위한 가마가 있었던 아 카스타녜다가 있다. 팔라스 데 레이에서 아 카스타녜다까지 25km를 걸어온 순례자는 이 조용한 마을에서 충분한 휴식을 취하고 남은 5km를 걷는다. 그러나 끝나지 않을 것 같은 오르막과 내리막은 계속해서 순례자를 괴롭힌다. 내리막을 내려가 작은 마을인 리오를 지나고, 계속해서 아름답게 펼쳐진 이소 계곡을 지나 그림 같은 전원주택 사이를 걷다 보면 리바디소 다 바이쇼에 도착한다. 지나는 마을의 바에 들러 잠시 쉬는 중에, 나이를 짐작하기 어렵지만 한 40살 정도 되어 보이는 서양 여인이 웃고 있었다. 물론 나를 보고 웃는 것은 아니지만 며칠을 계속 보았던 여인은 항상 웃고 있었다. 그 웃음이 너무 맑아서 마음을 청량하게 해 주었다.

여기부터 아르수아까지 가장 힘든 오르막이 3km에 걸쳐 계속된다. 리바디소 다 바이쇼 마을을 빠져나와 도로를 건너 이어지는 꼬불꼬불한 오르막길은 순례자를 지치게 하지만, 이 오르막의 끝에는 오늘의 여정을 마칠 수 있는 아르수아가 순례자를 내려다보고 있다.

푸른 목초지와 유칼립투스가 순례자의 지친 몸과 마음을 감싸안아 주는 아르수아는 마을의 입구에서 중심부까지가 걸어서 1km가 조금 넘는 현대적 마을이지만 역사적이고 예술적인 건축물은 많지 않다. 그렇지만 아르수아는 테티야작은 젖가슴라고 불리는 전통 치즈로 유명한 마을로 아르수아 치즈는 팔라스 데 레이의 우요아 치즈와 같이 철저하게 원산지 표기를 해서 보호한다고 한다.

이제 비가 그쳐서 해가 하늘 위에서 빛을 내고 있다. 아르수아 알베르게에 도착하여 비에 젖은 몸을 씻고 세탁하여 햇볕에 늘어놓고 시내를 구경하러 갔다. 항상 같이 다니는 일행들과 시내를 돌아다니며 바에 들러 맥주도 마시고 이제 끝나가는 여정의 마지막을 아쉬워하면서 실없는 농담도 하며 시간을 보내고 알베르게에 돌아오니 또 낯익은 얼굴들이 보인다. 항상 같은 길을 걷고 있는 한국인 모녀, 한국의 젊은 부부, 그리고 서양인 모두 이제는 이 긴 여정이 끝난다는 생각에 아쉬움이 많은 것 같았다. 한국인 모녀 중에 딸과 이야기를 제법 많이 하였다. 이 여정에서 발이 아파 쉬고 있던 그녀에게 파스를 준 인연으로 제법 친근하게 대화했다. 젊은이는 이탈리아에 유학하여 이탈리아 요리사 자격을 가지고 있다가 이번에 직장을 그만두고 엄마와 함께 이 길을 걷는다고 하며 돌아가면 다시 취업한다고 하였다. 젊은이들의 도전과 용기가 부러웠다.

저녁을 먹고 성당에 가서 미사를 보았다. 현대에 지어진 별다른 특징은 없는 성당에는 제법 많은 사람이 모여 미사를 보고 있었고 그중에는 나와 같은 이방인도 많이 보였다.

미사를 본 성당 내부

미사를 마치고 알베르게로 돌아오니 비에 젖은 신발과 빨래가 아직 다 마르지 않았다. 마침 헤어드라이어를 가지고 있는 한국인이 있어 빌려서 신발과 양말, 옷 등을 말리고 잠자리에 들었다. 순례를 준비하는 사람에게 한마디 조언하면 헤어드라이어는 길을 가면서 아직 마르지 않은 옷을 말리는 데 아주 유용하다. 그러니 여러 명이 함께 가면 유용하게 쓰일 것이다.

비를 맞고 걷다가 카메라가 비에 젖어 고장이 났다. 처음에는 메모리에 에러가 떠서 메모리를 닦자, 정상이 되었는데 이제는 전원이 나가 버려서 여러 가지로 손을 보아도 정상으로 돌아오지 않는다. 아마 비가 내부로 들어간 것 같았다. 기계야 귀국해서 고치면 되지만 메모리에 저장된 사진이 문제였다. 만약 메모리에 이상이 있으면 거의 한 달의 기록이 모두 없어져 버리기 때문이라 걱정은 하지만 어쩔 수 없이 이제부터는 휴대폰으로 사진을 찍어야 한다. 결과를 말하면 귀국해서 메모리를 보니 이상이 없고 사진은 모두 저장되어 있어서 다행이었다.

오늘은 비교적 어려운 길을 걸었다. 길 자체가 어렵고 먼 길이 아니었지만, 비가 엄청나게 쏟아지는 바람에 고생하였다. 여기까지 오는 길에 비교적 날씨가 좋아서 순조로웠는데 막바지에 한 번 시련을 주는 것 같았다. 그래도 아무 탈 없이 길을 걷는 모두가 무사한 것에 감사를 드릴 뿐이다.

아르수아 - 오 페드로우소

오늘의 길 : 아르수아 - 아 페로사3.3km **- 아 칼사다**2.5km **- 아 카야**2km **- 살세다**3.3km **-
아 브레아**2.5km **- 산타 이레네**2.7km **- 아 루아 오 피노 아 코루나**1.6km
- 오 페드로우소1.3km

오늘은 아르수아에서 오 페드로우소에 이르는, 쉽게 걸을 수 있는 약 20km의 길
이다. 오늘만 걸으면 내일 산티아고에 들어간다는 생각에 길을 떠나는 순례자들은 다
왔다는 흥분감과 안도감으로 급하게 걷기도 하지만, 이 길은 짧고 산길이 아름답다.
그러나 마지막 부분 살세다를 지나서 오 페드로우소에 도착하기까지는 자동차가 다
니는 도로와 자주 마주치게 되므로 안도감을 버리고 조심해야 한다. 이 길의 중간에
서 만나게 되는 살세다와 아 브레나에는 두 명의 순례자가 사망한 추모비가 있으며,
이 길에서는 산티아고 데 콤포스텔라를 넘어 피스테라와 무시아의 바다 냄새를 맡을
수 있다는 산타 이레네의 언덕도 완만하며 이곳에서 3km 정도의 내리막을 내려가면
오 페드로우소에 도착한다. 이제 산티아고 데 콤포스텔라까지는 단 하루만이 남았다.

아침에 일어나니 길을 걷던 일행들은 모두 가벼운 흥분에 들떠 있는 것처럼 보인
다. 오랜 시간에 먼 거리를 걸어서 이제 마지막 목적지가 눈앞에 들어오니 누군들 흥
분하지 않겠는가!

알베르게에서 큰 도로를 따라 걷다가 왼쪽으로 걸어가면 산티아고 39km의 표시
가 나오고 조금 더 가면 오래된 성당이 나온다. 어제 미사를 본 lgrexade Santiago de
Arzua 성당 바로 옆에 있는 막달레나 소성당Capilla de la Madalena이다. 막달레나 소성당

은 고딕 양식에 르네상스 양식이 일부 결합되어 있는 성당으로 옛날에는 순례자를 위한 병원과 함께 수도원의 일부였으나, 지금은 바로 옆에 새 성당이 있어 성당으로서의 역할은 끝이 난 곳이다.

산티아고 39km 표지석

막달레나 소성당

막달레나 소성당을 지나 산길과 언덕길을 따라 조금 가니 수녀원은 아닌 것 같은데 수녀님들이 나와서 길을 가는 사람들에게 물을 나누어 주며 은총을 빌어 준다. 너무나 고마워 물을 한 병 가져오면서 약간의 헌금을 하였다. 이 건물에는 2개의 현판이 붙어 있는데, 위의 글은 '순례자들, 라 프로비덴시아의 성모 마리아의 딸들 우리는 여러분을 위해 여기 있습니다.'이며 아래의 글은 '하느님과 함께 즐겁게 걷는 사람'이다.

수녀님들이 물을 나누어 주는 건물

아르수아의 루고 거리와 까미노 데 산티아고 길을 통과하여 완만한 경사의 오솔길을 오르면 프레곤토뇨 마을에 도착하고, 아 카야에 도착하기 전에 아 페로사, 아 칼사다와 같은 작은 마을을 지난다. 아 페로사를 떠나 떡갈나무 숲과 라드론 강변을 지나 유칼립투스 나무 사이로 이어지는 길을 걸으면 아 칼사다에 다다른다. 이어서 마을 출구의 다리를 넘고 완만한 경사 길을 따라서 올라가면 아 카야를 만나고, 아 카야를 떠나 완만한 언덕을 넘으면 살세다에 도착한다. 이 길을 걷는 도중에 가랑비가 오기 시작하더니 제법 굵은 비가 내려 모두 우의를 입고 길을 걷는다. 갈리시아에는 1년에 300일은 비가 온다는 이야기가 있듯이 비는 거의 매일 오다가 멈추고를 반복한다.

비가 계속 오기에 잠시 쉬었다 가려고 바에 들러 따뜻한 커피를 한잔 마시고 있으니, 옆자리에 며칠을 계속 본 미소가 너무 예쁜 여인이 자리하고 쉬고 있었다. 그래서 이야기해 보니 너무 상냥하게 말을 받으며 웃는다. 내가 먼저 나는 한국에서 왔다고 하며 이름을 밝히고, 어디에서 왔으며 이름이 무엇인가를 물으니, 종이에 이름을 적어 주었다. 오래 이야기하기에는 외국어 능력이 짧아 간단히 이야기하고 사진을 찍어도 되느냐고 물으니 허락해서 사진을 찍었다. 이 길을 걸으며 많은 사람을 만나고 헤어졌지만 이렇게 순박한 웃음을 짓는 사람은 보지 못하였다. 사람에 대한 인상은 각자가 느낌이 다 다르지만, 나는 이 여인이 웃는 모습에 사람을 편안하고 즐겁게 해 주는 느낌을 받아 너무 좋았다.

웃음이 순수한 여인 Tuyet han

이제 비도 가늘어져 걷기에는 별로 어렵지 않아 비를 계속 맞으며 걸어가니 곳곳에 곡식 저장 창고인 호레오가 눈에 보인다. 지나는 길에 초등학생쯤 되어 보이는 학생들이 우리나라의 체험 학습 비슷한 것을 하는 듯이 무리를 지어 걷는 것도 보인다.

특이점도 없는 길을 그냥 목적지를 향하여 걸어가니 말을 탄 경찰이 여유롭게 순찰하고 있다. 여러 번을 보았는데 아마 순례자들의 안전을 위해 순찰하는 것 같았다. 이 길에서는 별다른 건물이나 유적 성당도 보이지 않는데 아마 산티아고가 가까이 있기에 다른 유적은 없는 것 같았다.

순찰 중인 기마 경찰

살세다에서 잠시 포장도로를 벗어나 오솔길을 따라 걸으면, 순례 중에 유명을 달리한 기예르모 와트를 기리는 추모비가 있다. 추모비에 그는 1993년 8월 25일 산티아고 데 콤포스텔라를 하루 남기고 69살의 나이로 하느님을 영접했다고 새겨져 있다. 청동으로 만든 등산화 안에는 지나가던 순례자들이 놓아둔 꽃과 추도하는 여러 물품과 글이 넘쳐난다.

기예르모 와트의 추모비

다시 도로를 건너서 오솔길을 걸어가 오 센을 지나면 완만한 내리막길이다. 이제부터 순례자는 촘촘하게 붙어 있는 마을을 지난다. 라스를 통과하는 길을 따라가면

아 브레아로 향하게 되며 중간에는 왼쪽에 1993년 순례 중 사망한 마리아노 산체스 코비사를 기리는 비석이 서 있다.

까미노 길은 아 브레아를 거쳐 산타 이 레네 언덕의 정상에서 도로의 아래를 지나 는 터널로 이어지다 산타 이레네를 만난다. 산타 이레네는 까미노 데 산티아고에서 바 닷바람 냄새를 처음으로 맡을 수 있는 곳이

바다 60m 표시

라고 알려져 있으며 전통적인 가옥이 있는 작은 마을이다. 길을 가다가 보니 바다가 60m 떨어져 있다는 표시가 있었지만 가서 보지는 못했다.

산타 이레네에서 오 페드로우소까지는 3km도 남지 않았다. 까미노 표시를 따라 유칼립투스 숲길을 내려가면 곧 아 루아가 나오고, 마을을 통과하여 아스팔트 길을 따라 걸어가면 학교가 나오고 계속 아스팔트를 걸어가면 오 페드로우소에 도착한다. 아르카도 피노Arcado Pino라는 이름으로도 불리는 오 페드로우소는 철저하게 산티아 고 데 콤포스텔라를 향하는 순례자를 위하여 만들어진 마을로 많은 알베르게와 식당 슈퍼 등이 잘 갖추어져 있다. 그래서 산티아고 데 콤포스텔라까지 하루가 남은 순례 자들은 여기서 머물면서 마지막 휴식을 한다.

오 페드로우소의 알베르게를 찾아가서 비에 젖은 몸을 씻고 주변 슈퍼에 가서 마 지막 날을 보낼 준비를 한다. 오늘이 산티아고에 들어가기 전날이라 모두 약간의 들 뜸이 있다. 약 30일이 넘게 걸어왔는데 내일 하루쯤이야 하는 가벼운 마음으로 오늘 은 푹 쉬기로 한다. 일행과 슈퍼에서 닭을 비롯해 여러 음식을 사고 닭은 삶아 먹기로 했다. 물론 남자들의 세계이니 알코올이 빠질 수는 없다.

닭에 파, 마늘, 홍합 등을 넣고 푹 고아서 닭은 꺼내고 쌀을 넣어 죽을 끓였다. 닭 고기를 안주로 삼아 와인과 맥주를 마시며 여태까지 걸어온 길에 대해서 이런저런 이 야기를 하며 웃고 떠들고 있으니, 주방을 지나가던 많은 사람이 인사한다. 모두가 같

은 길을 걸었기에 어느새 동류의식이 생긴 것이다. 우리와 많은 날을 걸어오면서도 인사만 했던 다리를 절면서 걸은 대만의 여인은 '유봉영'이라 알려 주고, 일본인 여인은 영어로 'AIKO MATSUMOTO'라고 적어 준다. 둘 다 70살에 가까운 나이였다. 조금 있으니 한국의 김해에서 왔다며 우리와 자주 만나 인사를 했던 60살 정도의 남자가 합석하여 술을 마시고 떠들면서 회포를 풀었다.

제법 마신 술과 이제는 다 왔다는 안도감에 취기가 조금 돌아 쉬다가 저녁에 미사에 참석했다. Igrexa de Santa Eulalia de Arca 성당에서 미사가 끝나니 며칠 전부터 보이던 성가대가 이곳에서 합창한다고 한다. 아마도 순회하면서 각 마을에서 성가를 합창하는 모양이었다. 성가대의 합창을 끝까지 듣고 나니 제법 늦은 시간이었다. 낮에

Igrexa de Santa Eulalia de Arca 성당

성당 앞에 예쁘게 핀 수국

성당 앞의 십자가

성당 내부와 합창

마신 술로 약간 취기가 올라서 알베르게로 돌아와 빨리 잠자리에 든다.

　　오늘도 길을 걸으며 많은 만남과 헤어짐을 반복하였다. 나만 그런지 모르겠으나, 누구나 자신이 이루고자 하는 목표에 거의 도달했다고 생각하면 조금은 정신이 해이해지는 것 같다. 여태까지 아주 엄격하게 자신을 통제했다고 생각했는데 오늘은 긴장의 끈이 조금 풀어진 것 같다.

오 페드로우소 – 산티아고 데 콤포스텔라

오늘의 길 : 오 페드로우소 – 오 아메날3.7km – 산 파이오 아 코루나4km
　　　 – 아 라바코야1.8km – 산 마르코스 아 코루나5.3km – 몬테 델 고소0.4km
　　　 – 포르타 도 까미노4.6km – 산티아고 데 콤포스텔라0.2km

　오늘은 이 까미노의 마지막 길을 걷는다. 이제 오 페드로우소에서 산티아고 데 콤포스텔라까지는 약 20km가 남았다. 많은 사람은 오 페드로우소에서 15km 떨어진 몬테 델 고소에서 머물고 다음 날 출발하여 산티아고 데 콤포스텔라의 대성당 미사에 참가하기도 한다. 그러나 감격과 기쁨이 기대에 못 미치게, 마지막 길에서 산티아고 데 콤포스텔라를 향하는 고속도로와 수많은 차로가 얽힌 풍경을 주로 볼 뿐이다. 또 주변의 작은 마을은 산티아고 데 콤포스텔라를 위한 마을로 도시화했고 라바코야 국제공항은 길을 멀리 돌아가게 만든다. 하지만 이 여정의 진정한 기쁨과 아름다움은 산티아고 데 콤포스텔라 깊숙이 자리 잡고 있다. 산 마르코스의 언덕에서 처음으로 산티아고 대성당의 탑을 바라보는 순간 이 길을 걸은 사람은 누구나 이미 순례의 승리자가 되었음을 마음속 깊이 느낄 것이다.

　오늘은 평소보다 더 일찍 길을 떠나야 한다. 12시에 있는 대성당의 미사에 참석하기 위해서는 그보다 더 일찍 대성당의 광장에 도착해야 하기에 모두 새벽에 일어나 길을 떠난다. 나도 새벽 5시에 길을 떠나니 다른 사람들은 벌써 떠나고 없다.

　오 페드로우소를 나오는 길은 여러 가지가 있으나 나와 일행은 어제 지나온 길로 다시 가서 어둠 속에서 전등을 밝히고 까미노 표시를 따라 걸으니 서양인 한 사람도 같은 길을 걷고 있다. 사위가 어둠에 둘러싸여 지척도 구별하지 못해 잠시 길을 잘못 들었다가 그 사람과 같이 길을 바로잡아 어둠에 덮인 여러 마을을 지나며 까미노 표시를 따라 도로를 넘어 유칼립투스 나무 사이로 편안하게 이어지는 완만한 오르막을 오르면 라바코야 국제공항을 볼 수 있다.

다시 나무가 우거진 숲길을 거쳐서 공장지대를 지나 이어지는 길을 따라 바레이라 언덕을 올라 얼마 걷지 않아서 산 파이오가 나온다.

산 파이오에서 까미노 표시를 따라 라바코야 국제공항으로 향하는 고속도로 밑으로 이어지는 터널을 통과하면 순례자는 라바코야로 내려가는 아스팔트 길을 만난다. 부근에 아름다운 숲과 깨끗한 시내가 있는 라바코야는 산티아고 데 콤포스텔라 국제공항 근처의 작은 마을로, 칼릭스티누스 사본은 라바코야를 '산티아고에서 10km 정도 떨어진 숲이 우거진 마을에 시내가 흐르는데, 프랑스에서 산티아고 데 콤포스텔라로 향하는 순례자들은 모두 이곳에서 사도 야고보를 만나기 위해 옷을 벗고

라바코야 성당

손발과 더러워진 몸을 모두 씻는다.'고 말하고 있다. 그래서 마을 이름이 '라바Lava, 씻다' '코라Cola, 꼬리'에서 유래되었다는 주장도 있지만, 가장 설득력이 있는 주장은 이 시내에서 순례자들이 산티아고에 좀 더 우아한 모습으로 도착하기 위해 '코야스 Collas, 중세에 사용하던 칼라'를 빨았을 것이라는 주장이다. 그렇지만 이런 순례자의 노력에도 불구하고 오랜 시간을 먼 거리를 걸어온 사람들의 몸에는 좀처럼 지워지지 않는 냄새가 남아 있을 것이다.

라바코야에서 산 마르코스까지 내려가는 길에 순례자를 위한 캠핑장과 갈리시아의 지방 방송국인 TVG를 지난다. 방송국 건물을 지나기 전에 비는 부슬부슬 오기에 잠시 쉬어 가려고 바에 들러 늦었지만 간단하게 오렌지 주스와 약간의 빵으로 허기를 채운다. 그런데 30여 일을 걸으면서 조금은 이상한 현상을 발견했다. 내가 비교적 음식을 많이 먹는 편인데 거의 매일 아침을 먹지 않고 먼 길을 걸어도 배가 고픈 것을 모르는 것이다.

산 마르코스와 몬테 델 고소는 같은 마을로 볼 수 있게 붙어 있다. 오늘의 목적지가 바로 눈앞에 있을 것 같은 조급함에 지나칠 수도 있으나 산 마르코스 소성당의 왼쪽으로 유명한 몬테 델 고소가 있다. 대부분의 순례자가 이곳에서 처음으로 꿈처럼 떠오르는 산티아고 데 콤포스텔라 대성당의 탑을 본다.

멀리 보이는 산티아고 데 콤포스텔라

포장도로를 따라 왼쪽으로 몬테 델 고소의 계단을 내려가서 다리를 건너 고속도로와 사르 강, 철길 위를 지나 콩코르디아 공원을 만나면 산티아고 데 콤포스텔라의 산 라사로에 도착한 것이다. 이제는 정말로 마지막 길을 걷는다. 계속 직진하여 아베니다 데 루고 거리를 지나면 산티아고 데 콤포스텔라의 구시가지가 나오지만, 대성당까지는 아직 한참을 걸어야 한다. 산티아고 데 콤포스텔라의 옛 시가지Santiago de Compostela Old Town는 전설이 담긴 십자가상이 세워진 산 베드로 광장Plaza de San Pedro에서 시작한다. 산 베드로 거리를 내려와 포르타 도 까미노를 지나면 길은 여러 거리와 광장이 있는 마지막 구간을 지난다.

산티아고 시내 입구 Praza da Concordia의 조형물　　　　　　　　　十字架

　　산티아고 데 콤포스텔라는 갈리시아 지방 중심 도시의 하나로 수공업이 성하
다. 12세기에 건설된 산티아고 데 콤포스텔라 대성당을 비롯하여 성 프란체스코회
와 성 아우구스티누스회의 수도원, 성당, 교회, 대학 등 중세의 건물이 많이 남아 있
다. 1985년 구도심이 유네스코 세계유산으로 지정되었고, 대성당이 있는 오브라도
이로 광장 주변에 시 청사, 수도원, 대학교 등 중세 시대 건물이 많다.

　　십이사도의 한 사람인 성 야고보스페인어로 산티아고의 순교지로 알려진 산티아고
데 콤포스텔라는 갈리시아 자치지역에 있는 도시로 산티아고 데 콤포스텔라 성당
의 이름을 따서 도시 이름이 지어졌다. 성 야고보가 순교하여 유해의 행방이 묘연
하던 중, 별빛이 나타나 숲속의 동굴로 이끌어서 가 보니 성 야고보의 무덤이 있었
다고 한다. 그래서 그곳을 '별의 들판'이란 뜻으로 캄푸스 스텔라Campus Stellae라고
불렀다. 알폰소 2세 시절에 이리아의 테오데마르 주교가 성 야고보의 유해가 발견
됐다고 주장하여 성 야고보를 기념하기 위해 그의 유해가 있던 곳에 성당을 세웠고
이를 계기로 순례자들의 중심지로 부상하여 산티아고는 로마와 예루살렘에 버금가

는 가톨릭 성지가 되어 해외 각지에서 사람들이 몰려왔다. 산티아고 데 콤포스텔라는 나폴레옹 전쟁 때 프랑스군에 점령되어 성 야고보의 것으로 보이는 유해가 1세기 넘게 실종되었다. 그러나 유해는 교회 지하에 있는 석실에 감춰져 있었다. 1884년 교황 레오 13세가 교서를 내려 산티아고 데 콤포스텔라 유해의 정통성을 인정했지만 이후 교황청은 그 유해가 성 야고보의 것인지에 대해 공인하지 않으면서 순례할 것을 권장했다. 19세기~20세기에 진행된 성당 발굴 과정에서 로마 시대 순교자 묘지가 발견되었고, 2010년 스페인을 방문한 교황 베네딕토 16세는 순례 의식을 치렀다.

스페인의 가톨릭이 이슬람과 벌인 항쟁을 상징하는 곳이기도 한 이 도시는 10세기 말에 무슬림에 의해 파괴되었다가 11세기에 완전히 재건되었다. 로마네스크, 고딕, 바로크 양식으로 지은 건물이 있는 산티아고의 옛 시가지는 세계에서 가장 아름다운 도시 중 하나로, 가장 오래된 기념물들은 성 야고보의 무덤과 대성당 주변에 모여 있는데, 포르티코 데 라 글로리아Pórtico de la Gloria, 영광의 문가 특히 유명하다.

포르타 도 까미노를 지나면 성인의 숨결이 느껴지는 산 베드로 거리에 도착한다. 이제부터는 눈에 보이는 건물이 모두 유적이다. 좁은 거리와 여러 광장을 지나면 대성당 옆에 여러 성당과 수도원 옛 병원 건물이 보인다. 그 건물들도 화려하고 눈길을 끌지만, 우리의 목적지는 대성당이다. 마침내 산티아고 대성당을 향한 마지막 길인 아시베체리아 거리로 들어서면 오른쪽에 17세기에 세워진 산 마르티뇨 피나리오 수도원Monasterial San Martino Pinario의 웅장한 정문이 있다. 이어서 스페인에서 가장 인상적인 회랑을 만나게 되고, 대성당의 오래된 로마네스크 양식인 천국의 문을 만난다. 윤이 나도록 닳은 돌로 만든 도로를 따라 아치를 통과하면 마침내 오브라도이오 광장이 나타나고 이제 순례자의 눈에는 그토록 갈망하던 산티아고 데 콤포스텔라 대성당이 보인다.

성당 뒤의 건물 - Hospedaria San Martino Pinario와 Mosteiro de San Martino Pinario Pinario

서른다섯째 날

산티아고 대성당

오브라도이로 광장Praza do Obradoiro에 있는 산티아고 데 콤포스텔라 대성당 Cathedral of Santiago de Compostela을 보는 순간 말도 나오지 않고 연신 감탄한다. 이 길을 걸으면서 크고 작은 수많은 성당을 보았다. 작은 성당은 작은 성당대로 나름의 특징이 있었고 얽힌 이야기도 있었다. 그리고 부르고스 대성당의 화려함과 레온 대성당의 장엄함을 보고 감탄하였다. 그런데 이 대성당은 무어라 말할 수 없는 감동을 주었다. 산티아고 데 콤포스텔라 대성당은 외관의 화려함이나 장엄함 그리고 크기가 모두를 압도했다. 광장에서 아무리 구도를 맞추어 보아도 한 컷에 다 들어가지 않는 현재의 성당은 1078년에 주교 디에고 페라에스에 의해 기공되어 1128년경 미완성인 채 헌당식을 가졌다. 외부는 여러 시대에 걸쳐 증축과 개축이 이루어져서 거대한 둥근 지붕은 15세기에, 16세기에는 회랑이 완성되었다. 바로크 양식의 파사드는 관청으로 둘러싸인 커다란 오브라도이로 광장의 일부가 되었다. 4개의 계단 위에 있는 주 출입문 양쪽에는 다윗과 솔로몬의 상이 서 있다. 이 성당의 건축학적 보석은 12세기에 만들어진 포르티코 데 라 글로리아영광의 문로, 바로크 파사드 뒤에 있다. 대성당 앞의 마름모꼴 계단을 올라가면 오브라도이로 문Fachada de Obradoiro이 있고, 그 안으로 들어서면 영광의 문이다. 네이브로 통하는 통로의 팀파눔과 3개의 아치 위 장식 홍예 위에는 12세기 초 거장 마테오 데우스탐벤이 신약 성서의 요한 묵시록을 근거로 조각한 '최후의 심판'에 등장하는 200여 개의 상이 조각되어 있다. 바로크풍의 토레 데 렐로Torre de Reloj, 시계탑는 1680년 도밍고 안드라데가 만든 것이다.

대성당은 갈리시아 지방의 화강암으로 지어졌는데, 라틴 십자가 모양의 평면 설계로 길이 98m, 너비는 67m이고 좌우에 있는 2개 탑의 높이는 각각 74m다. 대성당 앞의 중앙 기둥에는 성 야고보의 상과 함께 성모와 다윗의 아버지 이세의 가계도가 새겨져 있다. 중앙 기둥의 하단부에는 사도 마테오의 흉상이 있는데 이 흉상에 머리를 부딪치면 사도의 지혜를 닮을 수 있다고 한다. 그러나 현재는 보호를 위하여 철책으로 막아 놓아 감사의 의식을 치르기는 어렵다. 영광의 문을 지나 안으로 들어가면 제단 위에 황금으로 만든 천사의 호위를 받으며 백마를 타고 칼을 휘두르는 산티아고 마타모로스Santiago Matamoros, 전사 산티아고상이 있다.

대성당의 여러 모습

　　대성당 광장에 도착한 순례자는 모두 감격에 겨워 서로를 끌어안고 축하한다. 이 먼 길을 걸어온 사람들은 누구나 축하받을 자격이 있는 것이다. 예전에는 이 광장에 도착한 순례자 중에 많은 사람이 눈물을 흘리며 감격한다고 하였는데 이제는 우는 사람은 찾아보기 힘들다. 하지만 나는 눈물이 났다. 왜 눈물이 나는지는 모르겠으나 앉아서 울고 있다가 감정을 추스르고 일어나니 같이 걸은 일행이 다가와서 서로 안으며 축하해 주고 사진도 찍는다. 광장에 주저앉아 사람들을 구경하니, 같은 길을 걸어오며 만났던 사람들의 모습도 보인다. 우리와 거의 같은 길을 걸은 한국인 모녀와 젊은이들, 대만의 여인, 일본인 모두 완주를 기뻐하며 서로 축하한다.

　　광장에 앉아 쉬다가 정오의 순례자 미사에 참석하려고 성당 안으로 들어갔다. 성당에 들어갈 때 큰 짐이나 남에게 해를 끼칠 수 있는 도구는 가지고 들어갈 수가 없으니 미리 조치해야 한다. 매일 정오에 시작되는 순례자를 위한 미사에는 여러 나라의 사제들이 자국어로 강복하는데, 그중에 우리나라의 사제도 있어 한국어로 강복하니 느낌이 달랐다. 가끔은 산티아고 데 콤포스텔라 대성당에서 집행하는 미사를 더욱 널리 유명하게 만든 보타푸메이로Botafumeiro 강복 의식을 하는데 이런 경우 8명의 수사가 힘을 다해 흔드는 황금빛 향로가 대성당의 천장을 크게 비행하는 감동적인 광경을 볼 수 있다. 보타푸메이로의 원래 뜻은 연기 방출기라는 뜻이나 지금은 스페인의 산티아고 데 콤포스텔라 대성당에 있는 거대한 향로를 지칭하는 의미로 사용된다. 오늘은 다행히도 보타푸메이로 강복 의식을 거행하려고 수사가 준비하고 미사 끝부분에 거행하니 사람들은 휴대폰을 꺼내어 사진을 찍느라고 바쁘다.

성당 내부와 보타푸메이로 강복 의식

순례자끼리 많이 하는 농담 중에 '파리는 순례자의 친구'라는 말이 있다고 한다. 이는 중세나 현재나 마찬가지로 한 달이 넘게 땀이 배어 단 몇 벌의 옷만을 가지고 도보 여행을 하는 순례자에게는 항상 냄새가 나기 마련이라는 자조 섞인 농담이다. 중세의 경우에는 더욱 심했을 것으로, 라바코야에서 아무리 깨끗이 몸을 씻었어도 산티아고 데 콤포스텔라 대성당에 모여든 순례자의 몸에서는 냄새가 풍겼을 것이다. 그래서 보타푸메이로는 미사 도중 순례자들에게서 풍기는 고약한 냄새를 없애기 위해 순례자의 머리 위에서 커다란 향로를 피웠던 것에서 유래되었다는 이야기가 있다.

미사가 끝나고 사람들은 성 야고보의 유해가 안치된 관을 보러 간다. 대성당의 후면에는 '면죄의 문'이라고 불리는 거룩한 문이 있고, 대성당의 지하 묘소에는 순은을 입혀서 조각한 성 야고보의 유골과 그의 제자인 테오도로스와 아타나시오스의 유해가 들어 있는 함이 안치되어 있다. 야고보의 관을 지나가면 대성당의 금빛 찬란한 중앙 제대에 순례자들이 뒤에서 포옹하는 산티아고의 좌상이 모셔져 있다. 산티아고상을 포옹

서른다섯째 날

하기 위해서는 제단 뒤의 별실로 가야 하는데 제대 오른쪽으로 가서 옆으로 난 좁은 계단을 올라가면 황금으로 장식된 산티아고상의 뒷면에 도달하게 되고, 순례자들은 마침내 성인을 포옹하고 입맞춤한다.

성 야고보의 관

성 야고보상

대성당을 방문한 순례자들은 순례를 마쳤음을 산티아고의 주교회에서 보증하는 순례 인증 증서인 콤포스텔라Compostela를 순례자 사무실에서 발급받는다. 사무실에 순례하면서 받은 수많은 스탬프가 찍혀 있는 순례자 여권인 크렌디시알을 제출하여 심사받고 라틴어로 쓰인 콤포스텔라를 받는다. 순례자에겐 이 순간이 산티아고 데 콤포스텔라 순례길의 마침표다.

미사에 참석하고 나와 성당 주위를 구경하다가 오늘의 숙소를 찾아 시내를 걸어가다가 일본식 스시 뷔페를 발견하고 점심을 먹으러 갔다. 그런데 이 뷔페는 우리가 일반적으로 아는 뷔페와 조금 다르게 특이했다. 뷔페라 많은 종류의 음식이 있는데 미리 만들어 늘어놓은 것이 아니라 메뉴판을 보고 음식을 주문하면 주방에서 그 음식을 만들어 주는 방식이었다. 점심을 먹고 호텔에 가서 그동안 땀으로 절은 몸을 깨끗이 씻고 피로도 풀고 쉬었다.

오늘로 공식적인 까미노 산티아고는 다 끝났다. 30일 넘게 약 800km를 걸어온 것이다. 무엇 때문에 왜 걸었는지는 답이 나오지 않지만, 이 길을 걷고 난 뒤에 무엇을 얻었는지 천천히 생각해 보아도 될 것이다.

무시아, 피스테라, 산티아고 데 콤포스텔라

오늘의 길 : 무시아, 피스테라, 산티아고 데 콤포스텔라

오늘은 산티아고에 머물면서 까미노를 마무리하기 위해 무시아와 피스테라를 다녀오고 대성당을 다시 가 보고 그 주변을 다닐 예정이다. 아침에 여행사에서 마련한 버스를 타고 무시아로 가는 도중에 아름다운 다리가 있어 그곳에 버스가 멈추어 구경한다. 어제까지 매일 걷다가 갑자기 버스를 타고 움직이니 새로운 세상에 온 것 같다.

버스가 멈춘 폰테 마세이라Ponte Maceira는 네그레이라 지방 동쪽에 탐브레 강을 사이에 두고 있는 작은 마을로, 2019년부터 '스페인에서 가장 아름다운 마을' 중 하나로 선정되었다. 이 마을에는 13세기 탐브레 강 위에 지어진 원시 정착지, 오래된 방앗간, 댐, 예배당, 현대식 장원 집, 다리 등등 많은 기념비적인 건축물이 있다.

마을을 이어 주는 폰테 마세이라 다리의 가장 뛰어난 모습은 탐브레 강을 가로지르는 다리와 강 자체의 아름다움이다. 강이 흐르는 모습도 한 폭의 그림이지만

폰테 마세이라 다리

그 위의 다리는 화룡점정이다. 폰테 마세이라 다리는 12세기에 탐브레를 넘어 이 마

을의 입구에 세워졌으며, 이 다리는 이전 로마 다리의 기둥을 사용했다고 한다. 5개의 메인 아치와 2개의 릴리프 아치로 구성되어 있으며, 다리의 중앙 아치에는 현저하게 뾰족한 둥근 천장이 있다. 오랫동안 구조물의 안정성은 기반암 위에 기둥의 일부가 기초되어 있기 때문이다.

　사도 야고보의 임무는 서유럽을 선교하는 것으로 선교 후에 그는 고향 예루살렘으로 돌아가서 서기 44년에 참수형을 당했다. 그의 제자들이 야고보의 시신을 되찾았고, 기독교인의 장례식을 위해 그를 갈리시아로 데려가는 데 성공했다. 머리 없는 사도의 시신을 묻을 장소를 찾고 있었던 갈리시아에 있는 사도 야고보의 제자들이 로마 군단의 추격을 받으면서 남쪽으로 피신할 때 그들은 가까스로 폰테 마세이라 다리를 건넜으나 로마 군인들이 그들을 따라가려 하자 '신성한' 개입으로 다리가 무너져 교인들만 탈출할 수 있었다는 전설이 있다. 이 전설은 실제로 폰테 마세이라 다리 상류 또는 하류에서 일어났다는 이야기도 있지만, 네그레이라 문장에 기록되어 있다. 여기서 이상한 것은 '머리 없는 몸'이라는 표현이다. 산티아고 데 콤포스텔라 대성당 지하실에 있는 야고보의 은관에 사도의 머리가 없다는 언급은 어디에도 없으나, 예루살렘에 있는 성 야고보St. James 대성당의 붉은 대리석 조각으로 표시되고 6개의 봉헌 등불로 둘러싸인 제단 아래에 그의 머리가 묻혀 있다고 한다. 오직 가톨릭의 관계 성당만이 이 문제에 대해 답할 수 있을 것이다.

강 아래에서 보는 풍경

다리 아래로 흐르는 강물은 아침의 안개에 몽환적인 분위기를 자아낸다. 깨끗하고 맑은 물은 우리 마음을 깨끗하게 해 주는 것 같아서 사람들은 다리를 건너며 아름다운 경치에 감탄한다. 다리를 건너 강 아래로 내려가서 보는 풍경은 또 다른 매력이 있다. 다리 건너에 있는 성 블라사의 작은 예배당은 18세기의 신고전주의 양식으로 지어졌고 19세기에 반원형의 네오 로마네스크 양식이 추가되었다. 이곳에서 다리도 건너고 다리 아래로도 내려가서 강을 보면서 노닐다가 다시 버스를 타고 무시아^{묵시아}로 향한다.

성 블라사 예배당

무시아Muxía는 갈리시아의 아 코루냐주에 있는 피스테라 곶에 위치한 자치단체로, 무시아는 '죽음의 해안'을 뜻하는 코스타 다 모르트의 일부이다. 이는 이 지역을 코스타 데 라 무에르테라고 부른 것을 갈리시아어로 옮긴 것으로 해안에 돌이 너무 많아서 수많은 배가 침몰했기 때문에 이 같은 이름이 붙었다고 한다. 무시아라는 이름은 이곳에서 3km 거리에 위치하는 베네딕토회 수도원이었던 상 슐리앙 드 모라이므 성당을 처음 세운 수도사의 이름에서 따온 것이라고 전해진다. 본래 12세기 초에 세워진 모라이므 수도원이 성당의 모태지만, 수도원은 1105년 노르만 해적의 약탈로 파괴되었는데 당시 미래의 알폰소 7세가 이곳에 머무르고 있을 때의 일이었다. 그래서 1119년 알폰소 왕자는 막대한 자금을 출연하여 수도원을 복구했다.

산티아고 순례길의 종착지 가운데 하나인 무시아의 대표적인 명소로는 상 슐리앙 드 모라이프 성당 외에 비르시 다 바르카 성소가 있다. 이곳은 본래 켈트족의 성소였으나 12세기 갈리시아 지역이 가톨릭화한 이후 주민들은 이곳을 가톨릭 성소로 만들었다. 전설에 따르면 갈리시아 지역의 선교가 지지부진해 좌절한 교인들에게 성모 마리아가 나타나 위로한 장소라고 알려져 있다. 17세기 성소는 성당으로 개축되었으나, 2013년 벼락으로 전소되어 지금은 남아 있지 않다. 무시아에 도착하여 성당을 한 바퀴 돌고 언덕 위의 조형물로 올라가 구경하고 주변 언덕에서 일망무제로 펼쳐지는 대서양 바다와 주변을 눈에 담고 해안으로 갔다. 해안에는 배 모양과 흡사한 제법 큰 바위가 있는데 전설에 의하면 성 야고보가 타고 온 배가 돌로 변하였다고 하는데 믿고 말고는 각자의 몫이다.

무시아 성당 주변

옛날의 십자가

언덕 위 조형물

성 야고보의 배라는 돌

무시아를 잠시 구경하고 이제 피스테라로 간다. 중세 시대부터 갈리시아 토박이들은 코스타 다 모르트를 피스테라Fisterra라고 불렀다. 산티아고 대성당에서 90km 떨어져 있는 작은 마을인 피스테라는 '지구의 땅끝'이라는 라틴어의 Finis끝와 Terrae땅에서 유래한 이름으로, 중세 시대부터 세계의 끝End of the World 혹은 땅끝Land's End이라고 불렸으나, 정확히는 스페인의 땅끝도 유럽 대륙의 땅끝도 아니다. 실제로 이베리아반도에서 서쪽 땅끝은 포르투갈의 호카 곶이고, 스페인 본토에서 가장 서쪽 땅끝은 무시아 자치단체의 토리냥 곶이다. 그러나 고대 사람들은 이 지역의 피스테라 곶을 세상의 끝으로 여겼기 때문에 이 같은 이름이 붙었다고 전해진 것이다.

로마 시대에 하루의 마지막 해를 볼 수 있는 피스테라 곶을 방문하는 풍습이 있었다고 한다. 중세에 병원들이 피스테라 곶 인근에 형성되어 순례자들을 보살폈기 때문에 이 풍습은 중세까지도 이어졌고, 지금도 순례자 일부는 피스테라 곶 인근에 있는 피스테라 지방을 순례의 최종적인 목적지로 삼고 걷기도 한다.

피스테라는 서기 44년 예루살렘에서 순교한 야고보의 유해를 나룻배에 실어 보내자, 그 시신이 해안에 닿았다는 설화가 있어 많이 방문하는 순례지다. 성 야고보 유적 발견 이후 순례자들은 산티아고에서 피스테라까지 도착해 성 그리스도상 앞에서 예배드리고, 산 길레르메의 유물을 관람하며, '지구의 끝'을 보기 시작했고, 1479년에는 도착한 순례자들을 수용할 병원이 지어졌다. 항구에서 3km 정도 이동하면 등대를 향해 이동할 수 있으며, 0km라고 적힌 표지석이 자리 잡고 있다. 이곳에 도착한 순례자들은 신발이나 옷가지를 태워 대서양에 뿌리는

0km 표지석

의식을 행했으나 현재는 금지되어 순례자들이 물건을 태운 흔적만 발견할 수 있다.

피스테라에는 18세기에 지어진 노사 세뇨라 도 본 수초 성당이 광장에 있다. 피스테라 곶 끝에 있는 600m 높이의 전망대 '몬테 파초'에는 등대가 있다. 등대로 올라가는 길에 산토크리스토 예배당이 있는 산타 마리아 데 피스테라 교구 성당이 있다.

피스테라에 도착하여 버스를 타고 온 일행은 무리를 지어 다니면서 자유롭게 자기가 보고 싶은 것을 보면서 즐긴다. 30일 넘게 제대로 구경하지도 못하고 길만 걸은 사람들에게 소소한 자유로움만으로도 마음이 벅차다. 순례자들이 벗어 놓은 신발의 조형물은 우리 모두의 가슴을 멍하게 만든다. 오랜 시간을 걸쳐 먼 길을 걸어 최종 목적지에 도착한 순례자는 더 이상 갈 곳이 없는 이 땅끝에서 자신의 발을 보호하고 자신과 함께 고난을 겪으며 걸어온 신발에 감사하는 마음이 있는 것이다. 그래서 신발을 벗어 더 이상 고생하지 않도록 바위 위에 올려놓고 감사를 표한다.

벗어 놓은 신발 조형물

피레스테가 항구라 주변에는 여러 조형물이 보이는데 종교적인 의미를 가진 것은 별로 없고 비교적 현대에 만들어진 조형물들이다. 주변을 구경하다가 언덕 위의 카페에 올라가 느긋하게 맥주를 한잔 마시면서 대서양을 바라보며 생각에 빠졌다가 돌아갈 시간이 되어 버스로 가니 길가에 백파이프를 연주하는 사람이 있어 약간의 돈을 기부하고 버스를 타고 산티아고 데 콤포스텔라로 돌아왔다.

누군가 벗어 놓은 신발 - 더 이상 갈 곳이 없다.

거리의 악사

산티아고로 돌아와서 점심을 먹고 대성당을 다시 보러 가니, 대성당 광장은 어제와 마찬가지로 순례를 마친 사람들로 북적거렸다. 어제는 다소 황망하여 주마간 산으로 보았던 정문으로 가까이 가서 영광의 문도 다시 보고 첨탑의 조각들도 조용히 다시 보고, 광장의 기념품 가게에서 산티아고의 기념품을 조금 사고 광장을 배회하고 있으니 길을 걸으면서 만났던 사람들의 모습이 또 보인다. 하루의 시차를 두고 도착한 것이었다.

대성당 광장에서 대성당의 여러 모습을 눈에 담고 성당 밑의 음식점이 모여 있는 거리로 내려갔다. 함께 길을 걸은 4명이 여정을 끝낸 망중한을 즐기려고 음식점에 앉아 갈리시아의 해산물 요리와 맥주를 시켜 마시면서 지나가는 사람들을 구경하고 있으니 낯익은 얼굴들이 많이 지나가며 인사를 한다. 이제 이 여정도 끝이 났기에 한가롭게 우리가 걸어온 길의 이모저모를 이야기하면서 담소를 즐기다가 숙소로 돌아왔다.

오늘로 나의 까미노는 끝이 났다. 참으로 먼 길을 오랜 날을 걸어 왔다. 무엇 때문에 왜 이 길을 걸었는지는 마치고 나서도 답이 나타나지 않았다. 하지만 내가 꿈꾸던 까미노를 완주했다는 것으로 지금은 위안을 삼고 나중에 천천히 생각해 볼 일이다.

대성당의 여러 모습

항상 긴 여행을 마치면 마음속으로 만족하면서, 그리고 여행한 여러 곳의 자료를 찾아 내가 찍은 사진과 맞추면서 글을 쓰고 여행의 대단원을 마친다. 그리고 내가 알지 못하는 새로운 세계에 대한 궁금함과 동경으로 다음에 도전할 여행지를 찾으며 머릿속에서 상상의 날개를 펼치는 즐거운 시간을 가진다.

그런데 길었던 까미노의 여정을 마치는 그때부터 계속 내 머릿속에는 의문이 떠나지 않았다. '왜, 무엇 때문에 내가 이 길을 걸었고, 무엇을 얻었는가?'를 계속 반추해 보았으나 명확하게 답이 보이지 않았다. 그래서 천천히 살다 보면 무언가가 나타나리라 생각하고 조급해하지 않기로 마음을 정하고 편안하게 지내기로 하였다. 정해진 답이 있는 것도 아니고, 다른 사람이 답을 알려 주거나 조언해 줄 수 있는 것도 아니고 나 스스로가 깨달아야 하는 답이기에 시간이 흐르면서 스스로 깨우칠 뿐이었다.

그런데 한국으로 돌아와서 먼저 본 가족은 나에게 답을 조금 주었다. 귀국해서 만난 가족 모두가 무엇인지는 명확하게 말할 수는 없지만 나의 얼굴이 평안해 보인다고 말하였고, 부드럽고 여유로워졌다고 말했다. 그래서 스스로 다시 생각해 보았을 때 이것도 까미노가 나에게 준 은총의 일부라고 생각되었다. 까미노를 걷는 약 35일 동안을 인간이 가진 가장 본능적인 행동만을 거듭했다. 아침에 일어나서 준비하고 종일 걷고, 걷기를 마치면 밥을 먹고 잠자리에 들고 다시 일어나 걷기를 반복했다.

내가 살아오는 삶의 과정에서 이렇게 주변 환경을 도외시하고 아무런 욕망도 가지지 않고 인간의 본능적인 행동만을 반복해 왔던 때가 있었나를 생각하면 없었다. 인간은 사회적인 동물로 항상 주변의 시선을 의식하면서 자신의 이득을 위해 살아오는 것이 일반적인 삶의 모습이다. 그런데 그런 울타리를 벗어나 자유로운 영혼으로 본능적인 삶의 행동만을 반복했을 때 사람은 아마 순수해지는 것 같았다. 이것이 나도 모르는 사이에 까미노를 걸으며 온몸에 밴 듯하였다. 순수해지는 마음을 얻기 위해서가 아니라 자신도 모르는 사이에 순수해지는 마음이 생기는 것이 까미노가 우리에게 주는 은혜라는 생각이 자꾸만 들었다.

까미노 길을 걸으면서 만났던 많은 사람, 신체의 불편함이 있음에도 불구하고 그 먼 길을 걷고 있던 사람들, 스스로가 버려야 할 것을 가지고 길을 걷는 사람 모두가 자기 욕망을 버리고 순수한 마음을 조금이라도 얻었다면 이 길에서 얻고자 하였던 '자아 성찰의 길, 화해의 길, 구원의 길, 용서의 길, 치유의 길'이 되었을 것이다.

까미노를 마치고 함께 길을 걸은 모두에게 감사와 존경의 마음을 가진다. 특히 하루도 빠지지 않고 까미노의 모든 길을 나와 같이 걷고 밥을 같이 먹고 숙박도 같이한 안산의 채 선생에게 더 고마움을 느끼며, 대구의 이 사장, 서울의 임 사장에게도 감사함을 말로 다 표할 수 없다. 그리고 길을 걸으면서 만난 수많은 사람 중에서 기억에서 지워지지 않는 사람도 많이 있다. 나이가 엄청 많았던 일본인 할머니, 다리를 절며 끝까지 완주한 대만인 할머니, 17번이나 까미노를 걷는다는 캐나다에서 온 한국인, 미소가 아주 아름다웠던 젊은 여인 등등이 특히 기억에 남는다.

까미노 길에서 잠시 만나며 인사하고 지났던 순례자 모두는 까미노라는 길에서 무엇을 얻고 무엇을 버렸는지는 모르겠으나 그 길을 걸은 인연으로 모두 행복하기를 비는 것도 이 길을 걷고 난 뒤 나의 여유로운 마음인지도 모른다.

까미노를 마치고 집으로 돌아와 제법 많은 시간이 지나고 나서 차분히 생각해 보아도 완전한 답은 나오지 않고 까미노가 그리울 뿐이다. 그래서 다시 그 길을 걸어야겠다는 욕구만 더 커진다. 나의 여행 철학은 한 번 갔다 온 곳은 다시 가지 않는 것인데 까미노는 나를 이끄는 힘이 있는 것 같아 불원간 다시 가야 할 것 같은 묘한 느낌이 든다.

이것이 까미노가 나에게 주는 힘인 것 같다.

궁륭穹窿 : 활이나 무지개같이 한가운데가 높고 길게 만든 천장이나 지붕이다.

루네트lunette : 프랑스어로 뤼네트lunette, 작은 달는 서양 건축에서 반달 모양의 벽면 공간을 가리키는 말로 벽화나 조각을 채우거나 벽돌로 채우기도 하며, 창문처럼 뻥 뚫린 공간으로 남겨 두기도 한다.

모사라베 양식 : 모사라베 양식이란 711년 아랍인들의 침공 이후, 이베리아반도에 살고 있던 기독교도들의 건축양식으로 이슬람적인 장식 모티프와 말발굽 모양의 아치, 골조로 짜인 돔이 특징이다. 비이슬람 지역으로 이주한 이들조차 계속해서 모사라베 양식의 예술품과 건축물을 만들어 내어 9–11세기에 전통적인 가톨릭 지역인 스페인 북쪽으로 이주해 간 수도사들이 만든 모사라베 양식의 많은 교회가 살아남았다. 모사라베 예술이란 이슬람 세력이 지배하던 시기에 이베리아반도에 살고 있던 기독교인들이 그들의 종교를 유지하면서도 한편으로는, 아랍식의 관습이나 예술 양식을 차용하여 만들어 낸 독특한 양식이다.

무데하르 양식 : 스페인에서 발달한 이슬람풍의 그리스도교 건축 양식으로 13~16세기에 걸쳐 발달하였다. 이슬람 세력을 몰아내는 과정에서 로마네스크 건축과 고딕 건축이 이슬람풍과 섞여 다른 유럽 국가에서는 볼 수 없는 스페인 고유의 기독교 건축 양식이 만들어졌다. 19세기 말에는 가우디의 건축에도 영향을 끼쳤다. 8세기 이슬람의 지배를 피해 북부로 간 그리스도교도들에 의해 세워진 건축 양식은 모사라베 양식이다.

상인방上引枋 : 창문이나 문 등의 개구부 상부에 가로지른 부재이다.

신랑身廊 : 교회당 건축에서, 좌우의 측랑 사이에 끼인 중심부를 이르는 말로 건물 내에서 가장 넓은 부분이며 일반적으로 예배의 목적으로 쓰인다.

주두柱頭 : 기둥머리 위에서 살미, 첨차 등 공포 부재를 받는 됫박처럼 넓적하고 네모난 부재로, 상부의 하중을 균등하게 기둥에 전달하는 기능을 한다.

천개天蓋 : 신상, 불상, 왕좌, 귀인의 좌座. 제단, 성물聖物 등의 윗부분을 덮는 장식물로 천이나 나무 등으로 만든 경미한 것과 항구적인 소건축으로서 만드는 것, 지주로 받치는 형식과 천장에서 매다는 형식이 있다.

첨두아치 : 고딕 건축에서 사용된 아치로 기둥과 기둥 사이의 간격보다 크고 기둥의 길이보다도 긴 원호를 서로 교차시켜 아치를 형성하며 교회 건축물의 출입구를 만드는 데 사용된 경우가 많다. 아치 모양이 형성된 곳에는 조각 장식을 더하여 매우 화려하고 웅장하게 만들어진다.

쿠폴라Cupola : 쿠폴라라는 단어는 둥근 천장을 뜻하는 건축물 꼭 대기의 작고 높게 솟은 구조물을 뜻하는데 주로 돔 형태를 하는 경우가 많다.

태피스트리Tapestry : 여러 가지 색실을 짜 넣어 그림을 표현하는 직물 공예이다. 직물. 벽걸이나 가리개 따위의 실내 장식품으로 쓰며, 일반적으로 날실에는 마사, 씨실에는 양모사나 견사를 사용한다.

팀파눔Tympanum : 건축 용어로, 건물 정면의 대문이나 출입문, 창문 위에 얹혀 있는 반원형, 삼각형의 부조 장식을 뜻한다.

파사드Fachada : 건조물에서 중요한 전면, 정면이다.

판토크라토르 : 만물의 지배자, 만능의 주主를 의미하며 그리스도교 미술에서는 일군群의 그리스도 상像을 가리킨다.

플라테레스코 양식 : '플라테레스코'는 본래 15~16세기 금은 세공사에 의해 사용된 세밀 장식 기법을 뜻하는데, 이 시기의 화려하고 정교한 부조 기법을 사용한 건축을 플라테레스코 양식이라고 한다. 특징은 풍부한 미학적 부조 장식으로 부르고스 대성당, 레온에 있는 산마르코스 병원, 산티아고 데 콤포스텔라의 로스레예스 카톨리코스 병원 등이 유명하다.

후진後陣, Apse : 교회성당건축에서 가장 깊숙한 위치에 있는 부분으로. 내진 뒤에 주보란에 둘러싸인 반원형 공간이다.

세상 모든 것에 감탄하는
지혜로운 사람들의 공간

호밀밭

나를 찾아 걸은 까미노 산티아고

생 장 피에드포르에서 산티아고 데 콤포스텔라까지

초판 1쇄　　　　　2025년 4월 28일

지은이　　　　이학근
펴낸이　　　　장현정
편집　　　　　김경은
디자인　　　　손유진
마케팅　　　　최문섭, 김명신

펴낸곳　　　　㈜호밀밭
등록　　　　　2008년 11월 12일(제338-2008-6호)
주소　　　　　부산광역시 수영구 연수로357번길 17-8
전화　　　　　051-751-8001
팩스　　　　　0505-510-4675
홈페이지　　　homilbooks.com
이메일　　　　homilbooks@naver.com

ISBN 979-11-6826-218-8　03920